巴西小史

〔巴西〕玛丽·德尔·普里奥里 著
雷纳托·韦南西奥

Uma Breve História Do Brasil

褚孝睿 译
樊　星 审校

商务印书馆
The Commercial Press

© 2010, 2017 Mary del Priore, Renato Venancio
© 2010, 2017 Editora Planeta do Brail
2020 Latin American Rights Agency – Grupo Planeta

目　录

译者序　　　　　　　　　　　　\\001

前言　　　　　　　　　　　　　\\001
　1·东方航道上的巴西　　　　　\\003
　2·无神，无法，无王　　　　　\\014
　3·殖民地的信仰　　　　　　　\\024
　4·权与势　　　　　　　　　　\\039
　5·蔗糖庄园、奴隶与战争　　　\\046
　6·逃奴堡与逃奴　　　　　　　\\061
　7·金在眼前，王在天边　　　　\\073
　8·腹地世纪　　　　　　　　　\\079
　9·殖民都市　　　　　　　　　\\091
　10·阅读、书写与创作　　　　\\106
　11·殖民地的起义与叛乱　　　\\122
　12·殖民时代的边境　　　　　\\140
　13·流动与多元　　　　　　　\\152
　14·殖民时代的终章　　　　　\\161
　15·来到巴西的布拉干萨家族　\\172

16 · 独立与分裂 \\183
17 · 作为民族的巴西 \\191
18 · 1850：变化 \\199
19 · 危机中的帝国 \\210
20 · 新势力浮现 \\221
21 · 解放派、废奴派和奴隶主 \\227
22 · 共和国诞生 \\236
23 · 不太美好的"美好年代" \\245
24 · 工人运动的暧昧性 \\256
25 · 工业庄园主 \\263
26 · 一个陈旧的共和国？ \\270
27 · 1930：革命与政变 \\278
28 · 巴西工人 \\285
29 · 军事与其他企图 \\294
30 · 军人当政 \\304
31 · 从游击斗争到政治开放 \\313
32 · 大众民主 \\321
33 · 回顾 21 世纪 \\329

结语 \\339

参考书目 \\341

译者序

如今谈到历史，往往难以避免步入特定的叙事手法，或是落入意识形态的话语。"盖棺论定"不仅是一些中国传统历史文本的诉求，在很长一段时间内也构成众多巴西史书的终极目标。从20世纪中叶开始，历史的真相似乎已经遗落在了话语的缝隙中。自由主义与保守主义、经济基础与上层建筑、经济奇迹与中等收入陷阱……这些词语似乎如罗兰·巴特所挑明的那般，遵循社会科学的谱系，构成了一个个封闭的"神话"。那么，是否还存在另一种读史的途径，帮助我们从更为质朴的视角出发，进入过去呢？在《巴西小史》的两位作者看来，这意味着需要打破边缘群体与主流群体的对立，以平等的态度研读来源各异的历史文献——航海日志、旅行记录、政府报告、庄园主总结的农业技巧、某次叛乱中张贴于教堂门前的檄文，等等。

作者玛丽·德尔·普里奥里1952年生于里约热内卢市，博士毕业于圣保罗大学社会历史学方向，曾先后在圣保罗大学和圣保罗天主教教宗大学任教。作为一名多产的历史学家，普里奥里出版了超过50本学术著作与普及性读物，也为此获得如雅布提奖、若阿金·纳布科基金会颁布的"华屋与棚户奖"

等多项国家大奖。她的研究涉猎广泛，近几年的作品中既有针对民众文化变迁的《巴西人的历史》（四卷，2016—2018年陆续出版），也有专注于特定历史人物的《若泽·博尼法西奥生平》（2019）；同时也不乏对巴西文化特定层面的关注，如《另一边——超自然与唯灵史》（2014）。她甚至还撰写了一部以17世纪末18世纪初为背景的历史爱情小说《在没有阳光的角落亲吻我》（2015），全书围绕一位前女奴与俄罗斯裔庄园主展开。从整体上看，女性主义的历史研究一直以来都是普里奥里研究的重心，例如《巴西女性史》（1997）、《巴西爱情史》（2005）、《与女性赤诚相见——巴西女性身体转换史简述》（2001）以及2020年出版的《幸存者与女战士：1500—2000年巴西女性简史》。《巴西小史》则结合了作者针对整体与特定历史问题的两种视角，书中展现平民甚至是个人生活的段落比比皆是而又细致入微，不仅针对性地点出了女性在各领域中的位置，也涵盖了社会边缘群体的生存状况，如逃奴堡中的逃奴或是东北部酒馆中讨生活的失足女，而这些段落又与整部巴西历史形成了一定呼应，可谓以小见大。

本书的另一位作者雷纳托·韦南西奥1961年出生于里约热内卢州的北部城市坎普杜斯戈伊塔卡兹斯，1993年以历史人口学方向获得巴黎第四大学的博士学位，任教于米纳斯吉拉斯州联邦大学与黑金城联邦大学。韦南西奥也曾获得巴西学术界的多项重要奖项，曾被两度授予雅布提奖和"华屋与棚户奖"，同时也因其对米纳斯吉拉斯州本地历史研究的贡献获得了州政府颁布的多个奖项。相较于普里奥里，韦南西奥的研究方向更为专一。在早年间，韦南西奥专注撰写巴西弃童的相关历史，例如《遗落的家庭：18—19世纪里约热内卢与萨尔瓦多的平民阶层弃婴援助》（1999），之后转向研究米纳斯吉拉斯本地的奴隶史，如《两个大陆上的奴隶：黑金城与里斯本的奴隶制对比》（2001）。近几年的研究则侧重本地政府的档案与文献归类政策，著有《市级行政中的文献管理：以贝洛奥里藏特市政府为例》（2018）等文章。韦南西奥在儿童史、奴隶制历史以及档案学、文献学方面的研究勾勒出《巴西小史》的基本研究方法，书中也因此大量使用了本地或非官方的史料，如城市中张贴的传单或某个时代流行的宣传册，为读者呈现了巴西历史上原汁原味的民风民俗。

《巴西小史》开启了普里奥里与韦南西奥长达十几年的合作，其间他们还合著有多部历史研究著作，如《先祖：非洲大西洋沿岸史简述》（2003）和《巴西乡村史》（2006）。《巴西小史》最初出版于2001年，名为《巴西历史宝典》，之后经历多次再版修订，于2010年更名为《巴西小史》，并新添了第33章"回顾21世纪"，本次的译文也是基于这个版本。

本书虽名"小史"或者说"短史"（uma breve história），内容对于中国读者而言却并不简单。本书涵盖了从发现巴西到卢拉上台为止超过500年的历史，插入了众多历史文献，并采用了一种中国读者可能并不熟悉的书写方式。在这样一部"小史"中，宏大的历史主题和历史动机不再担当推动时间前进的引擎，"进化""进步"或"发展"的历史观念不止一次受到质疑，书中展现的巴西社会时而重蹈历史的覆辙，时而一分为二——部分加速发展，部分停滞不前——还有的时候看似表露出了更先进的精神，但其内核却是陈旧且过时的。《巴西小史》注重呈现而非分析历史上的巴西社会，书中的众生百态再现了巴西社会面对历史发展的困惑与挣扎。一如两位作者在前言中所说，本书的目的并非向巴西读者呈现巴西民族的某种趋势，而是侧重于向他们阐明一些最基本的历史背景，为他们提供回到过去、体验历史的机会。在这一过程中，读者将拨开当代语境下形成的诸多成见，在历史语境中亲身面对那些著名的历史事件与人物。也只有亲手将书中的细碎观察还原为当时的语境时，读者才能重新发现历史事件在亲历者和后来者眼中的意义，甚至是重新构建出经典历史话语的语境，理解所谓的"民族记忆""民族精神"，使其不止步于教科书上的"重要性"或"必要性"。

　　溯其根源，这是历史学研究内部"文化转向"的结果。在20世纪80年代，"文化转向"或者说"语言学转向"逐渐颠覆了社会科学研究在西方人文领域的主导地位。历史学也不例外，伴随着对经典社会史学的反思与总结，新文化史学兴起。如果说社会史是从历史中思考社会结构与权力的经济或地理基础，那么新文化史便注重展现日常生活中的文化与意识碎片。贵族、社会精英或伟人的言谈不再拥有特殊的价值，历史也不再是少数人意志的结果。历史学家开始重新思考个人在历史中的位置，尤其注重展现以往定义下普通卑微的百姓生活，关注他们的言谈举止、衣食住行。《巴西小史》就是这样的一部作品，书中展现的巴西历史甚至带有些许人类学色彩，试图描述普罗大众而非总结宏观社会结构，贵如葡萄牙宰相庞巴尔侯爵，贱如殖民时期的赶畜人，双方在本书中都能找到自己的一席之地。正如普里奥里在一次采访中所言：

> 我追随的文献与档案大部分都是佚名的。而这正是我喜欢聆听并讲述的声音。

有鉴于此，《巴西小史》可能是国内少有从新文化史视角介绍巴西的历史读物。由鲍里斯·福斯托所著《巴西简明史》是目前另一部译入中文的巴西通史。尽管此书删繁就简，专注于描绘巴西政治与经济方面的变迁，却不免落入上文所说的社会结构框架中，试图以当下的眼光探究历史发展的成因。而在巴西国内，近年由莉利亚·莫里茨·施瓦茨和艾洛伊扎·穆尔杰·斯塔林合作撰写的《巴西：一部自传》在各方面都与《巴西小史》十分相似。二者的区别在于前者加入了一些作者的评述以及巴西经典文学段落，以帮助读者破译混沌且无方向的文化现象，从历史的雾霭中瞥见朦胧的民族精神，而《巴西小史》则选择将这一使命搁置一旁。

尽管如此，《巴西小史》依然在关注点上有所取舍，以当今的视角为起点选取了几个比较重要的主题。首先自然是葡萄牙的殖民历史，本书在这一方面详尽展现了巴西殖民地和葡萄牙王室之间时亲时疏的关系，以及社会各群体如平民、官员、大庄园主和王室在殖民时期的角色和他们在殖民制度变迁中发挥的作用。对殖民历史的探讨甚至一直持续至本书的最后几章，只不过在这一部分殖民的历史遗产已经从政治制度转变为出口型农业。奴隶制构成了贯穿全书的另一重要主题，本书从奴隶制以及废除奴隶制两个角度，不仅展现出奴隶制对于奴隶本身的危害，也呈现出奴隶制对社会所造成的影响，以及奴隶对于这一制度的反抗、这一群体内部的差异，甚至是奴隶适应与参与奴隶制的动态过程。巴西的民族问题则是本书后半部分的重要主题，也是巴西逐步成为现代国家后所不得不面临的问题，与地方－中央的对立密切相关。围绕这一问题，本书也在多个不同的历史阶段展现了巴西不同民族的文化和饮食习俗，以及这些习俗之间如何相互渗透。尽管迄今为止，巴西学界依旧围绕民族问题争论不休，但是这一讨论本身似乎已提供了合法性，足以让巴西从破碎的行省走向现代民族国家。

本书提供的历史背景有助于读者理解巴西社会面临的挑战，厘清盘根错节的社会问题，而非通过理论和口号将问题残酷地简化为某种结构上的矛盾。"军人参政"就是其中一例。当前巴西社会对于曾经军人政府的看法分裂为两个极端：一派认为军人是巴西社会以及政治的拯救者，另一派则称军政独裁对民主造成了不可挽回的伤害。本书梳理出了军人从非职业的游击队走向现代军队，之后再走向政治化的历史道路。第20章"新势力浮现"讲述了陆军成长轨迹的开端，他们从乌拉圭战争中的受害者逐步转变为反君主制的改革力量，随后年轻士官甚至还建立了军人俱乐部以讨论新的社会思潮，并曾加入废奴运动的行列。第22章"共和国诞生"则阐明陆军高层如何参与了国家体制变革，军人如何在共和国的建立过程中成为决定性的力量。因此,"军人参政"并不能简化为威权主义甚至是独裁的代名词。在相当长的一段时间中,军人都代表了巴西社会更为激进的一面,而到了20世纪以后,他们受党派政治影响,失去了曾经的独立性,演变为一般党派之外的一种特殊政党——一个拥有武装力量的政党。也正因为此,就像所有政党一样,陆军内部也曾出现分歧与对立,存在保守派、温和派与激进派,正是通过这几股力量之间的博弈,军政府在没有受到起义胁迫的情况下重新将权力归还给了文官政府,这便是本书第30—32章的内容。可以说,军人在巴西政治史上的角色一直是多元且暧昧的,而这一历史事实更进一步凸显了当前政治局势的复杂性。

一段朴素的历史阅读不仅是认识巴西当下社会整体的基础,也有益于专业读者理解巴西近代的知识界。例如巴西著名学者塞尔吉奥·德·奥兰达所提出的"包法利主义"(bovarismo)就能在本书的第17章"作为民族的巴西"中找到十分恰当的历史语境。奥兰达认为巴西知识界历来存在一种崇洋媚外的倾向。巴西学者不断希望在巴西复现他国的成功案例,将水土不服的理论生搬硬套,就像是福楼拜小说中的包法利夫人。"作为民族的巴西"点明了巴西借用欧洲理论的历史渊源:由于本国缺少成熟的人类学理论,巴西的人类学家不得不借助外国学者的文献和讨论,在此基础上思考并定义巴西民族,部分文人墨客也受到这一思潮的感染,在学界的讨论之上阐发他们对巴西民族的构想。而下一章"1850:变化"则展现了这股"欧洲化"的潮流如何进一步发展,从知识界进入平民百姓的家中,如何影响巴西的城市生活。到了 19 世纪末,这一潮流又发生了些许变化,本书第 23 章"不太美好的'美好年代'"揭露出欧洲白人中心主义的种族进化论如何撼动了巴西本国学者在种族问题上的视角,让原本强调平等的三族融合理论转变为白人与其他人种的对立,令问题的重心偏移至黑人与白人的矛盾,而印第安人与其他人种的问题似乎被渐渐遗忘。奥兰达本人的思考也正是从另一个角度延续了这段讨论。

以上几点仅仅是对全书内容的简单总结,读者在面对《巴西小史》时拥有充分的自由,可以从任意角度进入巴西历史。如果从政治与经济方面思考,本书在多个章节从局部呈现了地方与中央、沿海与内陆、精英与平民之间的张力。这些矛盾有一些是社会变迁的结果,有一些则推动了社会变革。读者也可以从文学的角度,思考作者是如何组织语言展现巴西民众在这片土地上的故事。从人类学角度,读者可以从书中找到欧洲审美在巴西市民客厅中留下的痕迹,也能看到非洲文化对巴西宗教活动的影响,不一而足。

总而言之,《巴西小史》是对多方面史料的一部综述,比起提供答案,本书为我们呈现了更多的问题。作者尽管在全书末尾留下了一篇短短的"小结",为读者指明了一些写作的意图,却在事实上将问题抛给了读者,例如这三个重要历史时刻对巴西历史发展的意义,巴西在哪一刻真正成为了一个国家或者说一个民族,巴西历史是否能够解决当今的种族问题,等等。在《马库那伊马:没有特点的英雄》中,马里奥·德·安德拉德为巴西创造了一位民族神话英雄。在出版前，他向好友曼努埃尔·班代拉写信道：

> 马库那伊马不是巴西人的象征，也算不上夏洛克之于贪婪意义上的象征。马库那伊马为他自己而活，他的特点正是没有特点。

他的评论也适用于"巴西"一词（brasil 本义为一种木材）和巴西人的关系，又或者说，这就是巴西本身，她为了自己而活，是一个充满了疑问、暧昧与不确定性的国家，一连串杂糅且无方向的历史碎片。至于这最终会拼凑出什么图案，还须交由读者回答。

褚孝睿

2022 年 7 月

于美国圣巴巴拉

前　言

能够展现巴西历史全貌的书本就不多，愿意通过与读者对话的方式来展现的就更少。没错，这是一次对话，因为本书将每一章都设想为一场趣味盎然的交谈。本书并非由人名、日期和史实堆砌而成，而是尝试挑选出一些主题，帮助读者理解那些塑造我们历史的重要时刻，进而理解如今的巴西。

在接下来的篇幅中，我们将相继看到巴西历史上各个族群的身影，包括白人、黑人与印第安人。他们拥有形形色色的宗教信仰，来自巴西的各个地方，属于不同的社会阶层。但是，他们并没有被描述成无名无姓且缺乏主动性的群体，他们会回应历史变化，或抵抗或融入，或巩固传统或与之决裂。然而，我们如何才能赋予前人血肉？本书决定重视他们的日常生活，展现他们的衣食住行、宗教信仰以及他们的所爱所惧。我们并未忽视那些宏大的经济、政治和社会架构，但更加关注风光景致、传统习俗、文化实践和行为举止。我们也不会漏掉政治舞台上的角色与国内的各种变化——从殖民地到帝国，从旧共和国到铅弹年代[1]，再到再民主化与当下的这一刻。

---

[1] 在巴西，铅弹年代（Anos de Chumbo）特指从1968年末第五号制度法令颁布开始到1974年3月梅迪西政府下台为止的军政府政治高压时期。本书所有注释皆为译注，下文中将不再说明。

本书将每一章都设想为一个小世界，每章都聚焦与前人共有的经验与期许、成就与失败、快乐与苦痛。发现巴西究竟是不是在计划之中？如何能够占领如此辽阔的疆域？哪些是最早的城市，其中有怎样的日常生活？奴隶庄园中的生活是什么样的？帝国宫廷又是如何运作的？除此以外，我们还将继续探索巴拉圭战争的重要时刻、"美好年代"的沙龙以及共和国社会中的种族主义影响。这一探索将从瓦加斯时期持续至军政府时期，再到卢拉时代。

在提出这次对话时，我们想到的是这样一本书：它不仅能帮助理解我国关键的历史时刻，同时也能为我们接触的信息提供更好的背景，无论这些信息来自报纸、电影或是与朋友的交谈。总之，此书试图将历史视为一种理解当下现实的方式，以阐明我们从何而来，如何形成某些文化特质。学史能够让我们站在公民的立场，用自己的头脑思考，并能作为社会的一分子，积极参与全球化进程并贡献出自己的力量。

历史绝不是一门可有可无的学科，它根植于一切事物中。历史是人类自我思考、自我认知最重要的工具。一代代先辈创造了我们行为的先决条件。昨日的国家给今日的国家留下了无数的印记。没错，我们活在过去的阴影中。然而我们也面朝未来。若要在万国大合唱中确立身份，认识我们自身将变得愈发重要。这就是本书的意义。用通俗的话来说，本书提供了大量关于过去的知识，却并未采用百科全书或学术论文的形式，而是用清晰生动的方式向读者分享知识，丰富读者的日常生活，希望借助这种方式，使其成为世界公民以及更重要的——成为一位巴西人。

·1·

东方航道上的巴西

1500年：阳光照耀下的里斯本绵延伸展，探身于特茹河之上。山丘上布满了白色的矮屋，弯曲的小道在房屋间迂回。在群山的褶皱中，蜷缩着教堂与比屋连甍的小型建筑。一座城堡高耸于所有房屋之上，坚固的石垛唤醒了人们对摩尔人兵临王城时的回忆。小路、窄巷、喷泉和小花园构成一座迷宫，勾勒出里斯本的面貌。随着城市改建，房屋前增设了门廊，以防雨水侵扰。阳台和露台也在不断增加。古老的地基之上，从未停歇的扩建令街道愈发逼仄。

河岸王宫气势恢宏的塔楼矗立于特茹河旁。这是一幢不规则的建筑，包含许多皇家附属设施，自1503年起，国王便在此居住。王宫里既有家庭寝居，也有帝国行政机构，比如皇家最高法院以及后来的财政委员会和国务委员会的办公场所。军火仓库紧靠河岸王宫，里面堆满了各式各样的武器。来自各省的商人匆匆穿过王宫广场，而就在这方形舞台上，人们达成交易，议论时事。银匠街、皮匠街、铁匠新街等道路上，各有专攻的工匠依照中世纪的传统聚集起来。罗西奥是另一处重要的广场，充当连接城市与乡村的枢纽。在广场的拱门下，许多人摆摊贩卖食物。空气中充斥着小贩的叫卖声，他们兜售水、面包、鸡蛋和鲜鱼。白人与黑人女子带着锅离开河岸王宫，里面盛满了甜米饭——一种由阿拉伯人带到伊比利亚半岛的食物，他们称其为"蜂蜜阿霍斯"（*ar-ruzz com mel*）——和摩洛哥的古斯米[1]，挨家挨户地送去美食。

稍稍下游处，是位于河岸沙滩的航船河岸区，四周有许多作坊与即将航向特茹河的船只。沿岸还开着一些苍蝇小馆，都是些烟雾缭绕的小饭馆，海员、妓女、奴隶和贫穷的劳工会聚于此，就着炸沙丁鱼喝下廉价的葡萄酒。时而起伏时而平静的河水上，为附近运送食物的船只排列成行，而曼努埃尔一世廷臣搭乘的画舫则穿梭其中。富丽堂皇的船只上，这些人身着华服，在乐手的伴奏下相谈甚欢。港口摇曳着来自热那亚、威尼斯、诺曼底、布里斯托尔和佛兰德的商船，岸上的人已经准备好登上驶向印度航线的卡拉维拉帆船。聚集于此的，既有早已习惯了这种生活的海员，也有从其他城市街道上招募来的"失业者与流浪者"。

谁是这群即将改变世界的人？从 15 世纪起，这些船员就涵盖了一大群来自不同地区、使用不同语言的水手。在葡萄牙

---

〔1〕 古斯米（cuscuz），也译作古斯古斯或库斯库斯，似小米，由粗面粉制作，是一种源自马格里布（非洲东北部地区）柏柏尔人的食物，是摩洛哥与阿尔及利亚等地的主食。

海员之中常常也有黑奴的身影。当葡萄牙人的军事行动拓展到北非后,他们便寻找会说阿拉伯语的人或者招募能够和摩尔人交流的翻译。依照当时的观念,水手是"最恶劣的罪犯",他们以海上服役代替斩首或绞刑。据记载,几乎所有的船员都是"奸夫、强盗、告密者、拉皮条的、雇用打手及杀手,诸如此类"。不少妓女通过非法途径登船,她们不是受海员蒙骗,就是被葡萄牙地方执法官或士兵送上船。如果被人发现,她们就会被留在下一个港口,或是与船员隔离开。船上的穷人只能指望慷慨的牧师向他们提供一点蔽体的衣物。其他人则会找一个富有的船长,希望后者能够在远离家乡的几个月里为他们提供"充足的衣衫"。海员通常穿厚重的及膝短裤,以免妨碍航海作业。裤子用绳子系在腰上,还要搭配上绍比服(schaube)。这是一种修士服外形的上衣,只是没有袖子。

卡拉维拉帆船小巧灵活,长约20米,能够逆风"之"字形前进,还配有重火力,被公认为用于远海航行的最佳帆船。然而,尽管有上好的船只,航行日常却并不轻松。船上卫生条件恶劣,最为严重的莫过于旅客使用的狭小空间。卡拉维拉帆船最初只有一层甲板,随后不断扩大。在一艘三层甲板或者说地板的帆船上,有两层用于装载皇室、商人和乘客的货物。第三层大部分用于储藏淡水、酒、木材和其他实用物件。船长、大副、舵手、领航员、装卸官、书记员等高级官员和海员的房间位于船上的"城堡"中,那里也用于储备火药、饼干、船帆、布料,等等。

在船上绝不可能洗澡。不仅因为并不存在这种卫生习惯,也因为饮用水只能用于解渴或者烹饪食物。虱子、跳蚤和臭虫等各类寄生虫在人和食物上繁衍。乘客身陷隔间之中，在那里解决各种生理需求，常常有人紧邻着用餐者吐痰或呕吐。人们往往会带几升花香水上船，以遮掩那些令人作呕的气息，出于同样的目的，他们还会焚烧一些芳草。长期的恶臭相伴，加上船体的自然晃动，令人不断感到恶心。船上恶劣的卫生环境常常污染食物和淡水。无法治愈的腹泻会迅速夺去脱水者与营养不良者的性命。

漫长旅途中的食品问题向来困扰着王室。葡萄牙粮食一向短缺，导致船只难以获得足量的食品补给。负责供给的皇家物资部常常无法履行职能。长期挨饿加之身体虚弱，导致一大批船员死亡。在《一名士兵的印度回忆录》中，弗朗西斯科·罗德里格斯·席尔维拉抱怨道，几乎没有"士兵能免受牙龈溃烂（可怕的坏血症，一种缺少维生素C造成的疾病）、高烧、腹泻以及其他各类病症……"

食品不仅严重短缺，并且往往在旅途开始前就已经变质。食物储藏在潮湿的底舱中，即便能撑过装船阶段，在旅途中也会快速腐烂。食品清单一般囊括饼干、咸肉、鱼干（主要是咸鳕鱼干）、猪油、小扁豆、大米、蚕豆、洋葱、大蒜、盐、橄榄油、醋、蜂蜜、果干、小麦、红酒和淡水。并非船上的所有人都能获取这些食品，它们被严格掌控在物资官或船长本人手中。级别更高的长官能获得保存状况更好的食物，他们经常通过"黑市"向饥肠辘辘的其他乘客出售食物。贫穷的二等、三等水手只能被迫吃"蟑螂啃过的散发着恶臭霉味的饼干"，以及另一些严重腐烂的食物。蜂蜜和果干则提供给贵族船员中的病号。许多船员会患上高烧和谵妄，往往是因为他们吃下太多腐败的咸肉，喝下太多发酸的红酒。在炽热无风的日子里，船只有时会纹丝不动地停上几个小时或几天，在热带阳光的炙烤下，船员常常饥不择食，鞋底、皮箱的外壳、纸张、遍布蛆虫的饼干、老鼠、死去的动物，甚至是人肉，统统都被他们塞入口中的所谓"食物"。许多人用自己的尿液缓解口渴，其他人则宁肯自杀也不愿渴死。

事实上，航海家面对的极端情况与坚实陆地上的农民相差无几。一位农夫日复一日地耕种，从不停歇，每天却连两个银币都挣不到。这个数额甚至不够买几片面包。若没有食物和衣服，又要如何养活整家人？与其忍饥挨饿，不少农民更愿意直面海上的风险，即使他们知晓印度航线上将面临什么样的艰难险阻。在这悲苦且绝望的情形下，香料帝国的美梦既是一剂安慰，也是一个机会。

香料帝国究竟是一个怎么样的梦？通常认为，在1499年8月29日这天，瓦斯科·达·伽马经过两年零两月的航行抵达里斯本。他从印度之行归来，负责指挥一支由四艘船和大约150人构成的小型舰队。航行过程中他接触到非洲东岸的穆斯林世界，当地的贸易完全被精明的商人所掌控。此处的贸易指的是奴隶贸易：奴隶在非洲内陆被抓捕，随后被运送到索法拉和桑给巴尔的港口。桑给巴尔（*Zenji-Bar*）意为"奴隶的国度"，同时也是布匹和香料的国度，尤其是姜和丁香。然而卡利卡特[1]才是欧洲世界和印度的最终相会之处,那里的市场上有葡萄牙人梦寐以求的商品:德干的姜、斯里兰卡的肉桂、马来西亚的胡椒、摩鹿加群岛的丁香以及所有由阿拉伯人带到伊斯坦布尔和地中海沿岸的其他香料。据瓦斯科·达·伽马估算,在三个月间大约有1500艘阿拉伯船只停靠于印度沿岸港口。于是,他决定和卡利卡特的国王"四海之王"扎莫林会面。1498年8月28日,在两千名士兵的护送下,这位航海家坐在装潢华丽的轿子上,受到乐手以及棕色皮肤男女的夹道欢迎,他们都穿着细腻多彩的棉质服饰。如果说,面对跟随其后的这群杂乱的印度人和摩尔人,初来乍到的葡萄牙航海家丝毫没有掩饰自己的震惊,那么,到访者浓密的胡须与厚重的衣物同样令当地人诧异不已。奢靡的典礼一直持续至葡萄牙人被引见给扎莫林。扎莫林倚在一张绿色天鹅绒长沙发上,身上戴满了珍珠链子,头发、腕部与手上尽是珠宝。达·伽马按照祖国的传统,向着天空双手合十并宣读了堂曼努埃尔一世的旨意,他说堂曼努埃尔一世"享有一切,比那里的任何国王都更为富有;是一位有福的主人,其宝库中尽是珍贵的金属与黄金"。达·伽马还提到国王知晓海外存在基督徒,位于传说中祭祀王约翰的王国,寻找它正是这群航海家的任务。在那场热情且恢宏的会面最后,达·伽马邀请一个使团与他一道返回葡萄牙。

在两天后的第二次会面中,情况有所改变。瓦斯科·达·伽

---

[1] 卡利卡特(Calicute),即如今印度南部喀拉拉邦的城市科泽科德,因其在马拉巴尔海岸上优越的地理位置而成为当时世界上重要的商业与贸易中心。

马不得不等上四个小时才受到接见，其间他还在思索扎莫林很可能认为礼物太过平庸。达·伽马根本不知道他索要的贸易许可已经成为阿拉伯人后裔猛烈抨击的对象，后者自8世纪起就定居于马拉巴尔沿岸，他们痴迷于掌控当地市场，自豪于对《古兰经》的忠诚。但扎莫林还是允许了香料装船，以换取贵金属、珊瑚和紫色布料。双方没有签署任何确切的贸易协议，出发日期定在了10月5日，赶在雨季潮湿的季风吹来前。回程尤为困难，因为葡萄牙人不熟悉太平洋的洋流和海风，还与一些渔船和轻型船只起了摩擦。他们于1499年1月抵达非洲沿岸，途经摩加迪沙、马林迪、桑给巴尔，并在邻近莫桑比克的圣乔治立起最后一个航海石柱，葡萄牙人会在他们"发现"的土地上留下这样的石制纪念碑。远征队试图寻求淡水并稍加休息，却在多个港口遭到了驱离，疲惫的远征队已是弹尽粮绝。船员还受到坏血病侵害，每艘船都减少到了大约二十人。他们摧毁了圣拉斐尔号，"用我们这点儿人根本不可能驾驶三艘船"，疲惫的达·伽马坦言。他的哥哥保罗在回程途中于特塞拉岛逝世。起航时的150位海员中，回来了大约80人。

从特茹河畔启程到最终返航，其间跨越了两年与7500里格[1]。堂曼努埃尔一世为瓦斯科·达·伽马举办了盛大的接风仪式。在那几天里，人们用宽大的床单、锦布和毛毯装饰窗户。道路上铺满了芳香的药草，棍子上插着浸泡过油脂的线

---

[1] 里格（légua）是欧洲和拉丁美洲曾经使用的一种长度单位，所指长度不一，介于2—7公里之间。对于当时的葡萄牙航海员，里格的具体长度取决于赤道周长和航海员眼中经度一度的距离，平均来看一度为20里格。

团，熊熊燃烧，照亮四周，当时的人们称之为火焰灯。成百上千的信徒组成队伍，秉着蜡烛和油灯，迎面而来的贵族则拿出了压箱底的华服，包括珠宝、金银饰品与华美的佩剑。还有人向穷人分发装着榅桲果冻和枸橼皮甜品——枸橼皮干——的小盒。瓦斯科·达·伽马、尼古劳·科埃略以及其他几位在旅途中幸免于难的领航员获得了丰厚的奖赏。达·伽马获赐锡尼什村——这个村子之前隶属于圣地亚哥修会——的赋税，此外还获得了年俸。堂曼努埃尔一世赶在消息走漏前，将情况迅速告知了教皇亚历山大六世及邻国的天主教双王——伊莎贝尔与费尔南多。葡王第一时间将消息告知他们，以掩藏自己加速事态发展的目的。他推测印度存在一些基督教信徒，并以这些人理应纳入西方基督教世界来对抗伊斯兰教为借口，企图掌控香料和宝石贸易。从此，新的航路不再需要经过麦加、开罗或者亚历山大港，而将驶向好望角。与此同时，国王还通过不断进贡，令他在罗马的使节堂若热·达·库尼亚向教皇施压，希望梵蒂冈教廷能够允许葡萄牙人享有所有海域的控制权，并给予葡萄牙人发现新陆地的权利。教廷在当时构成了一处无与伦比的交会点，从船只到港出航，到航行路线，再到成果丰厚的交易，所有信息都会"途经"此处。为了筹备新的远征，葡萄牙甚至还铸印了一种新的货币。它的名字？印度币。它将在威尼斯银马克的贸易领地卡利卡特上与之展开竞争。

　　第二次远航很快准备就绪。天主教双王之女堂娜玛利亚的未婚夫堂曼努埃尔一世似乎想要向世界展示葡萄牙已经是西方基督教世界中的一股新势力。这次远航除了必须用大量商品说服扎莫林和印度市场与葡萄牙贸易，还必须证明葡萄牙已经强大到足以震慑任何胆敢干涉这次贸易的人，为此甚至不惜诉诸武力。葡萄牙计划在索法拉建立贸易中间站，以获取卡利卡特的黄金和香料，此外还将派出传教士向当地人传教，其中包括一名神学家和数名方济各修士。受教会庇佑后，在佩德罗·阿尔瓦雷斯·卡布拉尔的指挥下，由十二艘大型帆船和一艘卡拉维拉帆船组成的舰队于1500年3月9日向印度起航。卡布拉尔麾下的船长包括巴尔托洛梅乌·迪亚士，他曾经绕过好望角，也将在几个月后的一场船难中失踪于此。此外还有尼古劳·科埃略，上一次航行中达·伽马的同伴。时年32岁的佩德罗·阿尔瓦雷斯·卡布拉尔是费尔南·卡布拉尔和堂娜伊莎贝尔·德·戈维亚的第九子，贝尔蒙蒂的领主以及阿祖拉拉的分封领主，阿弗拉尼奥·佩肖托[1]曾风趣地说他是"创造出巴西的人"。卡布拉尔所属的贵族家族曾经服侍过堂阿方索五世，参与过堂阿方索五世的非洲圣战和伊比利亚半岛上的一些军事行动。相比航海家，卡布拉尔更像是一位军人、一位指挥官。堂曼努埃尔的这一选择并不单纯。这位君主打算评估与东方建立宗教贸易关系背后的军事风险。建立印度航路需要一定的战略。毕竟，它关系到未来印度香料及其他珍宝的交易。

舰队沿着航线在五天内迅速抵达了加那利群岛。彼时已有一艘船失踪，按当时说法是"被大海吃掉了"。书记员佩

---

[1] 儒利奥·阿弗拉尼奥·佩肖托（Júlio Afrânio Peixoto，1876—1947），巴西19—20世纪重要的小说家、历史学家与政治家，占据巴西文学院（Academia Brasileira de Letras）的第七席。

罗·瓦斯·德·卡米尼亚用描绘这类旅途事故时的常见语气记录道:

> 船长不遗余力地搜寻它,没有放过任何一处,它却再也没有出现。

按照这位记录者的说法,舰队航向了"大海深处",意思是径直航行很长一段距离直到所谓"圣十字之地"[1]周围的海域。如今我们知道,舰队是有意向西方偏航,因为自1452年左右迪奥戈·德·特维的北非之行开始,人们已经知晓亚速尔群岛和马德拉岛的西北方存在陆地。当时已经有人在探索大西洋上那一片难以航行的区域,其中就有马尾藻海,这片神秘的海域对应的地区临近如今的加勒比。此外,1424年威尼斯的一封信件表明加那利群岛的南方和北方还有一系列大西洋岛屿,包括安提利亚、萨塔纳斯、伊玛那和巴西。而在另一些地图上,这些岛屿开始被画在离欧洲越来越远的西方。1474年,出现了一封署名为托斯卡内利的著名信件,可能是寄给堂若昂王子或是王子某位将来的廷臣。信件以前文提及的几座岛屿作为依据,鼓励王子采取西进的航线,穿越大西洋寻找通往印度的航道。显然,葡萄牙人从未到访巴西,但是所有证据都表明,法国海员已经对其有所了解,如商人航海家让·库赞很有

---

[1] 圣十字之地(Terra de Santa Cruz),早期巴西的别称。克鲁兹(cruz)在葡语中有十字架的含义。

可能在 1488 年抵达过亚马孙河口,类似的还有西班牙人迪奥戈·德·莱佩和阿隆索·德·奥荷达,二人在 1500 年之前就已抵达巴西北部的部分海岸。

尽管卡布拉尔的舰队急需回到卡利卡特,但奇怪的是,他们居然还花费时间"探索"未知地带,那些地区早在六年前的《托德西利亚斯条约》[1]中就已划分完毕。占领那些划分好的区域肯定是远航计划中的一环。否则为何十三条船中加斯帕尔·德·莱莫斯驾驶的那条,要在第一次正式启动印度航线的远航正受西方基督教世界瞩目时,回到里斯本宣布这一"发现"?

1500 年 4 月 22 日,葡萄牙人抵达了如今巴伊亚州的南部,在一条小河的河口下锚。他们先沿着海岸航行了大约十里格,之后停靠在了这个小湾中,并将其命名为平安港。无垠的丛林延伸至海滩,给卡米尼亚留下了深刻的印象,"树木丛生,十分巨大",深受震撼的他如是写道。4 月 26 日,方济各修士恩里克·德·科英布拉主持了一次弥撒,作为复活节的庆祝仪式。5 月 1 日,他们立起一个十字架。天空中充斥着金刚鹦鹉、派翁尼斯鹦鹉、太平洋鹦哥和啄木鸟的声音,这片喧闹的土地"鹦鹉之国"即将翎羽斑斓地出现在众多地图上。次日,卡布拉尔启程前往卡利卡特。巴西已被"正式发现"。

---

[1]《托德西利亚斯条约》(Tratado de Tordesilhas)是卡斯蒂利亚王权和葡萄牙王国之间签署的一份外交条约,旨在瓜分欧洲以外"已经发现以及尚未发现"的土地,在教皇亚历山大六世的调解下于 1494 年 6 月 7 日签署。

· 2 ·

无神，无法，无王

在卡拉维拉帆船上，指挥官和他的书记员卡米尼亚注视着一艘艘小艇和舢板开往岸边。海滩上最初有二三人，不久后有十八九人打着手势。"他们皮肤深棕，全身赤裸，连遮羞的衣物都没有，手里拿着弓和箭。"葡萄牙人如是记录下了对当地人的第一印象，这些当地人不久将表明自己属于一个全新而未知的民族。他们是什么人？浑身赤裸很新奇吗？并不是。葡萄牙人早已熟知停靠非洲沿岸时遇见的埃塞俄比亚人，他们同样赤裸身体，并携带一种致命武器——用于捕猎与战斗的非洲短矛。

卡米尼亚接着动笔写道："他们很快便表明自己没有敌意。"葡萄牙人靠近时，他们将弓和浸泡过木薯毒汁的箭矢放在地上。他们头发顺直，没有体毛，身上的图案由杰尼帕波果颜料绘制，耳朵和头上插着五颜六色的羽毛，脖上戴着白珠串成的项链——是一群俊俏且活泼的人。在皇家司库迪奥戈·迪亚士的口琴声中,印第安人"开心地跳起了舞"。

尽管初次相遇较为和平,双方交换了礼物和食品,但却保持着距离。葡萄牙人忽视印第安人的民族身份,批评他们毫无信仰,缺乏农业知识。葡萄牙人认为这些印第安人的文明水平等同或是低于非洲土著,这立即就能用于论证航海探险以及向所有部落强制传教的正当性。然而,与到访者的设想不同,印第安人部落的历史起源远远早于葡萄牙的卡拉维拉帆船抵达"维拉克鲁斯岛"海岸的时间。根据史前篝火遗迹,最新的考古理论推测在五万至四万年前,就已经有人类群体进入皮奥伊的卡皮瓦拉山。而其他更为人接受的考古年代推测将这一期限推近到公元前一万至九千年。不论选择哪个时间节点,考古残留物都表明,在卡布拉尔抵达几千年前,原住民文明已经立足于巴西土地。这一文明早已通晓如何适应可取用的自然资源,并发明出了各类保障生计的物件。

这批最早的先祖定居于河口附近高地的开阔地带,生活在巨大的犰狳、剑齿虎、猛犸象等巨型物种之间。在巴西中南部,他们中的猎手和采收者会穿过草地、荒原和沼泽,寻找鱼、中型食肉动物或者爬行动物如宽吻鳄和蜥蜴,这便是他们的基础食物。他们手中足以改变饮食成分的工具清楚表明了这些群体如何取用于自然。中空或者外凸的石块——完全实现了搅拌加研磨器的功用——磨石和杵,骨制的鱼叉尖头和鱼钩,这些工具不仅展现出对生理需求的满足,更代表着一套饮食文化。

6500—5000年前的巴西南部,一些善于耕种的印第安群体开始栽培玉米、棉花、花生以及可作为壶或杯使用的葫芦。他们还发明了一种实用的小型黑陶存储器具。首批种植者也开始了初步的植物引种驯化，并与本地物种如阿拉萨石榴和棱果蒲桃建立了联系，此外他们还发明了植物加工工具如开椰器，这都能说明他们拥有一套采集、处理食物的复杂知识。与自然的这层联系使"鹦鹉之国"最初的居民能够拥有多重生态位，并能发展出与他们所处环境密不可分的饮食策略。

部落的先祖们可不只是"饭桶"。他们在文化领域也极其敏锐。鸟类、哺乳动物或人类造型的石雕或骨雕组成了一套令人痴迷的艺术品名录。在岩洞中，每个部族都有自己偏好的动物绘画，例如食蚁兽、鱼或者巨嘴鸟，此外还有几何图案以及日常生活或者交合情景中的人类形象，这些画作呈现出掺杂了艺术享受的宗教仪式感。完成这些作品费心费力，在罗赖马州洞穴内部，原住民甚至需要用上脚手架才能将其完成。在北大河州精美绝伦的拉热杜德索雷达德洞穴群内，与祈雨相关的绘画证明印第安人在颜料制作上已经登峰造极，因为他们已能够防止褪色。

"死亡的艺术"同属印第安人关切的根本问题之一。丧葬形式较为多样：用织物包裹或坐或躺的尸体，再盖上棕榈叶，装饰吊坠、骨刺、海螺项链、蜂蜡球以及海螺制成的刮刀；或在血肉腐烂后，将骸骨装进陶器中。这些形式说明当时已存在一些纪念先祖的宗教性习俗。

葡萄牙人遇到的正是这些人的后裔。他们依旧种植、采集、渔猎，灵活地穿行于丛林之中。四到七座茅屋的村落构成了他们的社会，茅屋中间是一片空地，用以举办宗教庆典、祭神典礼与食人仪式。一夫多妻制仅仅适用于大酋长，是地位的象征，有的酋长有十多名妻子，如著名的库尼亚贝贝。"特美里可埃特"（temericó ête）——最受宠爱的性伴侣——与其他妻子和睦相处，她们尊敬长者并服从于丈夫的权威。女性长期受到关照。她们跟在伴侣身后，让他们保护自己不受动物或者敌人攻击。结婚之前，女性拥有很大程度的性自由。她们可以与族内外的青年（包括外国人）维持性关系，而不会有损名誉。但女性若在婚后偷情，后果就极为严重。丈夫可以殴打甚至杀死偷情的妻子，还可以把她交给村里的其他男青年。因婚外情而诞生的孩子将被活埋。

分娩时，丈夫会帮助他的妻子，按压她们的腹部。男孩的脐带由父亲用牙齿咬断，女孩则由母亲照料。用河水浸洗并且用胭脂树果和杰尼帕波果涂抹之后，婴儿要被送至伊塔莫加埃（Itamongaue）庆典上，为其祈求美好的未来。在月子期间，父母都不劳作，只摄入用根茎做成的面粉（ouic）和水，寓意防止他们的孩子遭受腹痛。这些习俗（称为couvade）表明父亲在生育孩子过程中扮演着重要角色。孩子会在出生时收到一些父亲制作的物件。迷你的弓、箭和印第安木槌，目的是将孩子变为杰出的猎人。在一年半的哺乳期中，母亲不会和孩子分离。她们用一种称作蒂波亚（typoia）的布包裹婴儿，将他们抱在怀里或背在身上，在田间劳作时也不例外。父母和孩子之间的紧密联系引起了欧洲人注意：

> 孩子对父母百依百顺，他们相亲相爱，非常友善。

男女依据性别与年龄分工劳作。女人播种，栽培，采摘农产品，收集海产和林间的水果，生产面粉和棕榈油，处理根茎用以制作"卡乌因"（cauim），纺棉，织网，照顾家畜，还要照料亲属的身体，为其抓虱子、剃毛，等等。男人则伐木开荒以建设菜园，还要打猎捕鱼，建造茅屋，制作木舟和武器，劈柴，以及保护女人和孩童。

在闭塞的丛林里，居住着令印第安人感到畏惧的超自然存在。库鲁皮拉的名字——在图皮语中为 Kuru'pir——常常出现在印第安人惊恐的低语声中。若泽·德·安谢塔曾在1560年如此描述他：

> 众所周知，人们相传存在一些恶魔，巴西人称其为"库鲁皮拉"，他们时常在丛林中袭击印第安人，鞭打、伤害并且杀死他们。

在库鲁皮拉的号令下，树木和动物纷纷屈服。库鲁皮拉形似矮小的印第安人，或红发或光头，他长着相反的脚掌，脚趾朝后脚跟朝前，留下与前进方向相反的踪迹。恐怖的库鲁皮拉会驱赶着一群群野猪，高声呼号着通过。他是热带丛林中最活跃的一类神灵。阿尼昂加庇护大型动物捕猎，而小型动物则受卡阿波拉的保佑。莫波伊塔塔是草地和灌木的主人。在丛林中树木茂密的地方，原住民会在树上用斧头砍出标记或是折断枝条。树枝排列起来，就形成了一种线索，一条道路，这一方法被称为伊巴帕阿（ibapaá，又名卡阿佩诺 caapeno）。在河流组成的迷宫中，原住民会记下转向与支流，绘制成图像，其精确程度能让欧洲的制图师心生嫉妒。应对大自然威胁的需求激发出了一系列技能：例如在黑暗中追踪诱人的猎物，发现动物的洞穴或藏身点，模仿鸟类的声音和啁啾，在上百个树干中找到拥有丰富蜜与蜡的蜂巢。据说有一些部落还能凭借嗅觉感知靠近的蛇类。原住民还制作了各类易于携带的物品，使日常生活更加方便，如卡拉瓜塔凤梨叶片制作的凉鞋、渔网、捕虫网、用于养蜂的葫芦罐、陶土瓶子以及竹制吸管——用于从泉眼中畅饮地下水。宽吻鳄的牙齿、大食蚁兽的爪子、角蛙的角还有巴西貘的脂肪，都是治病救人的良药。原住民群体也熟知具有疗效的树叶和果子，能通过味蕾区分其性质，在将它们与尿液和烟草混合以后，可将其用于抗击一系列疾病，或者说至少也能让病人自觉痊愈。

最初，葡萄牙人并不干涉原住民的生活与部族的自治体系。葡萄牙人蛰居于沿海零星散落的区区三四个贸易商站之内，依靠着他们的原住民"盟友"获取食物和庇护。双方交换物品，印第安人用巴西木、面粉、鹦鹉和奴隶——这也是部落间斗争的原因——换取锄头、小刀、镰刀、镜子和一些闪闪发光的小玩意儿，使合作保持了一定的规律。但是大约从1534年起，二者的关系有所变化。白人依附印第安人的阶段宣告结束。欧洲的生活方式和社会组织如分封领主制与世袭分封领地制,将逐渐渗透进这片新的土地。

葡萄牙人对印第安人的抱怨也在此时成倍增加,这并非巧合。在葡萄牙人眼中,图皮南巴人"举止野蛮,怪异离奇",例如他们的嘴唇上穿有石头或是骨头,其生活方式亦好比"山中异兽"(alimárias montesses),也就是动物一样。他们既没有信仰,也没有法律,更没有国王,葡萄牙人最初面对这一情形便抱有些许俯就的态度,此后这更是一步步转变为鄙夷印第安人的理由。食人习俗就更不用说了,1502年阿梅里科·维斯普西奥首次记录了此事,令许多部族成为欧洲人眼中野蛮人的极佳象征。

随着葡萄牙人逐渐以农业生产替代以物易物,形势开始逆转。原住民同时成为葡萄牙人占据土地的巨大障碍和殖民土地所急需的劳动力。征服他们、支配他们、奴役他们成为了最受关心的问题。但关心这些问题的究竟是谁呢?首先是十二位分封领主,1534年葡王堂若昂三世赐予他们十五块世袭分封领地。领主从皇室官员、老兵和商人之中擢升,他们都在东方获得了大量财富。其权利和义务包括:不危害民众,收缴各类税金,获得的宝石中五分之一上缴皇室,以及信奉天主教。他们应当一面促进分封领地繁荣发展,一面为皇室带来利益。他们带着自己的远亲近戚来到巴西,一如伯南布哥的杜阿尔特·科埃略。同样来到巴西的还有流放者,其中某些在民事法庭上被定罪,另一些在1536年成立的宗教审判庭中被判刑。虽然人们对部分人以贵族相称,但是大多数都得到了外号,如大蛇、鲭鱼、臭肉,可见当时的手工艺者、农民和女佣是多么粗俗。

他们都是"宗主国的被唾弃者",主要是重婚者和女巫。被判流放葡属美洲在当时看来是很严厉的刑罚,注定前景凄凉。"那么只好祈求我主相助,把我从巴西解救出来",在吉尔·维森特的《炼狱船寓言剧》中,一个人物此般祈祷道。然而这一切都无法阻止殖民者涌入,他们中有擅长做小生意的米尼奥人和贝拉人,习惯于从事技工职业的埃斯特雷马杜拉人,还有大西洋岛屿上的种植业从业者。新天主教徒——也即在葡萄牙被迫皈依的犹太人——则以犹太资本充当生意的助燃剂,投资建设甘蔗种植园。

起初,殖民地经济沿袭马德拉岛和圣多美岛的模式,包括种植甘蔗、建造蔗糖厂以及使用奴隶劳动力。捕猎原住民的暴利产业就此启动,"土生黑人"——该词用于区分原住民和非洲黑人,后者在1550年左右才开始大量抵达——买卖随之而来,其目的是保证殖民地核心地区的供给。由于印第安人的攻击摧毁了大部分分封领地以及许多分封领主甚至没有抵达巴西,国王在1549年创立了统辖政府,这一官僚机构包括直属于国王的一位大总督以及众多执法官和官员。之后的几年对印第安人可谓残酷。早在1548年,托梅·德·索萨总督便颁布法令,要求统辖政府镇压对葡萄牙人抱有敌意的印第安人,赋予其全权以摧毁村庄,杀死、惩戒叛乱者以儆效尤。在堂若昂三世提议的"大恐慌"政策中,其中之一是将违反任意法令的印第安人绑在炮口上,随后引燃大炮。梅姆·德·萨在1557年就任大总督一职,他是毫无疑问的暴力之王。我们来听听他怎么说:

> 我抵达了伊列乌斯，步行到离镇子七里格的一个村子……我进入村子，将其摧毁，杀死了所有试图反抗的人，我还烧毁了之后的所有村庄，并且，由于这些无信仰者可能会聚集起来沿着海滩跟随我，我为他们设了几个埋伏，我在那里将他们包围起来，逼迫他们从波涛汹涌的海岸边跳下。

抗争随之而来。16世纪中叶的塔伊莫伊联盟是首个汇聚多个印第安民族的反抗运动，如图皮南巴人、戈伊塔卡斯人和阿伊莫列人，他们得到了法国胡格诺派的支持，最终以几千印第安人死亡和受到奴役收场。这场被称为帕拉瓜苏战争（1558—1559）的冲突摧毁了130个村庄。在这一时期，原住民的叛乱剧增，他们攻击蔗糖厂和殖民地核心地区，杀害白人与黑奴。与此同时在巴伊亚，一种宗教现象在图皮族中十分流行，名为圣洁崇拜。其中最重要的当数1580—1585年雅瓜里皮的圣洁崇拜。在舞蹈、神游、歌曲以及烟叶散发出的迷醉烟雾中，图皮族印第安人确认了自己的愿望，他们要去寻找一片神秘之乡，那里没有葡萄牙人、战斗、屠杀、饥饿和疾病，是一片"祛恶之地"。圣洁崇拜吸纳、摒弃了许多殖民统治者的价值观念，将图潘教和圣母崇拜、基督教教条和原住民信仰、十字架和木制偶像结合于一处，同时也令印第安人、白人以及白人印第安人混血儿会聚在同一个教派中，崇拜各类混血偶像，例如名为耶稣波古（*Jesu Pocu*）的大耶稣。

葡萄牙人抵达巴西的第一个百年就此结束。他们的殖民地位于沿海,内陆的土地极少。有关金矿和宝石的神秘传闻诱发了前往腹地的探险,例如卡斯蒂利亚人弗朗西斯科·布鲁扎·德·埃斯皮诺萨-梅荷罗曾指挥过一次沿圣弗朗西斯科河逆流而上的探险。畜牧业进一步刺激了内陆方向的土地占领。从佛得角引进的牛群在巴西找到了广大无垠的牧场。在巴伊亚出现了畜棚。畜群沿着盐沼河岸自由迁徙,逐步扩散到东北部地区和如今的米纳斯吉拉斯州。东南部建立了圣文森特市和圣安德烈德博尔达杜坎普市,为畜群开辟了通往南部腹地的道路。而在这些扩张过程中,对原住民的新战争与新屠杀也被记录在册。

·3·

殖民地的信仰

巴西诞生自十字架的阴影下。不仅是巴伊亚海岸上见证葡萄牙人统治的十字架,不仅是命名了"圣十字之地"的十字架,也是联合了教会与帝国、宗教与权力的十字架。在当时,脱离宗教生活几乎是不可想象的。宗教是一种身份形式,是融入某个社会团体(如兄弟会或善会[1])或者融入世界的方式。对原住民的灵魂进行殖民,不只因为他们是可供剥削的潜在劳动力,也因为他们没有"任何关于造物主的认知,完全不了解天堂"。正是这一点为葡属巴西的神职人员赋予了传教的使命色彩。在写给梅姆·德·萨的信中,堂若昂三世谈及此事时明确表示:

---

[1] 善会(confraria)和兄弟会(irmandade)与宗教教团或修会不同,是天主教传统中仅由非神职人员的信徒组成的宗教团体,目的是共同崇拜、信仰某一位特定的圣人。

> 促使我殖民巴西最主要的原因，便是让巴西的异教徒皈依我们神圣的天主教信仰。

人们相信耶稣门徒圣多默曾经向世界各地传播基督福音，欧洲传教士受其启发，纷纷效仿，追随他的足迹。为了鼓舞这些传教者，连堂恩里克亲王都曾在教廷许可下于北非建立了一系列修道院。置于非洲和亚洲沿岸的石碑或者说标记，带来了与十字架相交织的坚船利炮，因为传播福音总是与殖民事业相互重叠。

在天主教徒和新教徒争夺旧大陆宗教霸权的关键时期，在根除偶像崇拜及异端信仰的狂热之上，又新添了传诵圣言、散布福音、传播信仰以及灌输理想的需求。"人们无不服从，诚惶诚恐，他们成为教徒，皈依信仰。"16世纪的耶稣会士安东尼奥·布拉斯克斯记载道。然而福音如何传播？又是谁首先开始在海外传播基督教义？

首批抵达巴西的教徒是八位方济各[1]修士，其隶属的修会在葡萄牙已成立多时，具有重要地位。方济各修士经常作为教长出现在葡萄牙的舰船上，但直到16世纪80年代葡萄牙人攻占帕拉伊巴[2]以后，他们才成为原住民传教与殖民地宗

---

[1] 方济各派（franciscanos）最初是指隶属于天主教教会的托钵修会派，由亚西西的圣方济各创立于1209年。方济各修士常常在外游历，传教，强调苦修，最初的宗旨甚至不允许修会占有任何形式的财产。方济各派由多个教团组成，小兄弟会（Ordem dos Frades Menores）就是其中之一，下文中的方济嘉布遣会（capuchinhos）则是小兄弟会的分支。

[2] 帕拉伊巴，位于巴西东北部，1574年设为分封领地。

教活动的重要成员。与他们一道的还有本笃会[1]和加尔默罗会[2]的修士。然而，还是耶稣会士[3]扮演了最重要的角色。他们和梅姆·德·萨于1549年一同抵达，第一批由六位传教士组成，他们来自刚刚组建的耶稣会，曼努埃尔·德·诺布雷加（1517—1570）位列其中。他们的首个措施是什么呢？组织建立一所学校。和后来的其他学校一样，这所学校也成为了传教基地。一年后，更多神父抵达，带着"里斯本的孤儿，还有走失的、偷东西的以及顽劣的孩童"，这些无名无姓的儿童将在修会的计划中起到重要作用。他们被称为"语言娃娃"，需要学会图皮-瓜拉尼语[4]，任务是帮助原住民儿童皈依。1550年，莱昂纳多·努内斯在圣保罗沿岸的圣文森特定居，诺布雷加在记录中惊叹，那里建立起了"一栋巨大的房子和一座上好的教堂"。巴伊亚和里约热内卢成为传教活动的两个辐射中心。1575年，奥林达建成第四座学校，为殖民地居民的孩子开设了"读书、写字与算术课程"。

耶稣会士写给欧洲上级的信件展现了神父与印第安人如

---

[1] 本笃会（Ordem de São Bento）是天主教会中最古老的隐修宗教团体，由意大利人圣本笃于529年创立，以身着黑色修士服闻名。
[2] 加尔默罗会（Ordem do Carmo）是11世纪末于加尔默罗山地区出现的一支天主教团体，会规较为严格，包括斋戒、苦行、少言止语以及与世隔绝等。
[3] 耶稣会（Companhia de Jesus），1534年由一群巴黎大学的学生创立，强调效忠教皇。耶稣会在美洲殖民与传教的过程中扮演了极为重要的角色。除了传教和慈善事业之外，重视教育也是他们的特色之一。
[4] 图皮-瓜拉尼（Línguas tupi-guaranis），南美最主要的语系之一，涵盖多种原住民语言，其中最具代表性的是瓜拉尼语。

何在传教村中共处,开展日常生活。"一听见有人弹奏弥撒曲,"一位耶稣会士讲述道,"他们便会集合,看见我们做什么,他们便照做。他们跪坐着,拍打胸口,双手伸向天空。"会众由原住民的孩子与混血儿组成,有时还会增设一名会长,也即领头人。最初的宗教活动包括在教堂内背诵连祷文或《又圣母经》。每到周五,他们遵照规定参加自我鞭笞的仪式,随后浑身是血地排队离开。他们唱诵《主宰与造物主》之类的赞美诗,在长笛课与声乐课的课间进行祷告。《语法》是基本的教学用书,由各类问题与答案构成,此外他们还要学习写字。他们每八天忏悔一次,每天下午还须外出捕鱼打猎,因为并没有任何稳定的食物供应。最基本的食物是木棍粉,这是他们对木薯粉的称呼,此外还有猎物,"比如猴子、狍子、一些类似蜥蜴的动物、麻雀以及其他野兽",安谢塔神父描述道。在他们眼中,鱼肉鲜嫩美味,而蔬菜、豆子、芥菜叶和南瓜又进一步扩充了传教村的菜单,还有"加了蜂蜜的煮玉米水……用来代替葡萄牙酒"。神父教导原住民女孩纺棉花,给那些赤裸身体的年轻人穿上衣服。孩子们在闲暇时会到河边游泳,或者观看"穿铁环"[1],按照诺布雷加的说法,这类游戏是从葡萄牙引进的。"我们教他们国内儿童玩的游戏。他们玩得极好,沉迷其中,仿佛为此而生。"胡伊·佩雷拉神父于1560年写道。也有一些简单的体育活动,其中充斥着带有原住民文化色彩的

---

[1] 穿铁环,一种起源于中世纪欧洲的游戏。游戏场地为一条跑道,人们会在跑道中央支起架子,并在架子上悬挂一枚小铁环,参与者骑在马上,以极快速度通过并试图让手中的一截木棍穿过铁环。

歌曲与舞蹈。在传教村，每逢庆典佳节，孩子们都会在夜里醒来，以便按照自己的方式舞蹈歌唱，"用中空的粗竹子敲击地面，伴随其声响歌唱，他们也会用沙锤伴奏，沙锤以水果和果壳——如穿有小孔的椰子——制成，内部置入了小石子"。印第安人的音乐感受力让耶稣会士相信，"只要与他们一起唱歌奏乐，就能说服他们"，并且，"如果现在能来一位风笛手的话"，诺布雷加写道，"就不会有酋长拒绝他们的孩子来耶稣会的学校了"。在集体洗礼中，原住民儿童会穿上"白衣，头戴鲜花，手握棕榈叶"，象征他们已经战胜了魔鬼。

直到 1580 年，耶稣会士都算是某种意义上的皇家官方传教士。然而，在伊比利亚联合王国期间[1]，葡萄牙并入西班牙，耶稣会的主导权被打破，促使其他宗教团体进入巴西。方济各修士的特点是追随殖民占领的脚步，逐渐渗透到北大河至阿拉戈斯一带的东北沿海地区。他们聚集在蔗糖庄园主周围，在蔗糖庄园的小礼拜堂中举办弥撒，为居民主持洗礼和婚礼，为磨坊和动物祝福。方济各修士也会随同旗队[2]，参与抓捕印第安人的远征。与耶稣会士相反，他们更倾向与白人而非与印第安人站在一边。例如，在攻打帕拉伊巴的官方远征中，方济各修士从未帮助塔帕加拉和波提瓜拉族人，并且从 1588—1591 年

---

〔1〕 指 1580—1640 年期间。1580 年，由于葡萄牙王室没有合适的继承人，西班牙国王腓力二世继承了葡萄牙王位，导致两个伊比利亚王国暂时合并。
〔2〕 旗队（bandeirantes）指 16 世纪起出现于巴西殖民地的内陆探险队，他们深入南美大陆，寻找贵金属如黄金和白银，抓捕并奴役印第安人，同时也参与摧毁逃奴堡。具体请参见本书第 6、7 章。

起,他们开始定居于修道院中,与本笃修士和加尔默罗修士比邻而居。

加尔默罗修士在 16 世纪末于奥林达立足,传授神学和巴西语,也即简化的图皮语,并从奥林达持续向巴西派遣传教士。在亚马孙,他们是葡萄牙人利益强有力的捍卫者,他们很快便放下了传教士的本职,转向有意买卖香料——例如可可——的村庄并促进与当地居民的关系。本笃修士则投身于精神生活而非其他活动,其所属修会十分富有,拥有无数地产以及依靠奴隶运转的农庄。在亚马孙,国王公函划定了每个修会的行动范围。圣安东尼奥的方济各会负责北角分封领地、马拉若流域和亚马孙河流域北部的传教村。耶稣会负责托坎廷斯河、欣古河、塔帕若斯河以及玛代拉河。加尔默罗会负责内格罗河、布朗库河和苏里摩希河。悲悯方济各会的修士负责下亚马孙地区。仁慈圣母会负责乌鲁布河、瓦图芒河以及下亚马孙地区部分支流。而在东南部,方济各修士组织了流动的传教团,他们隔三岔五访问内陆的村庄和聚居点,布道解义,举办忏悔礼与弥撒,从精神上帮助这些殖民地居民。

随着殖民推进,饥荒和战争消灭了沿海的印第安人,又因为有大量非洲黑人运入,作为奴隶于糖厂中劳作——宗教权威并不反对奴役黑人,传教运动开始向殖民地内陆转移,以寻找新的灵魂。在圣弗朗西斯科河腹地,比较重要的有法国的方济嘉布遣会修士,他们是特伦特会议改革提案的支持者,此外还有意大利的奥拉特里奥会士,他们十分看重由祈祷与敬神构成的信仰实践。二者与罗马教廷的直接联系令他们无须接受葡萄

3 殖民地的信仰

牙管辖，行动极为自由。两所修会的传教活动帮助修士接近内陆的底层民众，这些居民绝望而无助，散落于边远辽阔的内陆地区。

传播福音的道路可谓荆棘丛生。殖民者和传教士之间的冲突接二连三。其中最激烈的是印第安人的奴役问题，这个问题好比脚底的石子，更准确地说，是神父布鞋里的石子。神父们更希望向印第安人传教，使其皈依。自16世纪以来，耶稣会成功让葡萄牙政府禁止奴役印第安人。然而，颇具权势的甘蔗农场主、蔗糖庄园主以及后来的旗队都从奴役土生黑人中获得了丰厚的利润，在他们眼中，保护印第安人意味着对殖民地的破坏。他们不仅反复要求宗主国当局授予他们强制印第安人劳动的自由，还通过施压、威胁的方式竭尽所能地推迟废除原住民奴隶制。为了正面回应殖民地居民引起的问题，1639年一条加盖了教皇印的法令重申原住民拥有自由。殖民者毫不犹豫地做出回应，圣保罗、桑托斯和里约热内卢爆发叛乱，殖民者将武器对准了耶稣会学校的大门。神父们站在窗前，手中握着念珠，冒着枪林弹雨开除了暴民的教籍。贝伦的殖民者则把针对耶稣会士的控告写在诉状中，并直接寄给了宫廷上的代理人。两股势力之间仇恨高涨，导致以上几地的耶稣会士遭到驱逐，数年后才得以返回。

危急关头，安东尼奥·维埃拉神父于1652年抵达巴西，很快在次年被任命为马拉尼昂和大帕拉传教村的视察长。他十分熟悉殖民地，在进入神学院之前一直和父母生活在巴伊亚，维埃拉此行是为了向马拉尼昂的印第安人传播福音、布道以及修建教堂和传教村,他还得到了国王的支持,国王威胁将严惩任何胆敢阻碍维埃拉神父的人。维埃拉在一些文章中措辞严厉地批评了印第安人奴隶制,例如《论1655年印第安人如何被抓捕并沦为囚奴》。在文中,维埃拉表示:

> 为了解决巴西全境在奴役印第安原住民中的种种不义,几位国王宣布所有印第安人解放并归还其自由,作为最终的解决措施。

然而这并不包含正当战争的情况,例如原住民拒绝接受传教、继续食人行为、在陆上或海上劫掠、拒绝缴纳税金、不愿意捍卫国王的利益以及不愿为国王工作。也就是说,只要他们以任何形式抵抗殖民,战争就是正当的。

许多印第安人在耶稣会的带领下从腹地来到沿海地区,他们聚集在传教村中,接受宗教指导和教育。维埃拉则教导他们应留在内陆,避免与贪婪的殖民者或其他教团发生直接冲突。相较于印第安人的生死存亡,耶稣会的地位更令各个教团感到不满。维埃拉承受了巨大的压力,不得不于1654年离开马拉尼昂,回到葡萄牙。事实上,这种剑拔弩张的情形已经酝酿多时。瓜拉尼族人在耶稣会士安排下定居于巴拉圭、巴拉那以及南大河(包括瓜伊拉、伊塔廷和塔皮斯),而在1632—1648年间,圣保罗旗队夷平了他们的村落。当时,有无数印第安人迁移至乌拉圭河东岸,和耶稣会士一起定居于塞奇波弗传教村中。他们组建的传教村最多能容纳数千家庭,并提供夯土房,但这类村落往往也会遭到圣保罗旗队有组织的进攻。

对于其余的天主教信徒，兄弟会及善会构成了殖民地男女老少举办宗教活动的重要场所。这类地方性的组织协助教会开展活动，促进公共生活，还常常肩负起一些本属于缺位的葡萄牙政府的工作，包括建立及维护救济院，接济穷困的男孩，收容父母双亡的女孩，以及设立名为圣善房的医院，其具体目的是传扬对某位圣人的宗教崇拜。不论是白人、混血儿还是黑人，人们总是会以节庆、宗教崇拜或者是供奉圣人的小教堂为核心，自发地组织起来。而兄弟会的最大特征正是非神职人员也可参加宗教礼仪，这意味着神父或者其他神职人员不总是需要在场。最能使修会和兄弟会倾尽全力的莫过于守护神节庆日。以芳草与地毯装点街道和教堂，以盛满鲸油的陶土小碗作为照明，修会中的兄弟姊妹披上红色斗篷，秉着烛台，引导队伍，身后是装饰华丽的花车，乐手和舞者旋转着紧随其后。各式各样的乐器丝毫不逊色于游行队伍中炫目且多样的舞蹈。民俗乐曲和宗教歌曲与美妙的非洲巴图克旋律融为一体。黑人乐手身着丝绸，身上布满羽毛，他们敲着铜钹，吹着长笛和小号，混杂于吹奏小号和肖姆管的白人乐手之间。无数种声调撕扯着空气，而虔诚的信徒则列队展示着宗教旗帜与图画。

依照葡萄牙传统，家庭生活也构成了宗教空间的重要部分。在住所的墙壁上，常常能看到木制十字架、守护天使或者圣人的版画，上面还带有房主的名字。在乡村地区，杆上的圣人旗帜表明了家庭在供奉上的偏好。早晨起床时，基督徒低语着《以十字架之名》祈求庇护。祭坛上或圣像室中，常有蜂蜡制成的蜡烛不间断地燃烧作为照明，而里面的圣像也往往会由家里的女性装饰点缀一番。真花或纸花、用于棕枝主日的神圣稻草、圣迹吊牌、圣衣以及祷告书构成了一座宗教崇拜的武库，用于同魔鬼的战斗。在富足的庄园中常有小教堂或者小礼堂，供庄园主、奴隶、自由人和获释奴隶举办婚礼、圣餐礼或洗礼。在遇到奴隶逃跑、马匹走失或者遭到抢劫等情况时，信徒会向最受喜爱的圣徒如圣安东尼奥求助。单身女性一般请求他帮忙安排丈夫，而夫妻则在婚姻不和时向他祷告。假若没有应验，人们会将圣安东尼奥倒吊于水池之中，或把圣婴耶稣从他的怀中取下，直到他们达成心愿。人们也会在祷告中提及圣人名号，灵医或巫医往往援引耶稣和圣母玛利亚，为信徒缓解痛楚、伤痛和疟疾：

> 永恒的主，出于您的爱怜，圣阿波罗尼娅承受拔牙之痛……保佑我健康，不受罪恶炙烤，保佑我健康，免去牙齿的痛楚，愿主保佑。阿门，耶稣。

除了天主教，巴西殖民地也是其他信条、信仰和宗教的活动舞台。例如犹太后裔就曾在此寻求庇护，巴西正是他们眼中的应许之地。犹太移民潮兴起于16世纪初，当时伊比利亚半岛上的犹太人正遭受迫害。他们大都定居在巴比亚、伯南布哥和马拉尼昂，在抵达巴西后没多久便适应了当地的语言、习俗和经济模式，他们与基督徒共处一室，后者与之共享管理与商业岗位。犹太新基督徒拥有蔗糖庄园、奴隶和土地。为了维系犹太团体内的联系和身份认同，他们会秘密举行犹太教的宗教仪式，即使受到宗教裁判所的威胁也在所不惜。但宗教裁判所如何会出现在殖民地呢？

巴西殖民地未曾拥有宗教裁判法庭，而是受里斯本既有的宗教裁判所管辖。以圣裁判所兄弟姐妹的名义，主教甚至非神职人员都能寄信举报有异教嫌疑之人。在宗教巡访期间也会出现这类控告。作为一种流动法庭，宗教裁判官曾在1591—1595年、1618—1621年以及1627年巡访东北部，在1763—1769年间巡访大帕拉，主要目的是打击异端，确保天主教徒信仰坚定、品德高尚。巡访期间，犹太教的仪式、律法和庆典都成为了"视察信"的关注对象，这类教会文件不厌其详地描绘了犹太仪式，往往张贴于教堂大门前，用于提醒教徒。日常生活中的一些细节便足以区分出犹太教徒。举个例子，某些习惯能够表明其留出周六的习俗，包括从前一天晚上穿干净的衣服并整理屋子——如清洁并烹饪食物，点上蜡烛等，以避免在周六劳作。新基督徒深知违规会招致圣裁判所注意，因此常常主动来到长官面前坦白行为。例如费尔南多·杜·萨拉查在1618年曾出现于宗教裁判官马科斯·特谢拉面前，表示自己"在周六会穿洗净的衣服"，他接着解释道："因为我靠养鸡和鹦鹉以及种地维生，从外面回来时大汗淋漓。"这些暗自遵守摩西戒律之人还会反复举行一类活动——斋戒。九月份有一场大型斋戒，包括艾斯德尔女王斋戒日以及每周一和周四的斋戒。在这几天里，以色列的后裔会避免在白天进食，仅在晚上吃几块肉，喝几口汤，此外在白天时他们还会光着脚，相互致歉。在庆祝犹太复活节时，他们会吃无酵饼，背诵犹太教经文，面对墙壁低头抬头，而墙上则装饰着仪式用的花边和丝带。他们会用崭新的裹尸布将尸体埋葬于处女地中，并将一小颗珍珠或者一枚银币置入尸体口中，以帮助死者支付首站的旅店费用。男孩还会被割去包皮。即便新基督徒并非全然有意识地在遵循犹太习俗，他们也将其原初的文化内核保存了下来。他们拒绝用圣像装饰祭坛，认为天主教属于偶像崇拜；他们也避免参加忏悔圣事，声称：

> 与其面对另一个罪人，还不如向一块石头或者一根木棍忏悔。

和新基督徒不同，在1630—1654年荷兰入侵期间定居于伯南布哥的犹太教徒拥有更好的条件践行宗教信仰。他们聚集于累西腓的约登斯塔（*Jodenstraat*，"犹太街"），街上建有一所犹太教堂，属于卡哈尔·祖尔·以色列社区。这栋建筑拥有许多窗户，第一层由两间商铺占据，第二层有一个宽敞大厅，配有家具，用于宗教活动。在巴西，最早以希伯来语撰写的文学作品是拉比——或者说哈汗姆（*haham*）——伊萨克·阿布阿比·达·丰塞卡所著的诗歌，描述了1646年累西腓遭到巴西葡萄牙人围困时犹太人所受的苦难。

新教在殖民时代的巴西经历过两个重要时期。第一段介于1555—1560年，在此期间法国海军中将尼古劳·杜兰·德·维列加农抵达瓜那巴拉湾，与在国内不受待见的法国加尔文派

（胡格诺派）教徒一道，试图在南半球建立殖民地，也即南法兰西。第二段发生于荷兰人东北部殖民期间。在胡格诺派的贵族庇护者加斯帕尔·德·科利尼帮助下，维列加农在瓜那巴拉站稳了脚跟，用宗教自由的承诺吸引来了 400 人。然而，怀疑和不信任很快动摇了南法兰西的统治。维列加农不相信自己的下属，也不相信他的盟友塔莫伊莫部族。随着一群 280 人组成的加尔文派信徒抵达，问题变得愈发严重。他们从日内瓦受命前来。初来乍到的传教士携带的举荐信由位高权重的教派领袖和贵族领袖撰写，后者在法国的权势似乎令维列加农不寒而栗。在他们抵达时，维列加农以顺从的姿态接纳了他们，但不久后便开始指责他们在纪念最后的晚餐时未使用常规的面包，也没有在酒中掺水。

争论与日俱增。维列加农质问加尔文派信徒在圣体转化上的立场——也就是如何理解从圣餐到上帝肉体的变化过程，责问他们如何看待呼求圣人与炼狱。最终，维列加农禁止了皮埃尔·里希耶布道，而此人是加尔文派最受认可的牧师之一。面对种种冲突，里希耶与助手出发前往欧洲。然而此刻跨洋航行的条件不佳，有一部分人决定返回。疑神疑鬼的维列加农接收了他们，他此前已经公开拒斥了加尔文宗。返回的这部分人被迫写下一封关于某些信条的声明，名为《里约认罪书》，就此落入圈套之中。这些人被控叛国，被定罪并遭到处决，成为了美洲第一批殉道的新教徒。

维列加农式微，同时失去了科利尼的保护。1558 年，在葡萄牙人收复瓜那巴拉前夕，他回到了法国。由于政治宗教上的分化对立，在巴西中南部建立加尔文派殖民地的尝试遇挫。17世纪初，在马拉尼昂的圣路易斯，类似的故事再度上演，赤道法兰西同样以失败告终。

前文说到，新教活动的另一重要时期发生于荷兰人殖民东北部期间。在毛里西奥·德·拿骚统辖下，荷兰的领地一度从马拉尼昂延伸至圣弗朗西斯科河南部。在荷兰统治下，所有宗教都拥有信仰自由。天主教信徒可以自由开展宗教崇拜，也能与巴伊亚的大教堂保持联系。在累西腓，美洲史上最早的犹太会堂和犹太学校正常开放，当时正试图在巴西站稳脚跟的新教则被视为真正的信仰。新教理念的关键之处在于生活的方方面面都须遵从神圣的戒律。随着荷兰人攻城略地，许多牧师也致力于传道授业，新教教区随之扩张。

非洲人也将他们的信仰带到了葡属美洲。除了一些与死者有关的崇拜活动，他们每日还举行宗教仪式，如阿克图达[1]和卡伦多[2]。在用泥墙与茅草顶搭成的简陋房屋中，他们跳图达舞（tundá）——也即阿克图达——作为祭拜仪式，而这些房屋一般靠近小溪或泉水。祭坛上摆放的铁器琳琅满目，穿插放置在葫芦、锅、各种陶制容器以及人偶之间，以展示空间的神圣性。阿塔巴科鼓的敲击声和以米纳海岸的科拉方言唱出的乐曲

---

[1] 阿克图达（acontundá），又名阿克图达舞，是一种宗教崇拜，按照作者的观点与如今的坎东布雷教有诸多相似之处。
[2] 卡伦多（calundu），一种宗教仪式，主要包括仪式性的鼓点与神灵附身仪式。

响彻整夜。从入教圣屋[1]中走出的女性一般会将一块白布盖在头上，她们唱歌跳舞，时不时也会在天主教祷文中混入一些非洲词语。在如今巴伊亚的坎东布雷教（candomblé）以及东北部的桑构崇拜（xangô）中，其包含的许多仪式元素早已出现在当时的一些仪式里。例如在动物祭祀中使用公鸡和母鸡、以女性为主导、强调要由一名舞者作为整场典礼的引领者以及由阿塔巴科鼓声引导的附身与催眠。

殖民地上还有其他一些非洲宗教形式。杰杰崇拜[2]中的许多仪式来自非洲西海岸的达荷美，也就是如今的贝宁，人们称其为卡伦都斯（calundus），由一位精神领袖伏都诺（vodunô）主持，仪式的其他参与者从旁辅助，他们被称为伏度西斯（vodúnsis）。仪式包括舞蹈和杰杰语歌曲，用小铁片（阿哥哥铃和甘铃）和阿塔巴科鼓伴奏。典礼仪式的中间堆着草、海螺和烈酒。人们在制作食物时使用多种植物叶片，献祭给各位埃波神（ebós），植物叶子同样也可用于入教仪式以及身体清洁。宗教仪式的作用包括赋予生命意义，给予安全感和庇护，以对抗这个充满敌意的世界，以及提供一个社交与互助的空间。于是，殖民地在十字架和其他各类宗教信条的笼罩下发展着，这些信仰直到如今依然在不断滋养着巴西的文化。

---

〔1〕 入教圣屋（camarinha），又名 aliaxé 或 rondeme。在如今的坎东布雷教中，未来的伊阿奥（iaô，坎东布雷的精神领袖，被认为是神明的后裔）需要在入教仪式期间在这间卧室中独处。
〔2〕 坎东布雷教中的一类神明，其最初的崇拜者是来自非洲的杰杰民族，杰杰崇拜因此得名。

·4·
权与势

贸易站是首个用于占领美洲的制度性工具。通过贸易站,葡萄牙人得以与当地的印第安人接触并大量攫取巴西木。贸易站总管的职责包括:防止海员擅离职守,陆上接收货物发往宗主国以及阻止印第安奴隶与白人女性——尤其是后者——未经允许登船。1502—1504年间,葡萄牙人分别在弗里乌角、巴伊亚和伯南布哥建立贸易站。到1520年末,皇家办公桌上堆满了想要来此定居的申请。申请者大都承诺,会"取得一块无利可图的土地,并将其征服"。另一类论点则认为,建立一些居民点能避免印第安人向外国人出售巴西木。

北非、马德拉和佛得角几处岛屿的成功模式促使堂若昂三世将土地划为分封领地。划分完毕后,每一块分封领地都拥有50里格的海岸线,领地随后被分封给了贵族。分封领主负责建立村庄和居民点,秉公执法,任命法官和官员,鼓励建立蔗糖庄园、海盐厂和水力磨坊,以及出租内陆地区的土地。相应地，迁移至此的移民也受一系列利益与权力诱惑，他们会得到"一张特许状，上面写着各项权利、特权、赋税及其余他们在选定土地上必须偿付之物"。

殖民巴西迫在眉睫。一边是虎视眈眈的法国人，逼迫着葡萄牙人确立自己的地位。在另一边，尽管与印度的贸易耗费大量国库资金，不少商人却赚得盆满钵满，使他们能够将资金投入他们看来利润丰厚的其他产业。

然而该制度最终土崩瓦解，既因为殖民地领土庞大，也因为印第安人攻势凶猛。如上文所述，当总督政府成立，托梅·德·索萨被指派到巴西时，十五个分封领地中仅有三个幸存。第一任大总督于1549年抵达巴西，建立起了第一个拥有城市特权的城镇：巴伊亚的圣萨尔瓦多。政府还发动了针对图皮南巴部落的猛烈攻击，据当时的一份文件记载，总督政府惩戒并杀死了一部分人，以儆效尤。大总督还带来了耶稣会的神父和一套方案，以立刻建立兼备政治与行政功能的体制，避免殖民事业彻底破产，这一体制也就是总督政府。索萨的行李箱中还装着一套指挥个体与机构的章程，主要关注军事及殖民问题，包括安置殖民地居民，分发牛群，建立地方行政机构如市议会，等等。1588年政府通过了另一份章程。其中新的指令表明葡萄牙王国将巩固其对殖民地的掌控，包括加强海岸防卫，为庇护舰队采集硝石，勘探金属矿以及防范外敌进攻。章程重申可以奴役正义战争中俘虏的印第安人，并确认建立上诉法院，即巴伊亚高级法院，但事实上，该法院直到1609年才得以建立。

随着时间推移，其他总督和后来的副王也分别带来了各自的法规和指令，以适应不同的情况。直到18世纪中叶，政府的行政指令都不曾统一。脆弱的殖民体制令宗主国期望的中央集权政府迟迟无法建立，同时也不断损害着宗主国的财政、政治和战略利益。此外，虽然殖民地开始组建官僚队伍，但官员资质却明显不足。大司法官佩罗·博尔热斯在1550年的一封信中提到，城市中官员的数量显著增加，但其中不少都是流放者——他们被切去了耳朵，这是一种侮辱性的刑罚——其余的人既贫困又愚钝。1602—1607年间，巴西第八任总督堂迪奥戈·博特略发现官员群体已经彻底堕落，部分人不仅窃取税款，还秘密走私货物，于是博特略免去了伯南布哥分封领地上许多人的职位。当时建立的司法制度不胜其任，加之发布行政命令的中心里斯本和巴西沿岸城市之间路途遥远，更不用说沿岸城市和内陆乡镇间还有一段距离，这使得政府机器才刚刚建立，已是寸步难行。法律的"手臂"无法触及偏远地区，其自身也冗杂混乱。地方执法官贪赃枉法。玩忽职守的海员、书记员和法官贪婪成性。司法管辖仅仅集中在几个市镇中，将殖民地其余地区拱手相让于私人执法者和横行霸道的地方势力。于是乎，在国王的代表之外，又诞生出另外一批掌权者。

财政部受制于增加地方贡赋、资金和所得税的压力，以此适应国家各类不断增长的需求。此外，财政部还控制着多地海关并任命了必要的官员以维持港口运营。殖民地的军事组织由第一级、第二级和第三级部队[1]组成，其中包括骑兵、步兵和

---

[1] 分别指常备军、民兵和预备役。

炮兵部队。但是直到18世纪，当殖民地南方与西班牙人的冲突升级后，殖民地的"武装部队"才开始职业化。

16世纪的教会组织同样漏洞百出。为何如此？因为招募神职人员较为困难，而巴西也未曾设立主教机构。1551年，当第一个主教区在巴伊亚成立时，由于巴伊亚的土地与居民过于穷困，当地人根本无力负担维持教会组织的费用。建立耶稣会学校的开销耗尽了王室支付的资金，用于支付教区修士[1]薪水的部分也就所剩无多。因此，在殖民地当局和主教之间、教区修士和教团之间，甚至在教区修士及教团内部都爆发了无数冲突。教区修士隶属萨尔瓦多主教区，1676年萨尔瓦多提升为大主教区并成为巴西教会省的总部，同年，在里约和奥林达也成立了教区，随后1677年在马拉尼昂、1719年在贝伦、1745年在圣保罗和玛丽安娜也分别成立教区。而由诸多教团组成的修会修士则能够保持独立，因为他们可以从欧洲总部的拨款、当地人微薄的献金和私有产业收入中获得资金支持。良心与修会法庭[2]是参与殖民地宗教管理的中央机构之一。巴西从未设立过圣裁判所。前文提到，记录在案的只有一些零星的检举以及在巴伊亚、伯南布哥和大帕拉出现过的宗教巡查，目的是搜寻

---

[1] 教区修士（clero secular，通常称clero diocesano）是隶属于教会的一种修士，他们通常住在教堂内部，积极参与公众活动。他们隶属于教区管辖，并且很少在教区之间迁移，因此得名教区修士。与他们相对的则是常规修士（clero regular），即隶属宗教团体的修士，如文中的耶稣会士。
[2] 良心与修会法庭（Mesa de Consciência e Ordens），1532年由葡王堂若昂三世创立，最初其目的在于处理关乎"良知道德义务"的事务，后来演变为葡萄牙君主中央集权的重要手段。

异教徒、新基督徒、巫师、鸡奸犯和其他违反了天主教道德与信仰的罪人。

宗教法官最执迷于与爱情相关的魔法，它们与巫术类似，被宗教裁判所视为与魔鬼签订的契约有关。裁判所为我们提供了相关信息，揭示了在16—18世纪的漫长时期中，殖民地各个地区所使用的许多小招数，我们可以称其为"情色魔法"。最盛行的是触碰卡片，这种"魔法"来自伊比利亚半岛，需要将喜爱之人的名字和（或）某些词语印刻在物品上，该物品便能在接触到其身体时引诱此人。16世纪圣裁判所巡视期间曾找出许多女巫，那些所谓的女巫不过是在贩卖这种卡片或者散布其他"情色魔法"。主教法庭上也有过这类案件，之后都转交到了宗教裁判所。举个例子：在16世纪的米纳斯吉拉斯，有个叫阿格达的女人被控持有一张写着几个词语、画着一些十字架的纸片，供女性贴在有性吸引力的男性身上。在累西腓一个名为安东尼奥·巴雷托的人曾携带着一张写有所罗门符（六芒星）和邪恶教义的纸片，这种"魔法"可以让人刀枪不入，并能更轻易地接近女性，使其触碰的任意女性都屈从于他的意志。针对背离基督教的文化习俗，宗教迫害的例子不胜枚举。

除触摸卡片外，人们出于同样的目的，还会求助于爱情祷告，这种"魔法"在殖民地随处可见，几乎无人不知。在这种"魔法"仪式中，人们认为特定词语拥有不可抗拒的力量，尤其是上帝的名字，当然也不排除向魔鬼祈祷。所有这一切都是为了征服、引诱、使人沦陷。

在国家和教会之外，其他形式的权力也在逐步建立。在沿海城市，家族政治崭露头角，富有的庄园主得以加入城市官僚的行列。17世纪，庄园主占据了议会领袖的位置，对佃农、半自耕农和种植园工人肆意妄为，干涉殖民地司法部门的行动与审判结果。小范围的家族联姻让这些家族能够轮流稳坐高位。在小团体内部，多个家族常常联手操控政治，在公共领域解决家族的内部问题。族谱足以证明皮奥伊七个家族之间的联系，他们通过横跨数世纪的宗族联姻，共同组成当地的精英阶层。在殖民地的任何地方，年轻女性如果在未经同意或未受祝福的情况下结婚，都会被家族的社交网络剔除，因为这被视为对家族的严重冒犯。

殖民地居民的第二阶层由平民、种植园工人和"有才能的人"——按某些地契上的说法——组成，他们带着自己的牲口和奴隶，安静地定居内陆。许多人最初衣食无忧，但在遭遇不幸或是失去稳定工作后，便游荡于荒芜的腹地。那些居无定所的乡村野夫在政府的眼中"野蛮并且穷凶极恶"。不少人拖家带口，居住在其耕种的农田中，离群索居且倍感孤独。在其余的人中，有的偷窃牲畜，有的则是"芝麻小贼"（formigueiro，特指只偷轻贱器物的人）。还有不少人组成团伙或者帮派，在道路上抢劫。

然而，不断增加的并不仅限于贫困人口。殖民地腹地各处都出现了许多富有的地方豪绅，他们积累了大量财富并在当地建立起个人势力范围。这些有权有势者经常同政府和邻居较量。流血冲突保证了整个家族及其门客的荣耀，可以持续好几代人。地方豪绅有奴隶和门客支持，常常在自己领地甚至是整个地区内都无所忌惮。与他们作对是不可想象的。只是他们的邻居也抱有同样的想法。因此他们从来不缺少争斗的借口，1711年安东尼尔神父描述道：只要"一根移开的棍子或是一头不小心跑进甘蔗林的牛，就足以让他们宣泄隐秘的仇恨，引发致命的争端与冲突"。地方社区往往会在宗教庆典期间会聚一堂，这正是清算的绝佳时机，例如在教堂中枪击，在游行队伍中设伏，或是在饮料摊点上互殴。1640—1660年间皮雷斯家族和卡马戈家族间在圣保罗爆发的斗争，或是1724—1745年蒙特家族和费托萨家族间的斗争，都清楚说明这种敌对状态本质上是他们蔑视皇室权威所导致。目无法纪的态势进一步加重，也感染了城镇和村子中的居民。他们多次造反，拒绝让上诉法院的大法官或者书记员通行，这些官员或是负责收缴税款，或是负责征召士兵。有勇气干预"腹地事务"的官员寥寥无几。尽管沿海和内陆、外围腹地（塞阿拉和帕拉伊巴）和内部腹地（马拉尼昂东南部到米纳斯吉纳斯的圣弗朗西斯科河）之间相隔甚远，葡萄牙政府依然坚持不懈地寻找掌控民众的方法，以利用后者的力量在葡属美洲创造财富。国王的长臂试图伸向更深处的内陆，当地掌权者往往对此毫不知情。国王从不停下追寻财富的脚步。

·5·
蔗糖庄园、奴隶与战争

　　拥有甘蔗种植园与甘蔗合约意味着有机会积极地参与到殖民地的权力结构中。然而，第一批蔗糖庄园主拥有怎样的社会生活呢？他们的日常由何组成，又面临哪些问题？若接受当时知识分子的观点，我们便可以确定，虽然与表面上有所出入，但即便是富有的糖厂主也往往饮食不良，他们食用过量的风干硬肉，偶尔才能品尝到水果，而蔬菜就更罕见了。由于缺乏优质食品，他们便以超量的甜食作为弥补，如番石榴果冻、榅桲果冻、腰果糖、蔗糖浆以及椰丝糖。每逢神父路过，庄园主往往极力铺张，宰杀圈养的牲畜，包括鸭、乳猪和小牛。有位作家写道，在伯南布哥，每到这类场合，"捕鱼的奴隶"须负责找到"形形色色的鱼和贝类"。据记载，的确有部分蔗糖庄园物质条件优渥，但这并不常见。一些蔗糖庄园不惜斥重资从宗主国购买食物，但到他们真正享用时，这些食物却因保存不善而腐坏变质。蔗糖庄园主常受胃病折磨，当时的医生并不将其归咎于饮食，而认为是源于热带"糟糕的空气"。美洲切叶蚁、洪水和干旱令新鲜食物供给难上加难。庄园主身体上常常还有梅毒留下的伤痕，异常显眼。

大部分蔗糖庄园位于丛林中，离港口城镇不远，因为林中的土壤更肥沃，同时饥肠辘辘的火炉也需要大量木柴。填饱火炉的工作有时甚至日夜不停，每年持续八到九个月，一般是从第一年的7月或8月延续至第二年的4月或5月。蔗糖庄园不能远离海岸，否则将处于劣势，因为出口物品价格统一，邻近港口的蔗糖庄园不会因运输成本损失产品利润，所以较远的蔗糖庄园无法与之竞争。在伯南布哥，蔗糖庄园沿河而建，这些河流在佐那达玛塔地区博尔博雷马高原的大西洋缓坡处汇聚，缓坡上则有大量圆形的山丘。说完土就该说水了。尽管肥沃的黑土不需要灌溉，但无论是牲畜还是人依然需要淡水。蔗糖庄园和制糖工坊里的榨汁机和碾磨机也需要使用水。因此大部分蔗糖庄园都顺理成章地位于河岸上，比如巴伊亚的帕拉瓜苏河、雅瓜里比河、塞尔希培河，以及伯南布哥州的贝贝里比河、雅博阿唐河、乌纳河和塞林拿安河。

庄园主的"华屋"由砖块和黏土搭建，称得上是防卫森严的堡垒，其内部简朴得令人不适。家具破败且稀少，包括床、箱子、衣帽架及其他一些家具。所有的家具都极为粗糙，出自蔗糖庄园的木匠之手。有些人偏爱吊床的甜美，这在炎炎夏夜不失为一种清凉的应对手段。建筑正面安有阳台与小巧的走廊，在那里，庄园主可将土地、甘蔗和人员尽收眼底。建筑的底层是完全封闭的储藏室，仅有墙上的狭小缝隙作为采光，以便更好地抵御外敌。然而，当时也有观察者着迷于蔗糖庄园整体上的恢宏。有的河畔蔗糖庄园以众多建筑装点；有的蔗糖庄园拥有高大的建筑与一栋教堂；有的精美华丽，拥有众多建筑，包括一座精致的小礼拜堂，还有一片美丽的蔗糖田。以上皆出自葡萄牙编年史作家兼庄园主加布里埃尔·索萨1587年的叙述。与严酷的住房条件相对，节庆期间庄园主一家在服饰方面极为铺张与浮夸。蔗糖扩张期间一位名为卡丁[1]的人士深受吸引，写道：

> 他们盛装打扮，女人和小孩会穿上各式各样的天鹅绒、大马士革锦缎和其他绸缎，出奇奢华……马的流苏和鞍所用丝绸与人们身上的一致。

卡丁提到，在庆祝婚礼时会有宴席、斗牛、穿铁环与木棍游戏以及葡萄牙的红酒。许多人会用圣徒守护神命名自己的蔗糖庄园，例如圣弗朗西斯科、圣科斯梅－达米昂和圣安东尼奥。有的选择了非洲的名字，比如马桑刚加。还有的以水果和树木命名蔗糖庄园，如血红木、矮腰果、杰尼帕波果。

蔗糖庄园主位居家庭中心，需彰显其权威、地位和言行。儿女、穷困潦倒的亲戚、兄弟姐妹、私生子、教子、契约劳工

---

[1] 费尔南·卡丁（Fernão Cardim，1549—1625），葡萄牙耶稣会士、纪事家，于1583年起航游历巴西，途经如今的巴伊亚、伯南布哥、里约热内卢、圣保罗等地，于1598年回到葡萄牙。旅行中撰写了大量描绘巴西风土人情的信件和论文，这些文献随后在20世纪整理编辑为《巴西土地与居民论文集》。

以及奴隶都得听从他的号令。庄园主的妻子有时要年轻许多，其一举一动都置于庄园主的阴影之中。妻子为生儿育女而活，也做一些家务，如缝纫、甜品制作、刺绣，或参加宗教活动。然而，当庄园主缺位时，妻子便会担负起与丈夫相当的职责。庄园主的家庭表面上建构起一个微型社会，那绝非获得性快感的场所。由于可在女奴身上享乐，在庄园主的世界中，便划分出一条与性事相关的种族界限：白人妻子是家里的女主人以及儿女的母亲，印第安女性和后来的黑人及混血女性则归于欢愉的领域。

占领蔗糖庄园用地的过程中也充斥着与土地使用权有关的争端，也绝不缺少那些"鬼鬼祟祟潜入"处女地的人，正如一位观察者在1635年所发现的一样。这些人期望能够建立蔗糖庄园，发家致富。蔗糖庄园对应一套极端复杂的结构。大约在16—17世纪间，这种结构遵循其经典模式——也即结合大规模种植园与奴隶劳工制——在巴西东北部扩张。制糖企业不仅需要巨量资本支撑以确保大规模生产，同时也依赖小农场主向蔗糖庄园供应的甘蔗。1640年荷兰的一份报告指出，伯南布哥只有40%的蔗糖庄园在磨盘中使用自己的甘蔗，其余的原材料皆依靠农民提供。

制糖企业不只包括庄园主和奴隶，还囊括了由专业工人与庄园佣工组成的多元团队，他们围绕着蔗糖庄园的方方面面，为庄园主提供服务。有制糖师傅、萃取工、销售员、封装工、锅炉工、木匠、石匠、船夫等等。还有其他群体与他们一同为沿海地区带来了兴旺的经济和社会生活，如商人、菜农、手工艺者、粮农，甚至包括无业者和借住者。这些大大小小的农场主构成了一个复杂的群体，根据其拥有的奴隶数目（从仅仅一个到几十个），便足以推断出他们多样的社会背景和经济状况。到18世纪，随着奴隶贸易下降，获释奴隶增加，许多获得解放的奴隶也成为了蔗糖团体中的农场主。

蔗糖庄园具体由什么组成呢？除了旅行者版画中由水力或畜力驱动的巨型轮盘，还有许多其他东西，如蔗糖庄园密切关注的技术。种植阶段并不需要过多投入，称为黑土的东北部土壤品质极佳，甚至连犁和肥料都无须使用。种下后，本地品种的甘蔗将在一年半后收获。收获采用原始的方式，使用砍刀和镰刀。按照圣保罗人若昂·佩肖托·维埃加斯的说法，他们极为看重他们"自己的月亮"。磨盘的动力决定了榨取甘蔗汁的效率。要使其转动，庄园主可以按照自己的喜好选择使用流水、牛或者马。源自摩尔人的水车经由能工巧匠的双手也来到了巴西。水车皆为直立，直径大约七米。另一个较小的齿轮与水车的轴心连接，称为小轮，它将水车的运动传递至另一个更大的轮子，后者方向水平，直径与水车轮盘相当，称为上轮盘。上轮盘的轴心固定在一个带有齿轮的圆柱上，圆柱有铁箍加固，可将轮盘的动力传递到另外两个平行的圆柱上，这两个圆柱同样带有齿轮并且经过加固。甘蔗就是从这两个圆柱间穿过。

从碾磨机器中提取的甘蔗汁须经由置于柴火上的铜锅烹煮。锅炉间内部的温度堪比火山。因此受派负责该工作的奴隶个个身强力壮，被称为大锅工或小锅工。前者每日的工作定额为处理一个半大锅的甘蔗汁,后者必须在每日工作结束前填满四到五个糖浆模具。制糖师傅十分受重视,其任务是"确保原糖浆的浓度",或是"确定蔗糖的纯度"。关于制糖师,作家费尔南·卡丁在1583年写道:

> 每一家蔗糖庄园都需要奴隶监工、木匠、制糖师和其他一些管理人员以提炼蔗糖;制糖师是蔗糖庄园的主人,掌控着蔗糖庄园的收入及名声,因此常常受到优待,庄园主每年为他们提供食宿、十万雷伊斯[1]和其他种种东西。

不少制糖师被荷兰人、法国人和英国人送到了安的列斯群岛,帮助他们建立自己的蔗糖庄园。提纯或者说提炼,是指将煮过的甘蔗汁倒入圆锥形的陶制模具,糖浆通过模具上的小口将在几天内脱去水分。模具带有用于固定的小孔,放置于木头基座上。在那些称为"面包"的模具中,蔗糖将根据其商品价值沉淀。最上面的部分是白糖,更纯净也更昂贵,最下面的则含有杂质。蔗糖庄园中也有专门制作糖"面包"模具的陶坊。在烘干后,不同种类的蔗糖经过包装进入市场。它们装在箱子中,通过水路、牛车或是放在动物的脊背上运输,送往港口装船。许多蔗糖庄园还有蒸馏装置以生产烈酒,可以换取奴隶和

---

[1] 雷伊斯(real,复数为réis),一种巴西旧货币,从殖民时期一直使用至1942年10月5日。

用于制作黄砂糖的布担子。除此之外，蔗糖庄园还有工坊、马厩和仓库。

是谁种植、收获甘蔗，将其扔进研磨机，打包，最后运送至海边？是奴隶。他们最早为原住民，后来是非洲人。我们知道，从15世纪起，在葡萄牙南部以及之后的北非岛屿，黑人奴隶制与蔗糖庄园的组合已极为常见。16—17世纪，面向巴西的奴隶贸易进一步助长了黑人奴隶制。进口的非洲人填补了劳动力缺口，因为强迫印第安人劳动导致了流行病和高死亡率，又加上印第安部族集体逃往内陆，最终使印第安人奴隶劳役难以为继。安谢塔神父说道：

> 葡萄牙人没有印第安朋友帮忙，因为他们已将其尽数消灭。

一方面，圣保罗高原上的印第安人奴隶制持续到了18世纪，该地区致力于生产少量小麦供国内消费。而另一方面，随着庄园主逐渐拥有了进口非洲人的财力，参与蔗糖生产的印第安人奴隶占比逐渐下降。这一趋势于16世纪后半叶逐渐浮现，在巴伊亚和伯南布哥尤甚。

在乡下，种植园永无休止地压榨着奴隶。奴隶屈从于庄园主和管理人员，不得不融入极为精密的劳动分工中。在巴伊亚蔗糖庄园弗雷格西亚的名单上，我们能够看到在锅炉间内肩负管理职责的奴隶，即萃取工；也能看到干体力活儿的人，比如锅炉间、磨坊或农田的劳工，再比如牛车车夫、木匠、石匠、小帆船船夫、裁缝女工、刺绣女工、洗衣女工等。将他们视为"物品"是很自然的，连天主教会也遵从这一规律，其修道院和农庄中同样有成百上千的奴隶。然而，过分的体罚会遭到谴责。我们应将奴隶所获得的关照理解为人们对其所代表资本的狂热迷恋。耶稣会士安东尼提醒蔗糖庄园主：

> 无论如何都不能同意监工用脚去踢奴隶，尤其不能踢有囝的（也即怀孕的）女性腹部，也不能用木棍殴打奴隶，因为人在发怒时下手往往不知轻重，很可能会打破某个奴隶的头，从而失去一位颇有用处的金贵奴隶。

更有效的方法是"用细棍在背上抽两三下"。木薯粉或玉米制作的干粮、名为阿凯斯的小椰子、豆子以及蔬菜构成了蔗糖庄园居民的一日三餐，并且大部分情况下对奴隶们也是如此，后者的配额或多或少。鸡肉仅提供给病人。而烈酒则被作为卡路里的另一来源，这常常导致健康问题。大麻当时被称为安哥拉烟草或者潘戈叶，由商船秘密运送而来，和蔗糖烧酒一样都可用于缓解被奴役期间的痛苦。至于衣物，则十分稀少。不少作家和旅行者都发现奴隶基本上都衣不蔽体。教会劝诫庄园主不应该让奴隶"穿着不得体"，耶稣会士乔治·本奇就有过类似的怨言。女性穿着裙子和用苏拉特布或者粗呢制作的上衣，男人们只穿裤子，上身赤裸。

奴隶们分成"粗人"——指那些刚从非洲来的奴隶——和

"伶透人",即那些已经同化并且能听懂葡萄牙语的奴隶。二者都敌视生于巴西的奴隶克里奥人。非洲不同民族之间也有区分,并且由于混血生育,肤色深浅同样成为了重要的区分因素。家务劳动、手工艺劳动和管理工作专门为克里奥人和混血儿保留。非洲人则会得到更艰苦的工作。作为回报,许多人拥有部分土地的收益权,他们可以利用周末和节假日,在这些土地上耕作农作物并对其进行转卖。此类生意无论规模多小,都足以使一部分人赎回自由。我们常常能够在庄园主留下的记录上看到他们的奴隶用各种方式赎买自由,如黄金、白银或者帮忙达成某事。可以通过小生意赎买自由,价钱也可以商量(例如信贷记债)。也有其他获得自由的方式,如洗礼日上会有解放洗礼,庄园主也可能立下归还自由的遗嘱。不同有色人种之间的冲突绝非小打小闹。许多时候,克里奥人和混血儿出于对非洲黑人的敌意,会请求他们的主人让非洲人去做最糟糕的差事。例如1789年巴伊亚蔗糖庄园的奴隶在一次暴动中,向庄园主曼努埃尔·达·席尔瓦·费雷拉提出要求:

> 考虑到您的饮食,您应备好小渔船,这样当您想吃海鲜时,就可以派遣那些苏丹黑人了。

可以看出,蔗糖产业十分复杂,涉及土地、技术和人力。在17世纪,蔗糖产业如日中天。荷兰人对此垂涎欲滴。尤其是在伊比利亚联合王国时期,那一时期他们被禁止在巴西贸易。毕竟,为尼德兰联省争取独立就意味着与腓力二世王朝下的西班牙人作战，因此佛兰德人[1]自然也成为了葡萄牙人的敌人。腓力二世对此事曾下过明确的指令，"没有任何外国大小船只"可以在国内或占领区港口贸易，除非有国王签发的明确许可。荷兰人曾长期在巴西沿岸贸易，其中一些人甚至成为了蔗糖庄园主，如埃拉斯莫·舒茨曾在1540年从马蒂姆·阿方索·德·索萨手中买下圣文森特蔗糖庄园。而现在他们则看到了彻底占有、控制蔗糖产业的可能。他们甚至不需要向葡萄牙国王（或者从1580年起向西班牙国王）支付税款或购买许可，就能够控制蔗糖提纯以及殖民地的蔗糖贸易。所以，西班牙国王的诸多限制性政策引起了荷兰人的反抗，后者在1630年2—3月间入侵了奥林达和累西腓。于是，在两股欧洲势力也即两股殖民势力之间，一场激烈的斗争就此开启。根据一位荷属巴西的官员报告，攻占此处的优势在于新大陆上没有比葡属美洲更好征服的地区了，仅需占领两三个港口，而在西属美洲他们则不得不占领大面积的区域。

1630—1632年间，佛兰德人完全依赖于持久作战，他们通过伏击与突袭来牵制由黑人、印第安人和当地士兵组成的部队，使这些人据守于岸边的坚固堡垒中，而置蔗糖庄园和蔗糖产业于不顾。1635年，王室派遣了一支救援舰队前来增援，却被击溃。圣奥古斯丁角的纳扎雷堡垒失守，邦热苏斯的守军投降。仅在卡尔沃港剩下一小股抵抗力量，由印第安人菲利普·卡马朗和黑人恩里克·迪亚士的纵队组成，听从那不勒斯

---

[1] 荷兰人的别称。

人巴诺洛指挥。巴诺洛作为一个富有经验的士兵,总是不太看好游击战的效用,他最后向菲利普四世抱怨道:"放弃守卫堡垒撤退到森林之中,有悖于陛下军队的名声。"从帕拉伊巴和伯南布哥招募的士兵也令他感到担忧,后者的行为很不可靠,一领到薪水就会消失在丛林中。由此,巴诺洛预见到了蔗糖战争第一阶段的结局。与新教徒的三十年战争(1618—1648)削弱了西班牙,通过菲利普四世的一位亲信奥利瓦雷斯伯-公爵,西班牙仅向殖民地送去了聊胜于无的援军。里斯本政府几乎无力插手,于是巴西葡萄牙人只能自食其力,依靠自己的血肉继续抵抗。英国雇佣兵卡斯伯特·帕齐如此概括第一阶段的入侵:

> 最初,森林里的这场战争对我们的人来说有些陌生,敌人故意在丛林中为我们设下伏击,用致命的计谋杀死我们的许多士兵……在付出了惨痛的代价后,我们用枪支强化了部队,让我们的人精通其用法,如此一来我们很快就能向敌人报仇,我们还找来了熟悉内陆的黑人引导我们行进。

西印度公司的管理者十分重视巩固领地统治和修复经济,他们派来了拿骚-锡根伯爵若昂·毛里西奥,并给予他巴西总督的头衔。他于1637年1月23日抵达累西腓,急切地想要粉碎最后的几处抵抗中心。拿骚带来了一个完整的宫廷,包括画家如弗兰茨·波斯特和阿尔伯特·埃库特,以及学者如乔治·马克格拉夫和威廉·皮索。拿骚改造了城镇,下令建造两座宫殿:作为政府总部的自由堡和他的住所好望宫。两处地点之间建立起一座新的城市——毛里西亚,城中有一座植物园和一间博物馆作为点缀,这间博物馆在当时被称为奇妙小屋。原本是小村落的累西腓从仅仅 250 户增长至大约 2000 户,在原来的居民里,加入了刚刚抵达并定居于此的荷兰人,以及来自法国、苏格兰、丹麦和英国的商人。在帕拉伊巴,据荷兰作家加斯帕尔·巴雷乌的说法,一位塔布伊亚部族的侍从向拿骚表示欢迎,向他献上了弓、箭矢和美洲鸵鸟的羽毛,作为和平与礼仪的象征。拿骚则送去了亚麻衣物、女士衬衣、刀、彩色的小珠子和鱼钩作为回礼。然而,尽管在印第安人眼中一切顺利,对殖民地居民却并非如此。在伊塔马拉卡、帕拉伊巴和北大河分封领地原本的蔗糖庄园中,近乎一半被所有者遗弃,并在 1637—1638 年间遭到荷兰政府没收或出售。蔗糖庄园废弃之后,产生的空缺由荷兰人、犹太人和巴西葡萄牙人填补,西印度公司对此提供了资金支持。一批新庄园主就此出现,他们都有意通过佛兰德人的合约发家致富。那些选择放弃自己土地的庄园主被称作伯南布哥逃难者,绝大多数都定居于巴伊亚或里约热内卢,租赁蔗糖庄园并从事农业生产。其他人则选择同富有的家族联姻,以此加入官僚或军队体系。还有的人在逃跑时带上了自己的奴隶,以租借奴隶为生。

然而,笼罩在经济之上的阴云宣告着变化即将到来。1642—1644 年间阿姆斯特丹的股票市场上,蔗糖价格暴跌,摧毁了拿骚在他碧绿的毛里西亚城中鼓吹的乐观态势。一边是刚刚上任的大总督,他鼓励投资以改善蔗糖庄园的状况,推动实施新的自由贸易政策,仅赋予西印度公司对于巴西木、奴隶和军火贸易的垄断权力。而另一边,在欧洲,蔗糖正在贬值。蔗糖庄园主在购买奴隶、工具和铜时欠下了债务,他们开始推迟向西印度公司付款。相应地,在宗主国,商人开始要求他们的政府代表与委员还清先前提供的大笔款项,导致流动资金短缺。为了满足宗主国的商人,累西腓的商人开始要求内陆的商人还款,后者则开始执行巴西葡萄牙人的债务。在一系列使人身败名裂的恐怖连锁反应下,破产随之而来。1642年,拿骚依然在任,此时累西腓商人崩溃的消息如雪片般落下,也导致大量佛兰德商人破产。不动产的价格开始下跌,随后奴隶贩卖和海上贸易也开始收缩。这一切以西印度公司的贸易活动急剧减少告终。

政治层面上,还有另一条事件链推动了伯南布哥的光复。我们知道堂若昂四世于1640年登上王位,并且,在葡萄牙失去了东方的领地后,巴西变得尤为重要。与此同时,在荷兰,西印度公司的管理者不满于开销和损失,要求拿骚回国。拿骚于1644年归国。同年,伯南布哥人的一起阴谋被挫败,然而这并未终止反抗入侵者的动荡形势。巴西葡萄牙人的部队不断蚕食荷占区边界,煽动了小规模的反叛与起义。在接下来的一年中,荷兰人将放弃马拉尼昂。而在塞阿拉,佛兰德人的守军将遭到野蛮的印第安人屠杀。1645年,伯南布哥起义爆发,攻下一大片曾经被荷兰人占据的土地。亨德里克·冯·豪斯的部队被打败,佛兰德人于是回到港口避难。

为了支持这些起义者，一位富有混血农夫曾指挥实施过一次行动。他最初是荷兰人盟友，但从1644年起转而投向巴西葡萄牙人一方。他就是若昂·费尔南德斯·维奥拉。那是一次负债者的起义，有两个目标：表明自己参与了反抗佛兰德人的战斗，借此将自己从积攒的债务中解放出来，同时确保自己占有原主人早已"逃走"的蔗糖庄园。真聪明，对吧？常规部队在巴伊亚总督安东尼奥·特莱斯·达席尔瓦指挥下，进入了曾经的占领地，部队中还加入了费利佩·卡玛朗和恩里克·迪亚士指挥的军队。他们在前线遇到的荷兰士兵因为军队首领拿骚离去而备感挫败，同时也因为薪水发放迟缓而缺乏干劲，逃兵成倍增加。1646年战争正式打响。在瓜拉拉皮斯，1648年和1649年间两场开阔地上的战斗宣告了荷兰人的命运。

当葡萄牙决定介入的时候，荷兰人正在与克伦威尔掌控的英国对峙。一场从1652年开始的战争将耗尽荷兰联省共和国的全部力量、武器与部队。而在荷兰，西印度公司不但受意见分歧影响，政府也被希望走和平道路的资产阶级团体占领。荷兰人也很快意识到，与其占领巴西，倒不如保持葡萄牙殖民地的地位。通过与葡萄牙贸易，反而还能从那片拥有蔗糖、巴西木和其他产品的土地上获得更多利益。刚刚创立于里斯本的巴西公司也武装了一支队伍，令其航向累西腓。1654年1月26日，同时受来自陆地和海洋的压力，荷兰人在沿海保留的几个不多的据点也宣告投降。几天后，葡萄牙收复了累西腓。

最后，在英国人的介入下，葡荷争端得以解决。1660年，查理二世刚刚复辟，并与葡萄牙布拉干萨家族的卡塔琳娜成婚。与荷兰的和平条约于布雷达签署，将巴西完整地留给了葡萄牙，作为交换，葡萄牙在东方做出重大让步，同时给予荷兰人大量赔款并允许他们继续在巴西海岸线上贸易。联省共和国则放弃了对于领土的觊觎。蔗糖战争在东北部造成了严重后果。短期来看，战争留下的是残垣断壁。收成被毁，畜群被抓，奴隶逃进了逃奴堡。伯南布哥需要经过几十年才能重新加入蔗糖产业。长期来看，犹太商人和荷兰农民把在巴西习得的农业技术带到了安的列斯群岛。法国人和英国人也助长了这一趋势，世界市场上生产商的数目有所增加，将巴西殖民地推入了巨大的经济危机中，直到在米纳斯吉纳斯发现黄金后，巴西才得以从中脱身。

·6·

逃奴堡与逃奴

纵观巴西,我们会在马托格罗索州、马拉尼昂州、巴伊亚州、米纳斯吉拉斯州甚至是亚马孙州发现一些名为奇隆波(Quilombo)、奇隆比诺(Quilombinho)或奇隆波拉(Quilombola)[1]的地点。这些最初是由黑人逃奴组建的村社,这些村社如今的所在地都曾发生过对奴隶制的抗争。帕尔马雷斯曾经是殖民地最大的逃奴堡,诞生于蔗糖战争最激烈的时刻。但在帕尔马雷斯之前,这类抵抗运动在非洲已初具雏形。举例来说,1568—1573年间,就曾有名为"雅加人长征"的运动,聚集起了数以千计的男女战士。他们同葡萄牙入侵者作战,建立了坚固的营寨作为据点,称为"奇隆波"(kilombos)。从那些据点中,诞生出一个强有力的政治、宗教、军事组织,足以在大范围地区行动。该组织在远征中入侵并摧毁了刚果,

---

[1] 这三个词都有逃奴堡的意思。

目的是消灭欧洲人的同盟。在几内亚，比热戈斯人也抱着相同的目的发起反抗。在北美洲、中美洲和南美洲，反叛者称自己为帕兰克人、曼毕斯人、昆毕斯人、萨拉玛卡人、希玛霍尼斯人、莫坎波拉人或是奇隆波拉人。

在东北部，从16世纪末起便有奴隶逃跑的相关记载。那时人们已经知道，从阿拉戈斯的圣弗朗西斯科河下游北部到伯南布哥的圣奥古斯丁角附近，正是逃奴聚集的地区。这片区域崎岖难行，热带丛林密布，棕榈树随处可见，帕尔马雷斯[1]这一名称也由此而来。1602年，巴尔托洛梅乌·贝泽拉指挥了第一次执法远征，试图消灭这些逃犯的聚落。他最终无功而返，因为从1630年起，蔗糖庄园由于蔗糖战争分崩离析，加速了逃奴堡的发展。同一时期，在巴伊亚，位于里奥维尔梅里奥和伊塔皮拉库的黑人逃奴聚落也在迅速发展。荷兰占领期间，帕拉伊巴也建立起一些不及帕尔马雷斯重要的逃奴堡。黑人聚集在克拉乌纳斯和昆比，引发骚乱。他们侵入他人家宅，烧毁房屋，并煽动其他奴隶逃跑。

1644—1645年间，荷兰人在鲁道夫·巴罗-若昂·布拉埃尔指挥下进攻了帕尔马雷斯。1671年，伯南布哥的总督费尔南·德·索萨·克蒂尼奥甚至向葡萄牙去信，直言黑人比荷兰人更可怕，因为"在自己家和蔗糖庄园中，就有能够击败他们的敌人"。可见人们显然已经察觉到了自由人和奴隶群体间的紧张关系。

---

[1] 在葡语中，帕尔马雷斯（Palmares）意为"棕榈"。

作家加斯帕尔·巴勒乌——他同时也是拿骚的好友——留下了一篇关于帕尔马雷斯社会的详尽描述：

> 存在两个逃奴堡，大帕尔马雷斯和小帕尔马雷斯。后者（小帕尔马雷斯）深藏于密林之中，位于帕拉伊巴著名的贡果伊河河岸。小帕尔马雷斯距阿拉戈斯二十里格，离北边的帕拉伊巴六里格。据传，那里有六千居民，居住在数量众多的茅屋之中，它们皆为干草捆搭建的简易建筑。房屋背后是农田和棕榈林。他们模仿葡萄牙人的宗教及统治方式，包括由牧师执掌宗教以及让法官管理政府。任何奴隶只要从其他地方带来一个黑奴便能获释，自愿被帕尔马雷斯接纳者也会被视为已经自由。土地的产出涵盖棕榈果、豆子、地瓜、木薯、玉米和甘蔗。另一方面，北方阿拉戈斯的河流也提供了充足的鲜鱼。逃奴堡的黑人食用野生动物，因为他们并没有家畜。他们种植、收获玉米，一年两次……大帕尔马雷斯位于贝赫山（巴里戈山）山脚，距圣阿马鲁三十里格。那里有大约五千黑人居民，定居于山谷之中。他们居住在分散的房屋中，房屋建造在丛林入口处并设有隐蔽的门，一旦出现可疑情况，他们便可借此穿过密林，逃脱并隐匿起来。他们极为审慎，常常从小孔观察是否有敌人靠近。

在巴勒乌做出以上描述的时代，荷兰人曾谋划一场针对逃奴堡的入侵行动。他们成功将巴勒托洛梅乌·林茨送进了小帕尔马雷斯，林茨的任务是学习逃奴堡的生活模式，然后再背叛暂时的同伴。逃奴堡人能够接纳林茨表明他们已经习惯了和其他种族的人共存。受政治秩序问题影响，荷兰人的进攻被推迟至 1644 年才得以发动。此次远征召集了一百位装备精良的塔布伊亚族印第安人，由鲁道夫·巴罗担任指挥。在铁与火面前，大帕尔马雷斯被部分摧毁，但它迅速恢复。到 1675 年帕尔马雷斯已有大约一万名居民，在荷兰人遭到驱逐后，城镇只受到过蔗糖庄园主派来的武装队伍侵扰。

同一时期，葡萄牙当局也执行了一套系统性摧毁帕尔马雷斯逃奴堡的计划。每年的乡村远征以及侦察任务不仅是为了和反叛者作战，也是为了阻止逃跑的黑人接触供应食物和武器的殖民者。1670—1678 年间，帕尔马雷斯逃奴堡由甘加·尊巴领导，尊巴又被称作大统领，居住于 1642 年建造的莫卡戈王室城寨内。同他作战的有安东尼奥·贝泽哈、克里斯托旺·林斯和曼努埃尔·洛佩斯。面对洛佩斯于 1675 年发动的进攻，甘加·尊巴的侄子尊比组织了一次极其杰出的抵抗。尊比的名字在班图语中为 nzumbi，意味着他可能在社会集体中拥有战士和精神领袖的职责。1676—1677 年间另外几次远征的途中，远征队伍发现了一些防备完善的村庄已被烧毁、遗弃，这种战术广为反叛者所使用。在最后一次由费尔南·卡里略率领的远征中，甘加·尊巴的两个儿子被俘。不久后，帕尔马雷斯和葡萄牙人的代表在累西腓会面，签订了和平条约。甘加·尊巴的土地都将合法化为封地，作为交换，他保证向当局归还所有非出生于逃奴堡的社区成员。然而，这一结果并没有让逃奴堡其他一些领袖满意，尊比就是其中之一，在他的叔叔、逃奴堡的前领袖于1680年遭鸩杀后，尊比自立为"王"。接下来的十五年充斥着惨烈的战斗，无数远征队尝试击败黑人逃奴以及他们的印第安人、白人、印黑混血儿和黑白混血儿盟友，皆以失败告终。在解释为何葡萄牙人能够驱逐荷兰人，却在逃奴堡人面前铩羽而归时，卡里略表示，"和荷兰人的战争是同人类作战"，在帕尔马雷斯，则是和"痛苦""腹地的饥饿""难以进入的山岭""不可穿越的丛林"以及"居住在那里的野兽"作战。他将帕尔马雷斯形容为"一片宏伟至极的丛林……比葡萄牙还要广袤"，逃奴在其中安全地生活，没有"确定的居所"，以免被人发现。帕尔马雷斯赢得了森林里的战争，与战胜荷兰人的那场战争如出一辙。1685年，圣保罗旗队探险家多明戈斯·乔治·维里奥申请征服伯南布哥分封领地中印第安人。但政府并没有用他去对付布格里部族的印第安人，而是决定将他送去同帕尔马雷斯作战。毕竟，当时人们都说圣保罗人是"一群野蛮且桀骜不驯之人，以劫掠为生"。这将是一场野蛮人对野蛮人、强盗对强盗的斗争。总督若昂·达·库尼亚·索托·马约尔与旗队探险家维里奥签订条约，决定了帕尔马雷斯城俘虏的去留。他们的目标是摧毁那个抵抗了长达百年的逃奴堡。作为奖励，维里奥能够获得所有战俘，享受正当战争的传统权利（获得军事战役中的所有战利品）。1694年2月，在长达24天的包围后，王室城寨莫卡戈沦陷。数千逃奴堡人身亡，还有同等数量的逃奴堡人被俘，他们随后被贩卖至分封领地之外的地方。

尊比得以逃脱，但在1695年11月20日被抓获、处死，其头颅被置于公共广场上展示。那是一个警告：奴隶必须服从，而不应该挑战奴隶制度。

入侵者在帕尔马雷斯中看到了房屋、道路、小礼堂、雕塑、马厩，甚至还有一些粗糙的、称作"宫殿"的建筑。除了荷兰作家巴勒乌提到的种植园，他们还发现了铸造厂和工坊。印第安人拥有制作瓷器、吊床和加工木薯的知识以及捕鱼技术，这对逃奴堡自给自足起到了重要作用。但是帕尔马雷斯并非独一无二，尊比也不是。

在帕尔马雷斯投降时，人们在米纳斯吉拉斯发现了金矿。奴隶被系统性地抽调到矿场工作，引起了类似的反抗，当地的逃奴堡成倍增加。政府已十分熟悉这种情况，当局立刻做出回应。许可证、警卫队和禁令迅速增加，用以击溃那些危险的聚落，此外政府当局还推动创建了一支名为丛林卫兵的专业部队，负责追捕逃奴。丛林卫兵通过递呈证明获取奖赏，例如寻回的逃奴或是割下的头颅。他们的俸禄称为征服奖励。这类工作常常起用获释的奴隶，因为他们通晓逃奴的行为习惯。也正因为如此，那些惩戒镇压人员从来没有得到过政府的全面信任。有的丛林卫兵会选择使用抓获的奴隶牟取利益或是为自己服务，有的还会呈上一些非逃奴奴隶的头颅。另一些更为成功的如伊纳西奥·科雷拉·潘普洛纳，由于在摧毁米纳斯吉拉斯的逃奴堡时表现出色，赢得了政府赠予的土地以及捕获奴隶相关的权益。未开垦的荒地常常成为猎捕黑人逃奴的奖赏。

和帕尔马雷斯一样，米纳斯吉拉斯的逃奴堡也有领袖。总督之间的通信表明在逃奴堡内有"叛乱的黑人以及统治着他们的国王",有的还提到了某些"自称国王的黑白混血儿"拥有妻妾子女。也存在令人俯首称臣的女王。其中不少领袖都在当时的文件中留下了名字,如巴泰罗、卡斯卡略和贝苏多。他们执掌的逃奴堡可以达到极大的规模,"近乎一个王国",例如现今米纳斯吉拉斯三角区附近的安布罗西奥,堡中曾有一千名成年黑人男性和许多妇女儿童。流窜逃奴的聚集地规模也可能很小,毫不起眼,甚至在追捕者抵达前便冰消瓦解,米纳斯吉拉斯首府富镇周围山上建立起的村落就是如此。其他的聚居地散落在皮坦吉、佩德拉波尼塔、卡拉萨山和坎波格兰德等地。面对逃奴堡,许多居民惊恐不已,他们畏惧遭到掠夺、袭击或抢劫,随着时间推移,这类行为可能会成为常态。有人将请愿送至议会,提醒人们有奴隶逃跑,尤其是这些逃奴还持有武器,"威胁白人,杀害他们捡拾柴草的奴隶"。政府担忧居民性命受到威胁,试图控制局面,于是严加惩戒——砍去逃奴的手掌或切断他们的跟腱。此外政府还颁布了一些禁令,禁止向黑人和混血儿贩卖铅弹和火药。这种限制逃奴堡行动的方式收效甚微,有几次逃奴甚至装备上了火枪、手枪和大刀,在重要道路上堵截了商品物流,令物价攀升或是使商品从市场中消失。然而逃奴为何能如此横行霸道?在18世纪的米纳斯吉拉斯,人们已经清楚地认识到当地以及巴西许多其他地区都具备的一个特质,即逃奴堡已经嵌入了本地的群体生活中。尽管曾犯下种种暴行,逃奴一般还是会与其他社会群体和谐共处,他们提供服务,购买必需品,也会以物易物。在米纳斯吉拉斯,逃奴以钻石和黄金换取食品与各类商品。村庄以及村落周边的酒馆和旅店向逃奴提供武器，店中的杂货铺则是获取袭击、劫掠方面信息的理想场所。双方也会共同分享战果。逃奴堡人使用各种手段，不断尝试扩大自己的社会以及经济关系网，他们交涉，交换，出售，用一切手段保证自身的自主和自由。这使他们与许多其他一无所有的男女站在一起，在殖民地抵抗宗主国所施加的艰苦生存条件。

在马托格罗索，1719年于科希波河畔发现的金矿使那里有不少奴隶，因而也有不少逃奴堡。奴隶不仅被用于采矿、种植与放牧，也为建设公共设施辛苦劳作。在边境地区如瓜波雷，奴隶会在西班牙政府的鼓励下逃跑，只要到边境线另一边便能获得自由。该地区的黑人抵抗运动还有另一个特征，那便是与印第安人结盟。夸里特雷、斯波图巴和里奥曼索的逃奴堡会收容印第安人、黑人和混血儿——主要是印第安人混血儿，各方都能和睦共处。黑人之中，也有与逃奴一同生活的自由人。与各处类似，马托格罗索的逃奴堡也发展自给自足的农业，栽培玉米、豆子、木薯、花生、芋头、香蕉和菠萝。逃奴堡的组织形式使其食品生产力与一些物资匮乏的大城市形成了鲜明的对比，例如库亚巴市的供应危机就时有发生。边境地区自由黑人的数量庞大，增加了甄别逃奴的难度。克里沙斯、皮拉尔、托坎廷斯和阿拉亚斯这些城市的边缘地带也建有逃奴堡，其大约70%的人口由"黑人"组成。再加上戈亚斯和如今的托坎廷斯以密集水流网络为特点的自然地貌，包括阿拉瓜伊亚河、托坎廷斯河、南帕拉伊巴河及其支流，足以让逃奴乘着木舟逃得无影无踪。高原和山丘提供众多藏身之处,而草原上的植被也令丛林卫兵在搜捕时无从下手。

南大河也曾出现过逃奴堡。在南大河,从西班牙殖民地行省走私而来的奴隶负责牧场和屠宰场的运作。每到宰杀牲畜时,他们常常工作至精疲力竭,只有监工的皮鞭和口中的烈酒才能让他们继续劳碌。逃奴堡溪、避难岛这类地名见证了他们如何与制度抗争。18世纪末,面对奴隶逃跑与擅离职守,政府逐渐忍无可忍。在那一时期出现了大量丛林卫兵的委托合约,要求他们抓住"逃奴堡里的逃奴团体"。阿雷格里港市政厅1793年1月2日的会议记录里写道:

> 这次立法……决定制作一个F标记[1]以标识那些在逃奴堡里抓获的奴隶,外加一套枷锁,以便丛林卫兵能够控制住在逃奴堡抓到的奴隶,在他们入狱前施以法律规定的惩处。

逃奴聚集在南大河周围的河流和小湖中间的岛上。在19世纪前半叶,恐慌充斥着南大河。不乏有政府报告指出当时民众惶恐不安:

> 逃奴堡人犯下的抢劫、纵火、杀人行径与日俱增,他们胆大且狡诈,令塔皮斯山上许多热爱和平的

---

[1] 在葡萄牙语中,逃奴(fugido)一词的首字母为F。

居民惊恐万分，迫使其遗弃房屋和田地，人们因此失去了许多玉米和豆子的收成，这势必会造成当地民众物资严重短缺。

这类抱怨有增无减，对房产、牧场和村舍的袭击，逃奴堡人和奴隶之间的打斗以及对妇女的绑架都变得日益频繁。即使是黑人小农场主也无法幸免。

里约热内卢的情形大同小异。里约湾的河流——如伊瓜苏河与萨拉普伊河——滋养着蔗糖庄园和蔗糖小工坊，还输送着大量供应里约首府的农产品。畅通无阻的水路运输着产品，奴隶船夫在商人的指挥下穿行其上。而湿地、支流和小溪则组成了次级道路，新鲜的蔬果和木材通过它供往城市。小溪也能通向自由——逃奴堡中的自由。逃奴堡在伊瓜苏地区泛滥成灾，从19世纪开始以各种各样的名字出现在文献记录中：伊瓜苏堡、皮拉尔堡、萨拉普伊河口堡、彭巴堡、埃斯特雷拉堡以及加布里埃尔堡。该地区的逃奴堡人发展出繁荣的木材贸易，此外，小商贩、奴隶桨手、前奴隶船主、小农场主、庄园主和自耕奴提供的服务与交易让逃奴堡得以维持自治。从他们种着豆子、香蕉、地瓜和蔗糖的农田里，逃奴堡人通过关系网络，将产品供应至小型市场或是送上大地主的餐桌。作为回报，逃奴堡人能获取盐、用于捕猎的火药、烈酒和衣物。如在伊瓜苏地区管理着一座蔗糖庄园的本笃会修士，便对自家奴隶和逃奴堡人之间的交流视而不见。河流里充沛的鲜鱼不仅给逃奴带来食物，也是商品和谋生手段。这类贸易活动的利润如此之高，让小商贩和船夫也成了逃奴的盟友。里约北部的莫基姆河逃奴堡充分展示了这类逃奴堡组织的复杂程度：大约三百人打理玉米、木薯和豆子的巨型种植园，他们圈养鸡和猪，拥有一个用于制作劳动工具的铁匠铺，此外还有一间礼拜室和一座墓园。那里的居民住在"成排的茅屋"中，堡中诞生的儿童都会接受一位棕色皮肤神父的洗礼，他是米纳斯吉拉斯的一名逃犯。

在帕拉伊巴，有两个比较重要的黑人逃奴聚落，名为克拉乌纳斯和昆比。在巴伊亚，类似的聚落也不罕见。那些逃奴堡立于城市核心区域的外围，其日常生活中充斥着交涉与冲突。位于孔塔斯河口附近的奥罗波、安达莱和奥蒂再罗逃奴堡就是如此，这几座逃奴堡给当局制造了不少麻烦。在17世纪末，卡马穆、凯鲁和列乌斯也有一些逃奴堡，位于少有巡查且无人居住的红树林地带内。逃奴堡曾遭到过印第安人凯里丽部落攻击——利用印第安人攻击逃奴堡的惯例从帕尔马雷斯逃奴堡开始一直保持了下来——最终在1700年前分崩离析。

那么在遥远的亚马孙呢？在亚马孙，被奴役或者受到强制劳动的印第安人完全替代了黑奴。各类法令、国王公函或是教皇令都没能阻止私下进行的印第安人买卖，此类贸易能给许多团体带来利益。印第安人转变为二等劳工，被迫皈依基督教，遭到了残酷的压榨，甘蔗酒和一些小玩意儿就是他们的"薪水"。但就连这些"工资"也几乎从来不会抵达他们手中。他们被编成小团体，一旦逃跑或是旷工就会受到惩罚。随着这一制度不断推广，各种反抗形式逐渐发展。这些奴隶逃跑的情形颇为壮观，曾有多达八十人的团体逃跑，其中包括男人、女人和小孩。在 18 世纪，"密林潜逃"一词开始反复出现在官方的文件中，这类文件记录着当时用于抓捕逃奴的士兵开销。许多居民都为逃奴提供庇护，为的是之后能够将他们据为己有，或者把他们变成自己同伴，共同为生存奋斗。独木舟时常失窃，因为它是逃跑时最常用的工具。

如我们所见，殖民地的许多地区都有逃奴堡。它们或如帕尔马雷斯一般与世隔绝，或是嵌入于村落和城市的边缘地带，或暴力或和平，会聚着种族、肤色和信仰各异的人。对逃奴堡来说，抵抗是首位的，为此，保持团结互助、建立血亲关系或是执行宗教仪式至关重要。无数的研究都提及在逃奴堡内存在女人和小孩，这证明在不稳定的逃犯生活中，依然存在着稳定的关系。持刀械斗、警示惩戒、对不忠女人的鞭刑都能证明，在逃奴聚落中存在规则和价值体系。奴隶的临时逃脱增进了逃奴堡内外奴隶间的交流。临时逃脱让奴隶得以同庄园主交涉，争取受奴役期间更好的生活条件。商人与逃奴堡人之间的情谊让后者能够获得武器、食物或是能让他们在追捕者面前存活下来的消息。正如一位历史学家所说，女性逃奴尽管为数不多，但她们在维持逃奴堡的物资方面却尤为重要，她们管理食物供给，制作衣物和家用器皿。她们负责照料菜园和家畜，还要准备餐食。她们拥有重要的宗教职责，通过古老的仪式来增强男性斗志。女性为他们准备护身符和药草浴，进行仪式献祭，并管理医药植物园，其中的植物能够治疗病痛，使伤口痊愈。在男性狩猎或者与可怕的丛林卫兵作战时，女性也会陪同支援，帮助输送火药武器以及来回传递消息。

·7·

金在眼前，王在天边

17世纪末到18世纪初，出现了某位历史学家所谓"葡属美洲的内省过程"：殖民地背靠沿海地区，开始逐步扎根于内陆腹地。随着蔗糖价格下跌，巴伊亚和伯南布哥已不再是殖民地中枢，然而在日薄西山的葡萄牙帝国内部，二者依旧是重要的行政与社会枢纽。在奥林达和累西腓之间，宗主国人和本地人的对立愈发尖锐。紧张的态势引起了1710年的内战。正当东北部爆发冲突时，沿海地区里约热内卢和圣保罗西边的深山密林中却回荡着"金子！金子！"的呼喊。圣保罗人、圣弗朗西斯科河的腹地居民以及来自首都的密集移民潮开始占领与世隔绝的腹地。河流与小溪变成了道路，供人们寻找传闻中的绿宝石山，他们或是朝着东北部逆流而上，或是搜寻亚马孙的河谷，又或是沿拉普拉塔河[1]左岸顺流而下。于是乎，巴西史上

---

〔1〕 拉普拉塔河（Rio da Prata），实际上是巴拉那河与乌拉圭河交汇之后形成的河口湾，位于如今的阿根廷与乌拉圭之间，其中阿根廷首都布宜诺斯艾利斯位于河湾西侧，乌拉圭首都蒙得维的亚位于东侧。

最扣人心弦的一章悄然开启。让我们来看看吧。

1664年，国王堂阿方索六世对旗队队长费尔南·迪亚士·帕埃斯写道：

> 本王向您致以诚挚问候。我很明白我无须劝您尽己所能，为发现矿藏行一切必要之事。

葡萄牙国王请求他搜寻巴拉那、圣卡塔琳娜和里奥格兰德的腹地。像费尔南·迪亚士这样的人十分熟悉腹地，在后世的历史书写中，他们的形象被夸大与神化。在此之前，这些人的先辈早已深入过沿海丛林，尝试淘金。圣保罗人对王室的要求置若罔闻，他们几乎不缴纳税金，总是变着法子阻碍政府控制他们从事的采矿业。当费尔南·迪亚士收到国王公函时，殖民地正开始向米纳斯吉拉斯、戈亚斯和马托格罗索高原地区快速扩张。从圣文森特、圣保罗和陶巴特等城镇出发，一拨又一拨的男人开始涌向矿井所在的山陵和山谷，把女人、老人和小孩抛在身后。小型村镇改变了节奏，蔗糖庄园和种植园陷入了"冬眠"。在商业、手工业及农业生产中，女性开始取代男性，尝试振兴一些仅存的城市营生。无数的女人赚钱养家。她们什么都做，是农妇、洗衣妇、裁缝、染匠、甜品师，甚至也为了活命而卖淫。

淘金团体采用军事化的组织方式，规模由十人到数百人不等，被称为旗队。其中不仅会聚了圣保罗人，还有外国人、不安现状者、逃兵以及逃犯。"一群脱离管辖的土匪和浪荡分子",旅者如此说道。旗队广泛使用印第安自由人或奴隶,令其担任侦察兵、向导、挑夫、食物采集者或是护卫。旗队队员远非我们在版画上所看到的华丽形象,他们往往戴着一顶宽檐帽,穿着衬衫和紧身长裤。比起靴子,他们更喜欢穿原住民的拖鞋或赤足行走。软垫皮马甲能够保护他们不被敌人的箭矢射杀,算是其轻便的随身行李中最精巧的一件。最重要的是携带大量的武器装备,包括弓和箭。此外,旗队还会带上谷物,他们会在常走的开阔小径上整齐地种下谷物与木薯。

1693—1695 年,多个团体同时在米纳斯吉拉斯发现了莫特蒂斯河流域和韦利亚斯几处河谷中的淘金矿场。有两条道路通往此处:腹地大道顺着南帕拉伊巴河穿过曼蒂凯拉山脉,而另一条路覆盖里奥格兰德北部区域,那里的许多河流流向米纳斯吉拉斯周围的地区。没过几年,在帕拉提港和山里的高地之间又开通了一条捷径。后来这条捷径被称为"老路",以将其和"新路"区分开来。老路通往旗队的小径,直达瓜拉廷格塔、平达莫尼扬加巴、陶巴特和圣保罗。这类路线大都异常艰险,山石嶙峋,十分陡峭,为此无论骑行还是步行,都需要训练良好的骡子或是强健的双腿。还有一条路与圣弗朗西斯科河平行,这条河流充当了巴伊亚和伯南布哥分封领地的边界。马蒂亚斯·卡多佐的营地接纳来自巴伊亚腹地的远途客。圣保罗人则据守于自己的淘金矿场中,以怀疑的眼光,审视着从几处道路涌出的探险者——按巴西大总督堂若昂·兰卡斯特的描述,这是"一群游手好闲、惹是生非之人,大都顽劣至极、缺乏教养"。

黄金发现万众期待，却笼罩着一层阴霾。分散于深山和洞穴的冒险者为数众多，他们违法抗令，不服从国王和教会的法规。冒险者携带了大量奴隶，使得巴伊亚、伯南布哥和里约热内卢的劳动力价格也随之上升。十年间，圣保罗人和"外省佬"、政府和矿工间的对立有增无减。官方多次尝试控制局面，皆以失败告终，发放通行证和关闭道路成效甚微。与此同时，黄金走私增加，食物愈发短缺。饥荒近在眼前，有不少人为了抢一口吃食而丢掉性命。

在黄金产区殖民十余年之后，出现了一些根本性的变化。一伙人在矿区游荡，引人注目。他们是"外省佬"，也即非圣保罗人，其中大多数都是葡萄牙的子民。他们在数年前抵达时身无分文，如今却成功积攒起资产。他们是矿工，也是流动摊贩。如果说圣保罗人拥有卡里约部落和塔布伊亚部落的印第安人协助淘金，那么后来者的奴隶则都来自非洲。和他们的主人一样，两批奴隶间也"不相为谋"。最早的淘金矿场枯竭造成了一些变化。原本触手可及的黄金如今必须从群山深处采集。新的采矿方式成本高昂。然而"外省佬"为了这项"任务"早已是整装待发。定居在沿海地带的葡萄牙人为这一改变提供了资金便利。圣保罗人的特权是他们唯一的阻碍。1705 年，一纸国王公函废除了特权，为"外省佬"的行动铺平了道路。到了 1708 年，"外省佬"已经控制了三个黄金产区中的两个。许多圣保罗人要么一贫如洗，要么受尽屈辱，他们或是逃回了莫尔特斯河区，或是在偏僻的河流和畜栏中碰碰运气。留下来的则"胸前挂刀，腰上别枪"，在印白混血儿簇拥下，向他们的敌人发起挑衅。正是其中的一次战争示威导致了冲突，令整片地区血流成河。刺杀、争斗相继发生，还有一小股印白混血儿在"丛林背叛"事件中被歼灭，总之已是水火不容的态势。当时的一份记录写道：

> 米纳斯吉拉斯那件事已经停滞好几天了。因为居民都拿起武器，分裂成了两股势力。非圣保罗人那一边的头领是一个叫曼努埃尔·努内斯·维亚纳的人，维亚纳就是他出生的镇子，而他在巴伊亚腹地生活。他的队伍里有超过三千名武装人员。他身边总是有很多人随行，因为他极为富有，并且异常凶残、强悍，这也是他能够获得许多金矿以及在巴伊亚拥有庞大军队的原因。他将金矿出产的大部分黄金都投入军队，以对抗天主庇佑的陛下的部队，他同时也对国库造成了巨大危害，因为他不交五一税……当地的总督决定来到米纳斯吉拉斯腹地，看看他本人能否镇压那些居民。愿主保佑他成功，只因此事对国王陛下十分重要。

曼努埃尔·努内斯·维亚纳、武装分子还有他们的部队……这类问题将我们带向了米纳斯吉拉斯之外的地方。一方面，脊背山两侧溪流中的黄金促进了人口增长，增加了奴隶贸易，并使经济活动更加多样化，宗主国对殖民地的约束随之而来。另一方面，遥远的腹地也在书写着另一部历史。正如某位史学家所说，那是一部"远离国王"的历史。当沿海地区的市镇稳固根基后，殖民活动便把人们驱向大陆内部宽阔无垠的地区。为了寻找黄金宝石、抓捕印第安人又或是驱赶慵懒的牛群，自由人和奴隶在实际上占领了那些边陲之地，坐实了那条"占有即所有"（*uti possidetis*）的古罗马准则。葡萄牙从此成为了广阔腹地的主人，而我们现在就将前往那里。

·8·

腹地世纪

和富有侵略性的圣保罗人不同,东北部牧民并未深入丛林与池沼,而是进入了远离沿海沃土的广阔地域。这一过程虽缓,却早在第一批糖厂建立时便已经开始。1549 年,随着总督政府建立,畜牧业开始在东北部缓慢扩张。葡萄牙人加西亚·达·维拉是腹地占地潮中的一位标志性人物,他从总督托梅·德·索萨手中接过了一些伊塔波安草原上的草场,迅速将其扩张至塔图阿帕拉湾,并在那里立起一座带有中世纪风格的建筑,名为塔楼之屋。没过几年,达·维拉成为了巴伊亚最富有的人之一。据说他拥有的牲畜多到"他自己也不知道确切数字,光凭尚未驯服和走失的牲口便足以供养国王陛下的舰队了"。巴伊亚的无数牲畜安静缓慢地穿过巴西领土,一里接着一里,散布在如今的皮奥伊州与米纳斯吉拉斯州的圣弗朗西斯科河源头之间。

在当时,"腹地"意为远离沿海的地带,它也是新一轮占地潮的舞台。在腹地生活并非易事。日常生活总是在烈日下与旱地上展开。从八月到十二月，水资源极度匮乏，许多人甚至无水可饮。食物供给危机往往随着干旱到来，土地上几乎寸草不生。规律性的旱灾令人胆寒，1660、1671、1673 和 1735 等年份则尤为严重。忧心忡忡的当局在公函中写道：

> 过去两年里，该分封领地以及整个巴西都经历了极度缺水，而作物也因此被毁，颗粒无收，更不用说肉类和面粉也严重短缺。

其他文献中也有食品短缺的记载，例如 1697 年一位神父如此描述腹地人：

> 这些人只吃牛肉，配上奶制品和从树上提取的蜂蜜，他们一般食用烤肉，因为没有用于烹煮的锅。他们饮用水井和池塘中的水，这种水往往十分浑浊苦涩。而腹地的空气异常沉重，很不健康。这些可怜人就生活在这种条件下，他们裹着皮革衣物，好似塔布伊亚族印第安人。

腹地的贫困是确凿无疑的，然而这位欧洲神父的记述却忽略了腹地人适应环境的抗争。随便举几个例子，让我们想想他们是如何用植物纤维替代衣物面料，以卡罗阿灌木的纤维编制吊床，以及他们设计的乡野菜单：包括犰狳肉、黄犰狳肉，还有使用捣碎的风干肉、面粉和黄糖制作的腹地臊子。

受旱灾影响稍小的地区则是牲畜的天下。东北部的牧场庄园无边无际，从奥林达一直延伸至"皮奥伊腹地"的维多利亚圣母教区，这早已引起了耶稣会士安东尼尔注意：

> 巴伊亚的确畜栏众多，却远不及伯南布哥。后者的腹地广阔，若沿海岸线向南展开，可从奥林达城到圣弗朗西斯科河，共八十里格，随后继续延伸，从圣弗朗西斯科河口到伊瓜苏河口，共两百里格。从奥林达往西直到皮奥伊的维多利亚圣母教区，一百六十里格。往北从奥林达到小塞阿拉，八十里格，从那里再到阿苏河，三十五里格，之后再到大塞阿拉，八十里格。无论从哪个方向，伯南布哥腹地都从奥林达延伸出二百里格左右。

皮奥伊省最早的首府奥埃拉斯城最初仅仅是一个庄园，名为卡布罗波，由一群分封乡绅建立，他们皆为加西亚·达·维拉的后裔。从庄园曾经的中心——主人居住的华屋、牧场以及居民和附属工人的房屋中——诞生了莫克萨镇，这一名字本属于一条在当地流淌的小溪，这便是皮奥伊首府最初的名字。茅草顶的陶土房屋、木头或者石头搭建的畜栏以及种植木薯、豆子和玉米的小型农田犹如拴住散养牲口群的船锚。无边无际的草场令牲口膘肥体壮，牛仔只有在有牛犊出生或新建茅屋时才会踏入。硕大的庄园汇集了铁匠和木匠摊点、用于分隔牲畜的围栏、干草仓和粮食种植园。其中许多庄园甚至有牛或水力驱动的蔗糖作坊，用以炼制黄糖，此外还有木薯粉加工场，屋子的门廊或是小摊上还配有用于纺织棉花的纺轮。人们会用胭脂树果、杰尼帕波果或者腰果梨为棉线染色。无法从土地中获得盐块的庄园会同沿帕拉纳伊巴河逆流而上的盐船交易。当绽开的曼达卡茹仙人掌花宣告雨季到来时，人们会准备好鞍具、蹄铁和皮鞭。在四五月份，也就是雨季的末尾，盛开的茹雷马合欢和木兰花令道路上芳香四溢。人们因此称皮奥伊的草原为"芳菲草场"。在深邃的夜晚，尖厉的号角声会为迷途的旅人指引方向。在甘蔗种植园中，最重要的是技术与设备，而在牧场上则是牛仔的特殊技能，如照料新生牛犊、处理幼牛的肚脐、驱虫、锯下尖利的牛角以及用滚烫的铁块在动物的臀部做标记。畜栏是以上所有活动的舞台。18世纪地方法官杜朗在《皮奥伊分封领地圣若泽记》中解释道：

> 每个庄园都有至少三个畜栏，依照其作用而拥有不同的名称。名为集合栏的畜栏接收必须出售的牲口，人们还会在集合栏中挤奶，整理出栏清单。拣选栏会无差别地接收所有牲畜，随后将其分配到不同的住所。分配栏接收幼牛，将其打上烙印，随后分发给牛仔。

四分之一的牛犊归牛仔所有。畜栏的大小根据牲畜群以及每年的牛犊数量变化，最多能达到一千平方米。一个生产力水平较低的庄园每年能驯养一百头牛犊，较高的可达一千头。围栏用漆树、雪松、油灯树、月桂树、李叶豆树和蓝花楹树制作。都是些名贵木材，在当时却数量充足。也有男女奴隶和牛仔一起工作。奴隶仆从在庄园中从事各式各样的工作，他们开垦森林，开辟道路，清除树桩，播种，进行家务劳动。但也有一些奴隶牛仔，他们与自由人牛仔一样，根据职能划分为牲畜草场领头牛仔或母马草场领头牛仔。此外还有毛皮浸泡工和助手。据旅行者斯皮克斯和马尔蒂乌斯的记述，当他们1820年经过皮奥伊时，每一千头牲畜需要配十个奴隶。男女奴隶之间的婚姻或同居保证了畜牧庄园中的家庭相对稳定。在出生的儿童中，有很大一部分从小就被赶到牧场工作，许多儿童在七岁时就作为小牛仔出现在了文献中。畜牧区的另一个特征是有较多奴隶得到释放，在19世纪尤其如此。

牲畜拥有许多功用，例如皮革可以用来打包烟草产品与海上航行的食物，也可以用于制造背包、手提包、带子和网。蔗糖庄园常常在种植甘蔗时使用动物，或是令其转动沉重的磨轮。在广大的畜牧地带，家畜数量平平者会被视为穷人。人们驱役动物，直至其精疲力竭。畜群不仅哺育伯南布哥和巴伊亚的城镇，也通过圣弗朗西斯科河，为17世纪末定居米纳斯吉拉斯的民众提供食物。当畜群经过圣弗朗西斯科河时，大量茹阿枣树和酸豆树为其提供了栖身之所，巴伊亚的茹阿泽若市即因此得名。多年以来，茹阿泽若市都是畜队的休憩处。畜牧业聚集起了难以估量的财富。但最重要的是，小小的牲口生意为一大群"同志"——牛仔、附属工人、自由人和前奴隶提供了工作，帮助他们积攒财富。

和东北部类似，在殖民事业启动一百年后，牲畜养殖业也占领了殖民地南部。在这里，耶稣会士是牲畜普及的主要推手，他们以此为传教村提供食物。出于这一目的，他们每年都要宰杀上千头家畜。草场上的牲口实在太多，以至于每个外国人都会在笔记上留下相关记载，如神父安东尼奥·赛普写道：

> 牧群不可计数，无论冬夏。

耶稣会士还与圣保罗人维系着小型的物物交换体系，用家畜换取棉花，以此为传教村中的印第安人提供衣物。倘若有来自圣保罗的猎手袭击传教村，抓捕印第安人，耶稣会士便会将家畜放归野外，以示报复。据一位历史学家称，正是因为耶稣会士1637年放出了数百只奶牛，才形成了大西洋沿岸与乌拉圭河之间的海岸牛群。海岸牛群增长迅速，在西葡交战时常受到西班牙人攻击。西班牙人有塔皮斯部族士兵支持，而后者热衷于吃鲜肉，意为刚刚宰杀的牲口，于是海岸牛群就成为了他们长期垂涎的对象。在双方宗主国剑拔弩张的情况下，巴西葡萄牙人给予西班牙人放牧许可。然而许多西班牙人往往并不满足于配额，而更愿意自己四处游荡，猎捕牲口。

在18世纪的前二十五年中，几乎所有牛群都被宰杀殆尽。耶稣会士察觉后，将其牧场迁移至皮尼埃斯，在没有干预的情况下任由牲口繁衍了八年。最终，耶稣会士拥有了数十万头家畜，无论是印第安人的袭击还是传教村的食品需求都无法减缓它们的增长速度。在畜群爆发式增长期间，1759年仅亚佩尤大牧场的耶稣会士就拥有五十万头牛、四千匹马和七万只羊。十五至二十年后，当巴西葡萄牙人抵达时，他们发现草场上牲口遍地。此时，畜牧业进入了一个双向阶段。为了给定居在里奥格兰德的军队及军属提供食物，葡萄牙重启了1737年设立的博茹鲁和卡庞孔布利多皇家庄园。18世纪后半叶，这两座庄园最多时曾拥有数千头动物，然而由于管理不当，两座庄园很快便失去了一切。皮革价格上涨引发了一场大屠宰，数千只动物遭到宰杀，连怀孕的母牛和牛犊也不能幸免，为的只是从它们身上扒下珍贵的皮毛。无数副王都表达了抗议。例如塞巴斯蒂昂·弗朗西斯科·贝塔米奥曾在1780年表达谴责，批评负责人要么对牲口数量下降漠不关心，要么对奶牛和马匹受到的虐待不理不睬。除此之外，他们认为明确的规定也必不可少，如副王路易斯·德·瓦斯康塞洛斯就曾考虑颁布相关规定。一切努力终归徒劳。国家投入真金白银，希望用肉和面粉喂养萨克拉门托的士兵和居民，但是其养殖场却因窃取与疏忽毁坏殆尽。

在另一个方向上，与日渐荒废的皇家牧场相对，许多地区的牲口数量都增长迅速。在这些牧场上，居住着大量富有的居民和拥有千头牲畜的牧场主，尤其是那些建立在帕尔杜河附近地区的牧场。其畜栏由木头和树枝围建而成，孤独地屹立在南美草原上。这类畜栏的目的不在于催肥，而是为了驯养。人们推行驯化法则：牧人迫使畜群在通过畜栏时聚集起来，使其再也不会分开。一些离群索居的牧民被称为游民，在他们手中，驯服或追捕动物的工具——长矛、套索和投石索——被使用得出神入化。牧场主不同于猎手和行商，他们扎根于各自的土地上，拥有大房子、果园和麦田。批发商从猎手手中购买牲畜，并通过手下的赶畜人与畜队将牲畜卖给买家或是行商，后者常以皮革帐篷为临时居所。盗马贼和杀牛犯这两类人强抢牲畜，罪行恶劣，令当地政府十分头痛。人们带有贬义地将他们称为入侵者。但从另一方面看，正是因为他们，拉普拉塔河平原上的西班牙人和印第安人才被清扫干净。他们组成的队伍安静无声、成分混杂，分散在边境线上并推动其前移。他们定居在假冒的牧场中，唯一的目的就是将其转卖给殖民者，他们有时甚至会占据皇家牧场的某些部分。从西斯普拉缇娜[1]诞生出一种独一无二的文化。人们追捧良驹，在文章与诗歌中歌颂宝马，也会用白银、玫瑰、星星和心形的饰品装点良驹的鞍具，如马嚼子、笼头和胸带。牧民是真正的南大河人，其特点是热爱家乡与牧场，有为牲畜剥皮和烤肉的习俗，他们常煮牛奶南瓜汤，习惯戴宽檐帽，穿带有华丽银马刺的皮靴，以及携带刀把花哨的锋利匕首。

南大河人与圣保罗人之间的长期贸易活动始自18世纪初，为南大河的高乔[2]文明提供了保障。有位历史学家写道，

---

[1] 西斯普拉缇娜（Cisplatina）曾为巴西帝国的南方行省，后于1825年独立为乌拉圭。
[2] 高乔（gaúcho），指在潘帕斯草原上从事畜牧业的居民。从畜牧的生活方式与节奏中，他们形成了自己的一套文化，融合了伊比利亚与印第安文化。他们的足迹遍布阿根廷、乌拉圭、巴拉圭以及巴西的南大河地区。而在如今的葡语中，出生于南大河的人也可以称为高乔。

在1724—1726年间，圣保罗人每年要购入一千头骡子，到1750年则翻了一番。到了1780年，购买数达到了五千头，在1826—1845年间，则超过了每年三万头。在涌向圣保罗的动物中，49.8%为骡子，牛占购入总量的28.2%，马则有22%。那场利润丰厚的贸易的另一面，还有一群赶畜人。他们又是谁呢？

基本上，他们以驱赶畜队为生，或者说，以买卖各种商品为生。他们可能是东北部或者东南部人。我们在此重点介绍圣保罗赶畜人所扮演的角色，他们与米纳斯吉拉斯的赶畜人一道，显著推动了南大河社会发展。人们将圣保罗分封领地的本地人称为圣保罗人，也以此称呼居住在那里的葡萄牙人和西班牙人。一位殖民地时期的作家写道，圣保罗人在被剥夺了黄金产区后，有很大一部分选择了牲口贸易或者畜牧业，他们借此机会利用起分封领地上的众多天然草场和退化地——受农业损害肥力下降的田地。他们努力从圣佩德罗和库里蒂巴分封领地购买牲口，并赶牲口经陆路来到圣保罗，随后将其贩卖至其他地区。这一做法十分合理，因为顺圣弗朗西斯科河而下的巴伊亚牲畜已经不足以满足矿区人口的饮食需求。此外，在18世纪，人类在交通方面取得了惊人的发展，产生了丰富快捷的运输方式，也即马和骡子。大量运送牲口的问题可以由如下方式解决：先将牲口牵到拉古纳，再沿着阿拉兰瓜河开辟出一条道路，以翻越热拉尔山的峭壁，让牲口吃到拉吉斯和库里蒂巴之间的青草。从圣保罗城到维阿芒地区的路线足以表明畜队的行程有多么艰险：

他们从索洛卡巴出发，向着伊塔贝蒂宁加前进，穿过伊塔拉雷河，来到蓬塔格罗萨和库里蒂巴附近的地区，途经当地畜栏遍布的草场。他们随后横穿内格罗河谷，深入埃斯比亚冈山脉的密林，进入库里蒂巴和拉吉斯之间广袤的坎普斯诺乌斯地区。他们从那里继续穿过卡诺阿斯河与卡韦拉斯河，直到逼仄汹涌的佩罗塔斯河隘口。出了佩罗塔斯河山口，位于里奥格兰德山脉的奔牛平原豁然展开。他们向南跨过安塔斯河和卡密萨斯河，直达绿意盎然的瓜伊巴高原。在从索洛卡巴到维阿芒的整趟旅途中，庄园及畜栏随处可见。

道路沿途的驿站也是小型的文明与贸易中心。玉米是牲口的基本口粮，也是利润的源泉。每到周日，一位教区牧师会为本地人与外地人举办弥撒。在牧房或者说带门廊的长条形棚屋中，赶畜人卸下行囊，像吉卜赛人一样支起三根木柴，点燃篝火，准备餐食——干肉炖豆子加玉米糊。甘蔗烧酒被用于庆典或者作为药品。几只大篮子或几条木凳就是他们的卧榻。在动物卸下负重后，赶畜人会用刀刮下牲畜身上的灰尘和汗渍。当时盛行团结互助的原则，先到的要为后来的畜队留出骡子的位置，必要时还须帮助后者卸货。在牧房里，人们小心地理好货物，避免混淆。赶畜人会将货架放在太阳下晾干，随后码放整齐。商站中有用于应对旅途的各色物品，包括烈酒、甜品、蜡烛和祷告书。地面上堆放着猪板油、小桶的粗糖和盐、枪支以及弹药。

来自南方的骡子在索洛卡巴集市上批量出售。索洛卡巴镇距离圣保罗十八里格，为18—19世纪最重要的骡子市集提供了舞台。每到雨季，当草场上刚刚泛起绿色时，动物便从南方出发。一些畜队选择直接前来，在一月至三月间抵达，其他的则会在圣卡塔琳娜南方拉吉斯的草场上停留，让动物稍作休整。赶畜人不会把畜队牵到镇上，而是让其停留在附近"国王草场"上的畜栏中。那里有专门的地点用于在节日之前催肥牲口，此外也有驯养驴子用的畜栏，索洛卡巴人可是驯养驴子的专家。随着市集发展，这里还创办了一所牧民学校。人们在学校中学习训练骡子载人或运货。第一种情况需要骡子步态优雅，第二种则要求骡子兼备耐力与力量。牧民和牧民头领在牲口旁建立起他们的棚屋。在白天，他们进行驯化训练，用玉米和盐喂饲动物，准备笼头与缰绳。到了晚上，他们生起篝火，煮上热果酒，在吉他的伴奏下轻吟浅唱。印白混血儿、牧民和"同志"——这一宽泛的称呼可用于除东家以外的所有人——互相陪伴。赶畜人也会进入镇子中。他们大概会驻足查看售卖中的鞍具与工具，包括笼头、镀银的木制鞍座、砍刀、吊床、披肩、豹皮鞍垫以及索洛卡巴毛毯。在查尔斯·兰西尔1825年的绘画中，牧房中的赶畜人正是穿着这些炫目的服饰，自豪而又优雅。押在马蹄上的高额赌注常常令赶畜人血本无归。毕竟沙地赛道上从来不缺少比赛。在镇子出入口沿途的一些妓院中，聚集着"迷途的女子"。性、赌博与酒精在此相互交织。

卖出去的骡子用途广泛。可以运载人、石材与食品如谷物、肉类、盐以及蔗糖。骡子能运送矿场和蔗糖庄园中使用的各种工作设备。它们也向沿海港口运输面向国外市场的产品，包括烟草、烈酒、蔗糖、靛蓝染料和棉花，从18世纪初起还要加上咖啡。骡子运输火药、武器和日常生活必需品，如衣物、家具、鞍具与家用器皿。它们还搬运奢侈商品如羽管键琴——可以说是钢琴的爷爷——和被禁止的法国书籍，例如卢梭的作品。

  毋庸置疑，腹地世纪在经济与社会方面发挥了重要作用。正是腹地人、南大河人和赶畜人保证了蔗糖庄园正常运转、采矿活动发展以及巴西内陆的食物供给。殖民地内部交通以及商品和货物只能通过骡子的脊背运输。米纳斯吉拉斯州和南部驻军的食物补给依赖于牛肉。东北部畜牧庄园则催生出了一大批中小型农场主。在南部和东南部，情况大同小异。而这两处的牧民拓展了巴西的边境线。畜队和赶畜人就如同一条强大的传送带，输送着贸易、财富和讯息，他们传递信息、信件和口信，将殖民地各个方位的人们联系在一起。18世纪的骡队带来了繁荣，促进了大大小小的贸易活动，也促进了腹地社会的诞生与发展。而在此之前，腹地如此偏僻，离葡萄牙国王也如此遥远。无数文献描绘了旅途中的畜队。1717年，在从圣保罗到米纳斯吉拉斯的旅途上，总督堂佩德罗·德·阿尔梅达遇见了一千多头动物，此外还有八百只已经在瓜兰亭格塔集合完毕。一百年后，一位作家记载下一些由五十只牲畜组成的畜队，它们不断往返于圣若昂德雷尔和里约热内卢之间。到了1858年，里约和圣保罗之间的贸易依然通过数万头牲口完成。赶畜人对腹地的贡献将延续至19世纪下半叶，直到火车抵达的那一刻。

·9·
殖民都市

让我们现在踏上归程,从乡村前往城市。第一个问题是:我们祖辈时期的城市是什么样的?殖民时期的档案足以为我们答疑释惑。城市不仅将"人们会聚于一点,令屋舍紧密相连",并且在这类"居民点里,财富只会孕育出嫉妒与厄运,带来轻蔑。在此,要出人头地便不得不欺凌弱小,要维持生计则必须前行、争取、奔走、奋斗"。总之,当时官方对城市印象不佳,并且有理有据。不少葡萄牙城市和殖民城市混乱不堪,永远上演着社会矛盾与争端。不仅如此,社会上最贫贱的群体往往也聚集于城市内,导致宗主国官员如拉夫拉迪奥侯爵偏颇地将巴伊亚的居民比作"猴子"和"蛆虫",并抱怨自己不得不管辖一群"粗鄙又不知感恩的民众"。这一评论与其三年后对里约热内卢的看法如出一辙,他认为里约市区"一贫如洗",其特点是"气候与居民恶劣至极"。

我们的城市延续了中世纪传统,大都没有遵循维特鲁威——《建筑十书》（公元前27年）的作者，从文艺复兴起便被奉为圭臬——的建议，建于平坦的地区，却选在了高耸且难以进入的地点。山丘脚下的贫民窟中，巷子与小道蜿蜒曲折，简陋的房舍堆积两旁。狭小的联排房屋向逼仄昏暗的道路投下阴影，人们不分昼夜地向路上倾倒形形色色的垃圾。无数作家记录过城市的恶劣状况。安谢塔曾表示萨尔瓦多城"被乱放在了一座山上"。1610年，法国人皮拉·德·拉瓦尔抱怨进入萨尔瓦多困难重重，十年后，他的同胞佛格尔表示萨尔瓦多甚至没有一条笔直的道路。尽管缺点众多，但萨尔瓦多直到1763年都是葡萄牙南美属地的首府，葡国上流贵族、教会高层和管理殖民地的行政官员会聚于此。蔗糖利润推动建造了政府与宗教建筑，以及一些奢华的民宅。这类宅邸的样式为三到四层的联排别墅，自17世纪起陆续兴建。七烛别墅是其中的典范。另一栋典型的豪宅是乌尼昂大宅，这栋豪宅拥有四个自由立面，最初是大法官佩德罗·德·乌尼昂·卡斯特罗·布兰科的居所。萨尔瓦多自建立之初便大量建设礼拜堂。无染原罪圣母教堂位于港口附近的沿海地带，是如今普莱亚无染原罪圣母教堂的前身。互助教堂位于上城区，在萨尔瓦多主教堂和耶稣会神父学院教堂建成前，曾作为总教堂和耶稣会堂使用。主教堂在主教费尔南德斯·萨尔丁尼亚抵达后竣工，由托梅·德·索萨发起建造，在1570年索萨曾有以下描述：

> 我用石头和石灰建造了这座城市的主教堂，附有三个中殿，颇为恢宏。

1587年，另有加布里埃尔·苏亚雷斯·德·索萨对耶稣会学院评论道：

> 该学院的寝室宽敞，十分完善，其中一些位于大海上方，视野壮阔。学院以石头和石灰建造……有一间美丽舒适的教堂，专门用于宗教崇拜。教堂装潢华丽，在神父的打理下总是干净整洁、芳香宜人。

也有一些建筑精致的房屋，让人对于殖民时期的都市环境有所改观。据路易斯·杜斯·圣托斯·维列纳——一位1790年居住于巴伊亚首府的葡萄牙教师——所说，大部分别墅都建于普莱亚，或者说下城区，它们通过七条斜街与上城区相连。"在下城区，"维列纳解释道，"有许多恢宏的建筑、高大的修道院与富丽堂皇的神殿。"萨尔瓦多还拥有三个广场：新悲悯圣母广场上常有部队训练；王宫广场四周有总督的居所、铸币厂、议会、监狱、法院大楼、警卫队总部以及众多私人房屋，通过六条街道连接整座城市；耶稣广场周围有耶稣会学校和教堂（它们在耶稣会被逐之后便改为军医院）、圣多明我第三会教堂与圣佩德罗兄弟会修士教堂。从耶稣广场辐射出七条道路，两侧有无数小型房屋。在城郊，圣本笃区地势平坦，宽阔的道路上建有华美的房屋与几座教堂；普莱亚区是许多富商巨贾的居住地；圣安东尼奥区则不太重要。然而，令维列纳担心的是那些不合宜土地上的过分建设。他认为建在山上的房屋"显然是因为奇迹，才没有滚落"至山脚下。"所有建筑都由砖头搭建，立于同为砖头搭建的纤细柱子之上，高悬在险峻的峭壁上方，没有任何稳固地基的土地，此般景象足以令最勇敢无畏者胆战心惊。"维列纳抱怨道。更令维列纳担心的是，这些别墅还在外立面上增添了带有格栅、顶棚的阳台。昏暗的光线使这些"百叶墙"（按照他的说法）显得阴沉不祥。维列纳也批评萨尔瓦多的城市建设不堪一击，提醒说若上城区上空有敌国"大炮轰鸣"，上城区将摧毁下城区。无数小型市场取代了大型集市，令都市生活欣欣向荣，黑人女子在市场上兜售肉类、鲸脂鱼脂、蔬菜或是猪油。精品商店向人们提供来自热那亚的丝绸、荷兰和英国的亚麻与棉花、巴黎和里昂的布匹以及金银混合制品。都市生活的不适与奢华并存。

在累西腓，蔗糖财富同样将人口聚集起来，推动建设了一些多层别墅，夹杂于广大奴隶与穷人的茅屋之中，被称为瘦楼。这些别墅的一楼是商铺；二楼是售货员办公居住的地方，包含寝室和客厅；顶楼由于过分炎热，作为厨房使用。在16世纪，加布里埃尔·苏亚雷斯·德·索萨曾将累西腓定义为"渔民小吏居住的河畔"小镇。那样的日子一去不返。到了17世纪初，修士文森特·杜萨尔瓦多便将伯南布哥的首府累西腓视为整个巴西最繁忙的港口。和其他众多殖民地城市不同，累西腓与水源建立了特殊的联系，尤其是与卡皮巴里贝河，其河水塑造了累西腓的市区。好望宫位于圣安东尼奥区。累西腓区[1]本身是港口的所在地，它通过一条沙滩地峡与奥林

---

〔1〕累西腓区隶属累西腓市，如今位于累西腓市东侧的小岛上，累西腓（recife）一词在葡语中也有礁石的含义。

达相连，潮水在涨潮的日子里轻易便能将地峡淹没。大量商铺集中于圣安东尼奥区，也即拿骚时期的毛里斯塔特，其中的主要工作——无论屋内屋外——都由女性担任，她们中不乏黑人女商贩或妓女。在荷兰人抵达的时期，圣安东尼奥或者说曾经的安东尼奥瓦斯岛不过是一大片被潮水覆盖的沼泽，附近建有圣弗朗西斯科修道院和一些住宅。若往阿福加杜斯的方向前行，会经过五角堡。从远处看，好望宫是最大的建筑，它更靠近内陆，其间华屋连缀，这些房屋都配有花园甚至小型农场。卡皮巴里贝河的一条支流截断了圣安东尼奥区的东南角，岛屿北边则有贝贝里比河的支流以及圣阿马罗达斯萨利纳斯红树林——非洲奴隶上岸的地点，三者逐渐把好望宫所处的小岛与坚实的陆地分离，直至它与昔日的伯南布哥首府奥林达划出界线。

在奥林达核心区四周，蔗糖庄园的绿色田地徐徐展开。河流像道路一样，使蔗糖产品流向累西腓港口。庄园主倾向于在更有利健康的地方居住，也即在奥林达的山丘上。1631年荷兰人纵火焚烧奥林达，开启了累西腓的繁荣时代，后者沿着河流发展了起来。旧城奥林达的核心区由一系列仓库、蔗糖仓储点以及渔民的小屋组成，在荷兰占领期间，累西腓的犹太街及其住宅、商铺与犹太教堂取代了原来的核心区。各式各样的住宅斜倚于河流两岸，房屋面前，划着独木舟的奴隶或自由人络绎不绝，向四面八方运送乘客、食品、商品、饮用水以及牲畜。帕内拉水井清澈见底，是许多富裕家庭在炎炎夏日的避暑场所。瓦拉多罗是一条天然堤坝，分隔开了淡水与咸水，在接连几任总督的改良下，这座堤坝不仅成为城市的水源，也变为一座港口，供往返于累西腓区的独木舟停靠。城里的洗衣女工常常聚集于卡皮巴里贝河湍急的河水旁，涨水期间尤其如此，河畔还有大量由泥土、贝壳、藤蔓、木头和树叶搅拌后建造的棚屋，那里是奴隶与贫苦家庭的住所。

圣保罗扎根在形成于塔曼杜阿特伊河、皮内罗河、茹克丽河以及克奇亚河之间的湿地，在许多外国旅客眼中，圣保罗称得上是所有市镇中最好的一处。在一座小山丘的山顶上，立有众多高耸的尖塔，分别属于圣保罗的八座教堂、两座修道院和三座隐修院。城中的土坯房用一种特殊的塔巴廷加黏土刷得粉白，营造出一种难以置信的整洁观感。不少观察者认为圣保罗的道路"宽敞、明亮、空旷、奢华，铺设有砖石"。各处泉水旁都聚集着一群打水的奴隶与女子。慈悲圣母广场的泉眼最为拥挤。圣保罗的气候舒适宜人、利于健康，也给旅者留下了深刻的印象，"圣保罗拥有世界上最怡人的气候，"斯皮克斯和马尔蒂乌斯在经受过里约热内卢的炙烤后如是感叹道。一旦跨过塔曼杜阿特伊河的溪流，便进入了圣保罗最热闹繁华的区域，即圣保罗市场或者说商铺路，这些商铺——包括食品店——散布于布拉坎街与加尔莫斜坡上。资产阔绰者的住所往往有三层，其中两层安有阳台，住户有男有女。人们在阳台上于清晨或傍晚时分纳凉，也会在圣人节庆期间观赏队伍游行。另一些房子带有木头柱子支撑的侧廊，也有华丽的门槛与窗户。直到18世纪初，印第安人中有不少木匠，他们的风格也因此留在了宅邸的装潢上。对于屋舍内部，19世纪法国旅行家圣·伊莱尔的描述是：整洁且有格调。在新建的宅邸中，墙壁皆以明亮的颜色粉刷并以踢脚线加固，对比之下，老旧的房屋多采用阿拉伯样式的花纹与绘画。简朴的宗教建筑主导了圣保罗省首府的轮廓：包括大主教堂、圣本笃隐修院、圣弗朗西斯科修道院、加尔莫修道院和圣特蕾莎修道院以及稍远一些的圣光修道院。雪松为制作祭坛与祭坛屏风提供了保障。一些私人礼拜堂如费尔南·帕埃斯·德·巴霍斯的礼拜堂装潢优雅，采用金箔和具有异域风情的中国风纹饰以及天顶画。有一些建筑从统一朴素的楼阁之中脱颖而出，它们是政府大楼、监狱、军营和军医院。按某位作家的说法，圣保罗的教堂平平无奇。除了市中心的山丘，我们还可以在城市北方看到一座植物园，是由分封领地总督安东尼奥·曼努埃尔·德·梅罗·卡斯特罗-门东萨于1799年建造的。在布拉斯区、康索拉桑区和圣伊菲热尼亚区附近有一些小农庄，其中的果园菜地得到精心照料，表明有人在此居住。更远一些，跨过山脚的溪流，便来到了城郊，这里是大种植园所在地，其产品保证了食品市场的供应。

在我国城市尤其是沿海城市中，空地和广场比比皆是，但是由小型营地组成的矿区中心——如黑金城和圣若昂德尔雷伊——却并非如此。由于黄金一般出现于山川之中，采矿营地有的诞生于小溪旁，有的建造在山脊上。营地间的道路崎岖陡峭，相互交织，小小的院落镶嵌其中。在错综复杂的窄道、小巷和小道之间，起初都是藤条土坯房，屋顶上则铺着当地随处可见的陶土瓦片；后来，至少在上层人士间，土坯房被更坚固耐用的房屋所取代。到 18 世纪，俭朴的泥墙上开起了窗户和小孔，为米纳斯吉拉斯[1]的房屋带来了一种和谐感。小居民点很快转变为城镇，本地与外地移民聚集于此，他们领着奴隶前来寻找黄金。此外，为了管控黄金开采，也有政府官员在镇上定居。在这种变化中，当地大宅加盖了二楼，并且和其他地方类似，在一楼开设商铺。风铃木、黑苏木、雪松木和蛇皮木都是建设住宅、教堂或公共建筑时广泛运用的木材。这些建筑内部增添了平整的屋顶或是以植物花纹、几何图案、圆柱和动物画为装饰的华美镶板。同样是为了装潢，人们还会在竹子压平后制作的席子上绘制奇妙的图案，这一工艺来自东方，由葡萄牙人传入。房屋入口设有门廊，门廊地面铺有赤铁鹅卵石与石英鹅卵石。两墙之间有一段楼梯通向二楼。二楼临街处有一间会客厅，内侧有一间餐厅，通向阳台。卧室与会客厅相邻，厨房与阳台相通。二楼还有一个小房间用于存放各类私人卫生器皿，住户会在房间内的铜盆或者铜缸中沐浴。另一段楼梯连接着阳台与内部庭院。除院子外，宅中常常还有一座家庭菜园。在房子下方的鸡舍、马厩和牲畜工具间旁，是奴隶休憩的地点。专家认为，在黄金和钻石产区，精英阶层的建筑往往如此，差异不大。从 18 世纪下半叶起，在这一盛产塔潘纽阿坎加石[2]的地区，教堂、豪宅、公共建筑和庄园开始频繁依照米

---

〔1〕 米纳斯吉拉斯（Minas Gerais）在葡语中有"无数矿场"的含义，上文中的矿区也是指米纳斯吉拉斯。
〔2〕 塔潘纽阿坎加石（tapanhoacanga），米纳斯吉拉斯方言，指代一种富含铁元素的坚硬矿石。

尼奥[1]传统雕刻石材。例如在法利亚神父村、塔夸拉尔村以及帕萨任德马里亚纳村便是如此。

得益于繁荣的城市生活，米纳斯吉拉斯在建筑与家居方面得到了一系列的改善。建筑的立面上开始增添以皂石花纹装饰的阳台、意大利风格的铁制栏杆以及精美的石板门槛。法式花园——如黑金城莫塔家宅的花园——被细分为一块块花坛，种植着奇葩异卉，引来游人的目光。在戈亚斯省，许多产金城镇如雅拉瓜改用云母替代窗户上的玻璃与门厅装潢中的鹅卵石。深受马夫拉雕塑学院[2]影响的喷泉淙淙作响，为午后的时光带来一丝凉爽。中型和大型住宅往往包含附带祭坛的礼拜堂，庄园主和奴隶会在蓝花楹木或者雪松木制作的祭坛前参加弥撒。如果房舍中没有礼拜堂，就一定会有一间圣像室，用于收纳供品、进行各类祷告，屋中往往有一张合宜的祭坛，用以盛放神龛与圣像。无数木工作坊负责制作雕像、玫瑰三分经念珠、玫瑰长经念珠、玫瑰经念珠的订单。当地家具受从葡萄牙进口的绘画启发，为床、椅子、梳妆台、写字台和餐柜添上了狮爪或驴的浮雕装饰。镜子和铁器愈发精巧。保存高档衣服与贵重器物的储物木箱上也附加了一些作为装饰的金色平头钉。许多意大利信徒售卖源自欧洲的画作，可为墙壁平添情趣。在巴伊亚与米纳斯吉拉斯银匠的双手下，银被加工成餐具、化妆工具

---

[1] 米尼奥（Minho），曾经为葡萄牙的省份之一，位于该国西北部，如今为北部大区的一部分。
[2] 马夫拉雕塑学院，18世纪葡萄牙首个雕塑学院，在堂若泽一世授意下建立于葡萄牙的马夫拉市。

和饰品。莫塔斯河流域种植的亚麻和克拉鲁斯山种植的棉花摇身一变成为了精美的家居用品。在马里亚纳、普拉多斯和孔哥尼亚斯都坎普，制陶小作坊提供了用于日常生活中的厚重陶器。

直到米纳斯吉拉斯黄金发现以前，里约热内卢城几乎毫无魅力。在17世纪，里约拥有一座火炮密布的堡垒和一处商业中心，后者因来自拉普拉塔河和安哥拉的船只而热闹不已。为了购买非法奴隶，许多帕塔卡银币从西属美洲尤其是秘鲁流入。非法奴隶贸易的深远影响镌刻在了源自玻利维亚的科巴卡班纳圣母崇拜中，这一圣母崇拜后来被安置于同名海滩[1]旁的小礼拜堂中。里约湾区出产的木薯粉会送往非洲，据作家布兰多尼奥所说，木薯粉常在那里以"高价卖出"。部分巴伊亚的烟草也从里约城流向安哥拉，用于购买奴隶。直到17世纪中叶，里约共拥有十五座教堂与宗教机构，包括耶稣会学院（其所在的城堡山已不复存在）、圣本笃隐修院、加尔莫修道院、无染原罪圣母教堂以及军队十字教堂，呈现出这座城市的繁荣。然而里约依然是一副乡下样子。里约城不久前才从山上迁下，最初由梅姆·德·萨设置在高地上，目的是掌控山川间的冲积平原与山谷。海湾沿岸建有许多货栈，专门用于贮存蔗糖。城堡山、圣安东尼奥教堂山、圣本笃教堂山和无染原罪圣母教堂山的四边勾勒出里约最初的几条道路：权利街、瓦拉街、慈悲路。在如今的卡特蒂曾经建有一些制陶作坊，向整座

---

[1] 即里约著名的旅游胜地科巴卡班纳海滩（Praia de Copacabana）。

城市供应砖头与瓦片。在马蒂姆·德·萨修缮之后，国王蔗糖庄园在索科佩那潘湖畔（后来被称为罗德里格斯德弗莱塔湖）运转着它的磨盘。那时建起了两座重要的小教堂：一座是圣烛礼拜堂，由阔绰的安东尼奥·马丁斯·达帕尔马出资修建，以此为他在某次险渡大西洋途中许下的誓言还愿；另一座是佩涅小教堂，由巴尔塔萨·德·阿布雷乌·卡多佐建造，自建成起便获得了奇迹圣殿的名号。里约的卫生状况不堪入目，抗击肮脏环境的卫生手段贫弱无力。天花病人被隔离在病房中，沿岸捕获的鲸鱼被要求只能在远海去除内脏，"以免散发出的臭味感染这座城市"。公立监狱和议会厅从城堡山上迁下，建于冲积平原上的波勒广场后改名为加尔莫广场，如今则是十一月十五日广场。格兰德岛上建起了一座造船厂，专门建造用于海上贸易和巴西沿海执法的四桅大帆船和三桅帆船。由里约蔗糖庄园的逃奴建立的第一批逃奴堡则开始大量聚集于帕拉伊巴边界。

　　18世纪初，为了开采金矿以及提高里约热内卢省的蔗糖产出，黑奴贸易变本加厉。那么里约城有何变化？在发展、膨胀之后，里约面临日趋严重的卫生问题。正如一位英国人所言，外国旅客认为里约热内卢"生活着天底下最污秽的人类集体"。里约的屋舍令人不忍直视，与美轮美奂、山丘环绕的蓝色港湾形成了鲜明对比。肮脏的道路引来了猪和其他家畜，在扔到门外的垃圾中食用残羹剩菜。海滩污秽肮脏，水中漂散着从住宅流出的排泄物，令里约的官员十分担忧："排出的污水会流回城市，引发瘟疫。"

皇家仓库在 1743 年改造后成为总督宅邸,自 1763 年起则成了副王的居所。这栋矮小的方形白色建筑简单朴素,宽大的客厅中仅摆放着寥寥数件家具。宅邸右侧有一排面向海滩的房屋,矗立于此的斜顶属于特莱斯的家宅。一旁,敞开的大门指明了法国人菲利普的旅店,这位酒馆老板在设法前往米纳斯吉拉斯的葡萄牙移民之间无人不识。广场上的泉水旁总是聚集着许多奴隶,他们在和谐的喧嚣声中前来取水。

条纹棚布为商人的店铺遮挡烈日。招牌标示出各个作坊:理发店、帽铺与箔片匠铺。往往还有"物美价廉!"的标语。在店门前,贩卖木鞋的售货员正认真遵守着老板的指令,而店主大多为来自米尼奥省或大西洋群岛的葡萄牙人。许多道路的街角上,燃着蜡烛的神龛提醒人们勿忘晚上六点的祷告。在玫瑰经街与摊贩街的街角,有一座赞颂修道院圣母的神龛,在金匠街和集会路的街角上,有另一座纪念蒙特塞拉特圣母的神龛,在皮奥略街还有一座用来纪念出逃埃及,等等。住宅的立面几乎消失于封闭式木制阳台的围栏之后,女主人及其女奴正是从这里隐秘地观察着大街上的一举一动。双层墙导致了难以言表的高温,墙上一般少有装饰。即便有,人们也只是简朴地挂上印花棉布或者锦缎。空荡荡的会客厅旁边经常是一间狭小的餐厅。建筑物正中的小院改善了闭塞环境中的照明与通风。房屋没有门牌号,人们便以住户的名字或屋内所做的生意辨认屋舍。

在一个奴隶贸易至关重要的港口里,奴隶市场位于何方呢?这一扭曲人性的地点名为瓦隆哥,位于安康山和解放丘之间。瓦隆哥市场在拉弗拉迪奥侯爵的指令下兴建，1769年于里约建成时，瓦隆哥由一排紧邻海滩的仓库组成，每一间都敞开着大门迎接来自非洲的人形商品。在恶劣条件下横跨大洋后，人们会用面粉、香蕉和水催肥牢笼中的奴隶，让他们"最多每周增重五磅"。仓库外张贴的海报宣布"上好、年轻且强壮的奴隶"已经抵达，价格上还有"折扣"。

在里约热内卢和其他殖民城市，奴隶人口占据了一大半的城市岗位。他们忙碌不堪，或是提供服务或是在主人家中制作商品，他们完成各类职责，捎信挑水，到处都有他们的身影。奴隶在私人交通中的角色常常出现在描绘这一时期的版画里。他们常抬一种名为"班格"的老式轿子，其中有的属于私人，有的供人租借，班格轿的皮制顶篷形同木箱，能为坐在里面的人遮挡阳光。奴隶的肩上也常常扛着华轿，华轿更为精美，由牛皮制作，蒙着深红色的锦缎，每当接送上流贵妇时，轿上的帘子便会合拢。奴隶也抬蛇轿——一种东方式印度轿，附带帘子和一张吊床。轿子悬挂于木架上，由奴隶奋力举起，木架雕有各种图案，例如鸽子、天使、花卉、蔬果等。富有的主人会用最高档的制服和法式假发打扮轿夫，即负责接送他们的奴隶。在路上也能看到其他种类的挑夫，他们往往搬运着由绳子和木板捆绑而成的沉重木桶。也有挑夫负责运送装着家庭垃圾的垃圾桶。在海滨城市，垃圾通常填埋于海滩上的大坑中，已满的坑上插有黑旗作为标识。

在教堂门前的路上或是肮脏的巷子里，我们总能在地上看到一群人，他们已然是奴隶制度下的废弃品。有生病的、残疾的和奄奄一息的，他们被抛在城市路边，乞讨施舍或是自生自灭。他们与其他乞丐混迹一处，后者大部分是倒霉或失业的移民、穷困潦倒的乡下人、被遗弃的小孩以及被赶出军队的士兵。巴西城市中各色人等皆有。过了晚祷，便能在酒馆、杂货铺、妓院或娼馆中见到城市居民中的赤贫阶级，人们在这类社交场所上畅饮甘蔗烧酒，引吭高歌——圣保罗用中提琴伴奏，里约则用马林巴琴——玩玩骰子，打打扑克。平整的土炕上，人们吞云吐雾，不时就有烂醉如泥的躯体抑或某位就地提供服务的妓女躺倒。在不少底层场合中，官方用语里往往夹杂着非洲方言。阿塔巴科鼓、拉贝卡鼓和贝林巴斯鼓的鼓声不绝于耳。

  白天，另有一些声音为城中道路赋予生机。兄弟会成员的募捐声就是其中之一。他们光着双脚，秉着旗帜，为节庆活动如圣灵降临节、刚果国王节和耶稣圣名节请求施舍。他们以坚定的嗓音请求道："为了圣母的火烛！为了建设教堂！为了我主的灵魂！"钟声宣告修士到来，孩子们会大喊着回应："我们的天父！我们的天父！"负责临终圣事的队伍路过时同样会引起一阵骚动。身着会服的兄弟会成员通过凄凉的钟声宣告他们正为一位将死之人举行最后的圣事。跟随在后的人群祈求祷告，悲痛万分。在最重要的几条主干道上，来往着政府官员、当地民兵、修士与神父以及随行的居家修女、靠蔗糖和黄金或者奴隶贸易致富的二代葡人、黑白混血儿、印白混血儿、其他混血儿、牧民、机械工、吉卜赛人、流亡者和数以千计的奴隶。女人、女工、女奴、曾为奴隶的女性以及贫困的白人女子也在贩售着她们的服务,从事着洗衣工、甜品工、刺绣工、妓女、护工、厨娘等工作。我们很少能在街上见到上层女性或者家中的女主人。她们深居简出,忙于家务,仅在宗教节庆日抛头露面。

·10·

阅读、书写与创作

得益于耶稣会士、方济各会士、加尔默罗会士和本笃会士设立的修道院，殖民地萌发出文化生活的第一株新芽。最早的一批书籍正是随着这些宗教团体抵达巴西，以达到教化指引以及教会人们祈祷的作用，其中有忏悔手册、九日敬礼书、祷文、记叙圣人生平的圣贤名册以及教义要理问答。这些书籍既是为了推动传教，也是为了抚慰居民的灵魂。尽管宗教书籍占据主流，但早在宗教裁判所首次巡访巴西部分地区时，已有人因阅读其他书籍而受到控告。其他书籍即为禁书，因为国家和教会往往视书籍与知识为不安与罪孽的根源，于是便查禁图书，迫害读者。举个例子？1593年，巴伊亚有不少居民被控阅读了乔治·德·蒙特马约尔的小说《黛安娜》，该书是一本欧洲文艺复兴的经典世俗读物，主题为"劲爆"的爱情故事。在读者中，一位女性，保拉·德·西凯拉夫人深深"乐在其中"！某位名为努奴·费尔南德斯的人拥有奥维德的《变形记》，而他的同乡巴托洛梅乌·弗拉戈索为了逃避审查管控，每当阅读他的那本《黛安娜》时，总是将读完的书页尽数撕下。圣保罗尽管位于遥远的腹地，同样有人阅读《耶稣受难之谜》、布道词等作品，甚至还有人读卡蒙斯的《卢济塔尼亚人之歌》。

　　巴西虽然有书，但与之相对的是为数众多的文盲，其中包括殖民地上几乎所有的男女奴隶。当寥寥无几的读者争抢印刷本和手抄本时，其余的人已为挂绳文学[1]册子上叙述的冒险故事惊叹折腰，例如《女子迪奥多拉》《罗伯特》《魔鬼》和《马迦罗娜公主》，这些挂绳文学至今还在东北部流传，当时则是通过大西洋上航向美洲的船只运送。也有不少通晓读写者愿意描绘巴西的风土人情。政府长官、神父、地方执法官与商人汇报、描述甚至作诗，仅为一个目的：记录、掌控并利用周遭事物。作为这方面的先驱，若泽·德·安谢塔以完美无瑕的拉丁文撰写了我们最早的书籍，并于1563年在里斯本出版。那是一本关于总督梅姆·德·萨的史诗，全书以电影般的笔法记述了总督对印第安人的暴行。耶稣会也曾编写诗歌与剧目，并始终以向非天主教徒传教为目的，据耶稣会士西芒·德·瓦斯康塞洛斯所言，这是为了避免"不太高尚的娱乐活动"。耶稣会的宗教寓言剧《普世布道》为纯粹的宗教崇拜，也是这类作品中最为重要的一部。该剧在形式方面也颇具开拓性，混合了拉丁语、葡萄牙语和图皮语。耶稣会在"殖民"非信徒的灵魂时

---

[1] 挂绳文学（Literatura de Cordel，又名folheto，小册）是巴西东北部极为流行的一种文学形式，源于葡萄牙。原本的口述文学在印刷成册后挂于绳上出售，因而得名"挂绳文学"。

十分注重语言,这充分体现在《巴西沿岸常见语言之语法学》中,该书亦为促进耶稣会士与印第安人交往的一次成功尝试。再后来,西芒·德·瓦斯康塞洛写下了一部编年史,讲述耶稣会在巴西的活动。

除宗教考量之外,这些书籍也尽力介绍这片土地上的财富。在一位名叫布里埃尔·苏亚雷斯·德·索萨的巴伊亚蔗糖庄园主笔下,诞生了关于这片"圣十字之地"自然环境与居民情况的最明确的信息。这正是1587年完成的《巴西记述性论述》。该书应当时掌控葡萄牙的西班牙王室要求,细致入微地讲述了作者(葡萄牙人)选取的地点,以及他如何在当地依靠蔗糖脱贫致富。为了撰写此书,加布里埃尔·苏亚雷斯使用了"许多写下的回忆",取自他在巴西生活十七年间的笔记。他以优雅的笔触和绝对的精度记叙了巴伊亚的地理风貌、新大陆的植物、美洲的动物、当地从事的农业甚至还有我们原住民先辈的医疗手段。创作于1618年的《巴西奇观对话录》沿袭这一传统,是另一部介绍巴西风土人情的作品。作者同样是一位蔗糖种植者,名为安布罗西奥·费尔南德斯·布兰登,他以柏拉图对话录的形式撰写了这部作品,这种形式在葡萄牙一度十分流行。在殖民事业刚满一个世纪时,布兰登已经意识到宗主国官员毫不关心殖民地现实状况,同时他也发觉移民懒惰散漫,拒绝工作,将一切都推给奴隶。在他看来,"乡野村夫"一旦抵达巴西,便摇身一变成为"骑士",这全凭海外殖民贸易以及抄袭挪用欧洲的贵族习俗。两位作家都宣传了移民巴西,向来自宗主国的穷人许诺"一片包容所有人的土地",这在赤贫者眼中无疑是一剂良药。二人都强调了这座新伊甸园的优异之处，如巴西的鱼更鲜美，木薯蛋糕胜过葡萄牙的小麦面包，牛群的繁殖能力更强，巴伊亚的母马"这般漂亮……比肩西班牙最好的母马"，母鸡比海对岸的更为肥美，无花果树不生害虫，也不受蚂蚁侵扰，就和在葡萄牙一样。罗勒、黄瓜、南瓜比葡萄牙的还要大，菠萝色香味俱全，足以将西班牙的所有水果远远甩在后头。

慢慢地，描述巴西土地的文本逐步让位于历史记叙。第一位书写这类文章的巴西人是文森特·罗德里格斯·帕利亚，又名萨尔瓦多的文森特修士。文森特修士1564年生于萨尔瓦多以北六里格的马图伊，曾在当地的耶稣会学校学习，之后前往科英布拉大学继续深造并获得博士学位。他于1627年完成《巴西史》，在大约十年后逝世。这部著作颇具革命性地介绍了我们历史上的一些真实人物，并以大众化的口吻讲出了他们的故事，其中既有印第安人和黑人，也有混血儿和白人。在讲述荷兰人入侵巴伊亚或介绍蔗糖庄园建设与捕鲸活动时，书里的逸事与民间传说中夹杂着刚果国王的教诲及其奴隶巴斯蒂昂的冒险。首位批评葡萄牙人立场的也是文森特修士，因为当时的葡萄牙人对征服腹地漠不关心。他还批评了对巴西几乎没有任何贡献的历代葡王，只是并未指名道姓，而是称呼他们为"在一艘卡拉维拉小帆船上来来回回"的几内亚国王。至于葡萄牙商人，文森特修士指责他们不过是前来"破坏巴西，在停留于此的三四年间，竭尽所能地从土地上掳走一切"。葡萄牙人的行为让他联想到了"螃蟹"——仅知道用爪子刮一刮海岸。

17 世纪也带来了其他新鲜事物。同法国人与荷兰人的战斗催生了新的历史文本，如曼努埃尔·卡拉多修士的《英勇的卢西德诺》（1648）、弗朗西斯科·德·布里托·弗雷雷修士的《新卢济塔尼亚》（1675）、拉斐尔·德·热苏斯修士的《卢济塔尼亚人卡斯特里奥托》（1679）以及其他更为短小的众多文本。这些文本在某种意义上展现了殖民地居民的本土情感，这类情感正是在与外国作战的紧张情势中所产生的。然而，在瓜拉拉佩斯战役和塔波尔达之降以前，是荷兰人帮助恢复了葡萄牙17世纪描绘自然的传统。这要归功于毛里西奥·德·拿骚，在其随行携带的宫廷中，有科学家如科内利斯·戈利亚斯、医生以及博物学家维莱姆·皮索和乔治·马克格拉夫，此外也有颇具弗兰斯·波斯特风范的艺术家阿尔伯特·埃库特、扎凯厄斯·韦格纳和彼得·波斯特——有的历史学家认为他是累西腓整体规划的设计师。巴西有许多全新的物种，数量众多、分布广泛、色彩鲜艳，无时无刻不刺激着几位知识分子的好奇心，渐渐地，他们的作品也被一种介于惊叹与功利主义之间的情感笼罩。

虽然安谢塔也曾留有评述，但皮索和马克格拉夫才称得上是开启巴西博物学调查的最早之人。每一只昆虫、每一株植物和每一种矿物都得到了细致的描述，并添加至欧洲人已知的体系中。在当时，自然被视为造物主丰饶力量的表现。在这一协调宏观与微观世界的视角下，上文提到的两位荷兰作家——尤其是皮索——有机会在原住民医学和巴西富饶的森林中寻得一股灵药之泉：蔗糖可用于治疗双眼，也可处理肝热或肾热；烟草出人意料地被视作上好的治疗手段，除了能杀死跳蚤蛆虫，还可以强心健胃以及治疗特定皮肤问题。从头皮屑、脱发到使用某些植物作为化妆品，再到穿皮潜蚤的应对方法以及如何在热带阳光下使用绿色眼镜保护眼睛，皮索的著作无所不包。

除了以上作家，17世纪的巴伊亚还出现了两位伟人：安东尼奥·维埃拉和格雷戈里奥·德·马托斯·格拉。他们并非孤立的个体，同一时期的其他一些诗人构成了"巴伊亚团体"。其中有贝尔纳多·维埃拉·拉瓦斯科和曼努埃尔·伯特略·德·奥利维拉。维埃拉虽于1608年出生在葡萄牙，却在巴西度过了大半生，并于1697年在巴西逝世。他绝不只是一个平凡的耶稣会士，更是一位政治人物，曾介入一些重要事件，横跨其所属的17世纪，包括为葡萄牙王后施忏悔礼，向堂若昂四世建言献策，为印第安人的自由与庄园奴隶主对峙，与犹太商人结盟以对抗宗教裁判所的怒火，而他自身也曾受到裁判所迫害。然而有一件事令他痴迷不已，那便是将巴西改造为宏伟王国的中心，并冠之以葡萄牙第五帝国的名号。维埃拉的笔永远为其理想服务。在巴西，他向印第安人与二代葡人布道，在欧洲则是向瑞典女王克里斯蒂娜宣讲，常常令听众震撼不已，热泪盈眶。其饱满的讲稿充分运用了譬喻修辞，展现出维埃拉的理念与计划。毫无疑问，维埃拉是最伟大的葡萄牙语宗教讲演家。他还曾撰写《未来史》一书，最终未能完成，该书犹如一条陈列预言的"回廊"，通过过去与近期的历史事实阐释预言，从中总结出"未来的事件"。依他所见，人类历史中存在明确的反复，因而也在未来给葡萄牙留下了最好的时代，一如前一个世纪"幸运的堂曼努埃尔"在位的时期。

与维埃拉同时代的格雷戈里奥·德·马托斯（1636—1695）同样拥有非凡的一生。他还在世时便已受到极高的认可，连那位显耀的耶稣会士都抱怨道：

> 马托斯讽刺诗取得的成就胜过维埃拉的布道词。

作为葡萄牙贵族和巴西富有女子的儿子，马托斯很早便前往科英布拉学习，并毕业于法律系，他的"小曲"曾在科英布拉引起轰动，其讽刺精神令他在里斯本宫廷中遭受不利。归来时已是成熟男子的马托斯创作了一部囊括抒情诗、宗教诗和讽刺诗的作品，描绘了17世纪的巴伊亚。他在作品中刻画了白人剥削印第安人与黑人的暴行、丑恶的巴伊亚总督玷污官职时的无耻手段、教会人士追求女性时的下流嘴脸以及巴伊亚人直白粗暴的性生活与爱情。

有人借由文字镌刻这片土地上的事物，自然也有人使用木材或陶土。正是从建有我们最早的图书馆的修道院中，走出了巴西的第一批艺术家。与以宗教为主要题材的文学领域类似，17世纪巴西的雕刻家、雕塑家和画家也致力于描绘天上的事物。在萨尔瓦多的圣本笃隐修院，有一位幼时便来到巴西的葡萄牙人，名为阿戈斯蒂尼·达·皮耶达德修士，他负责雕刻圣母像、圣骨箱和小型雕塑，其作品彰显出一种纯朴而神秘的热忱。在帕尔纳伊巴的圣安娜隐修院，里约人阿戈斯蒂尼·德·热苏斯修士用三十多年的时间，使用圣保罗的陶土制作了几十座圣像。另一位葡萄牙本笃修士多明戈斯·达·孔塞桑·达·席尔瓦雕刻丰满的天使，四周环绕着卷曲的螺旋纹饰。其作品《死去的耶稣》被改造为里约热内卢圣本笃教堂内的耶稣十字雕塑，该雕塑与同样位于教堂内的首席修士椅背足以表明其在风格与样式上的细腻。陶制、木制与钢制的圣像涂上肉色、金色等各种色彩，构成了教堂和住宅装潢的重要部分。与16世纪相似，17世纪最著名的画家都来自欧洲，如葡萄牙人多明戈斯·罗德里格斯（1632—1706）。比利时的耶稣会士勒马克勒·勒·戈特（1598—1636）也曾在巴西短暂停留。来自科隆的德国修士里卡多·杜·皮拉尔在里约的圣本笃隐修院中留下了展现其深邃信仰的绘画，引人深思。专家认为17世纪的巴西宗教绘画都出自练习者和学徒之手。尽管从一方面看，画作的来源说明缺少专业人士，但从另一方面却也映射出殖民地深刻的宗教情感——人们信奉天使、圣母、为最后的审判精心打扮的圣人和怀着悲悯面容观望罪人的耶稣。

　　稳步发展的文化生活也令巴西各地的建筑设计更为多样。米纳斯巴洛克[1]交叉使用朴素的立面与高度雕琢的内饰。天主教善会和兄弟会比拼各自教堂的装潢，演化出令人眼花缭乱的成果。沿海地区在建设教堂时，其花销需遵守严苛的预算。而在内陆地区尤其是米纳斯吉拉斯，由于教堂预算并不规范，成

---

[1] 米纳斯巴洛克（Barroco mineiro），指18世纪初到19世纪末米纳斯吉拉斯所发展出的特殊巴洛克风格。但这一说法并不完全准确，因为这一时期米纳斯吉拉斯的大部分艺术作品都属于洛可可的范畴，因此部分学者认为米纳斯巴洛克不是一种特殊的巴洛克风格，而是一种独立的流派。

果也不尽相同。在一些教堂中，璀璨的艺术装潢足以令来访者目眩，而与之比邻的却是些小礼拜堂，后者仅仅依靠信仰崇拜，而无资金支持。我们还能发现内陆地区大幅修改了欧洲的范式，但沿海地区则轻易适应了欧洲的准则。由于缺少葡萄牙瓷砖画或其他奢侈材料，白人和自由黑奴与混血奴隶便通过创新应对。采用皂石便是其中之一，这一流派中，最具才气的莫属"小残疾"安东尼奥·弗朗西斯科·利斯博阿。

绘画必须遵照教会确立的一份色彩口诀表：白色与黑色意味肃穆；褐色与灰色，鄙夷与堕落；蓝色和白色，洁净与禁欲；红色，热爱和慈善；绿色，忏悔与希望；紫色则为哀悼。这一色彩潮流体现于"里约流派"中，若泽·德·奥利维拉·罗萨大师是该流派的先驱，其学生包括若昂·弗朗西斯科·穆齐和若昂·德·索萨。在18世纪还有一位名为曼努埃尔·达·库尼亚的混血儿曾在里约作画，他在脱离奴隶身份后完成了一幅极为重要的绘画。之后他被米纳斯吉拉斯州的混血儿曼努埃尔·达·科斯塔·阿塔伊德超越。米纳斯吉拉斯还有其他画家，如曼努埃尔·杜斯·帕索斯、若瑟·苏亚雷斯·德·阿劳若和安东尼奥·马丁斯·达·西尔韦拉等。他们或许是殖民地首批运用建筑透视技巧的画家。在圣保罗，较为出众的画家有热苏伊诺·杜·蒙特·卡尔梅罗——同时也是建筑师及音乐家——以及若泽·帕特里西奥·达·席尔瓦·曼索。而在另一端的伯南布哥，若昂·德·乌斯·塞普尔韦达在军士无罪圣母教堂的穹顶上记录下了《瓜拉拉佩斯战役》。

黄金世纪自然也给文学带来了变化。得益于黄金和钻石

"孕育"的新财富，刚刚起步的文学生活也大量转移到东南部地区。里约热内卢既是矿石财富的汇聚地，也是1763年之后的殖民地首府，而米纳斯吉拉斯的市镇则逐渐成为新式美学表达的中枢。米纳斯吉拉斯主教堂的所在地马里亚纳变为教育中心，因为富有的地主希望确保自己的孩子在前往科英布拉之前有学可上。对书籍以及书写的重视取得了成果，巴西开始组建文学院。其中第一所为巴西被遗忘者文学院，于1724年创立于萨尔瓦多。其名称寓意葡萄牙的文学院中没人会想到接收巴西人。学校的教师队伍包括《葡属美洲史》（1730）的作者塞巴斯蒂昂·达·罗沙·皮塔，而该书饱含对本地风土的崇敬之情，并试图为本土问题寻找救世的方案。皮塔激动地写道：

> 我们葡属美洲（尤其是巴伊亚省，此地的杰出人才在数量上可与意大利和希腊匹敌……）建立了一所"博古通今的学院"，由"学富五车的人物"指导。

第一所文学院建立后不久，1759年，巴西复兴学院组建，拥有40位正式成员和80位名誉成员。在里约，1736年愉者学院诞生，随后受选者学院于1752年出现。上述学院试图模仿宗主国的潮流，仅反映了官方艺术，故未能持久。它们的存在默默无名并十分短暂。

除文学院以外，还有另一些人物值得我们留意。里约的犹太人安东尼奥·若泽·达·席尔瓦于1739年被宗教裁判所执行火刑，他曾创作许多"歌剧"，融汇通俗的人物与故事，曾令里斯本上街区剧院中的贵族与平民笑得前俯后仰。另一位值得一提的人物是努奴·马尔克斯·佩雷拉，这位教区神父1652年生于巴伊亚的凯鲁，是长篇作品《美洲朝圣小记》的作者。佩雷拉将此书献给圣母，一如书名所示，他试图书写一部宗教启迪作品，描绘了无数殖民地日常生活情景，描绘了未婚同居的恋人、迷恋女色的修士与非洲宗教仪式。神父还在这趟前往黄金米纳斯省的虚构朝圣之旅中描绘了当时的情形，例如火光全无的蔗糖庄园、废弃的住宅、流亡的居民以及恐怖的"外省佬"战争，他也趁机表达了谴责。除此之外，还有费利西亚诺·若阿金·德·索萨·努内斯，其作品《政治道德论述》（1758）诉说了殖民地知识分子的不满，后来遭到葡萄牙政府没收、销毁。努内斯作为里约热内卢的年轻一代，在书中抱怨葡萄牙人目空一切，而巴西知识分子缺乏机会，长期被迫接受愚民政策。《第三论述》是他在书中的趣谈之一，他在文章中讨论了妻子的品质与缺陷，强调女性诚实的重要性。妻子若不诚实，便是"可怜、可悲的……但反之则会是贞洁、诚实、体面并且审慎的，能保留全部的善意，占有全部的财富，享受全部的高尚情操，并能带来所有的幸福"。

"米纳斯学派"带来了一批更富于表达的知识分子，如克劳迪奥·曼努埃尔·达·科斯塔（《作品集》1768、《富镇》1773）、巴西利奥·达·伽马（《乌拉圭》1769）、托马斯·安东尼奥·贡扎加（《智利书信》1788—1789、《迪尔塞乌的玛丽莉娅》1792）、若泽·德·圣丽塔·杜朗（《卡拉姆鲁》1781）。当他们开始创作诗歌时，阿卡迪亚主义正于葡萄牙盛行一时，其宗旨与古典主义相似，要求艺术临摹自然，原野上的田园生活是这一流派的标志；此外，艺术作品也需以道德启示为目的。一位重要批评家认为我国的抒情诗歌除以上特征之外还具备"感人至深的本土主义"。尽管诗歌的对象依然是美洲的人与自然，风味却有所不同。从时间顺序上看，克劳迪奥位列米纳斯诗人之首。他1729年生于马里亚纳，父母靠矿业致富，克劳迪奥是五子之一。他曾就读于耶稣会学院，大学毕业于科英布拉的法律专业，1753—1754年返回巴西成为律师并担任富镇[1]政府文书一职。他的诗歌立即在同伴间引起反响，深刻影响了他们的认知。在《富镇》中，他讲述淘金潮下各种文化的碰撞，以及文明如何战胜冒险者引发的混乱。在米纳斯密谋案[2]涉案者入狱后不久，这位诗人于1789年自杀，但更有可能是遭人杀害。米纳斯吉拉斯地区的现实状况也出现在阿瓦尔伦加·佩肖托和托马斯·安东尼奥·贡扎加的诗歌中，二人情同手足，在米纳斯密谋案中被判处流放非洲。

贡扎加1744年生于波尔图，父亲为葡萄牙人，在少年时期曾居住于巴伊亚。在科英布拉获得学士学位后，于1782年带着富镇听讼法官[3]的头衔回到巴西。他因献给玛利亚及其他

---

[1] 富镇（Vila Rica），全称为皮拉尔圣母黑金富镇（Vila Rica de Nossa Senhora do Pilar de Ouro Preto），是现今黑金城（Ouro Preto）的前身。
[2] 米纳斯密谋案（Inconfidência Mineira）是巴西18世纪较为重要的一起反对宗主国统治的地方运动，参与者大多为米纳斯吉拉斯省的精英知识分子。详情请见本书第14章。
[3] 听讼法官（ouvidor）兼具如今警察与法官的职责，代表政府维持社会公正。

女子的诗歌而成为诗人,其中的一部分1792年在葡萄牙出版,他也在同年被判流放。我们如今认为他就是《智利书信》的作者,他在文中尖锐批评了米纳斯吉拉斯的某位总督,指控他贪污腐败且任人唯亲。里约人伊纳西奥·若泽·德·阿瓦尔伦加·佩肖托也曾在里约同耶稣会士学习,之后前往葡萄牙完成学业。他从科英布拉大学法律系毕业。曾任辛特拉的异地法官[1]。与某位米纳斯吉拉斯小姐的婚姻使他定居于圣若昂德尔雷伊,在那里他将工作从法官换成了庄园主以及矿场主。他常常前往富镇,与克劳迪奥·曼努埃尔·达·科斯塔同住,因此也参与了密谋。他留下了许多未完成的十四行诗、抒情诗和颂歌。在被流放至安巴卡后,他于1793年逝世。马诺埃尔·伊纳西奥·达·席尔瓦·阿尔瓦伦加是米纳斯诗人团体中的另一位成员,1749年生于富镇。和其余的文学伙伴不同,他是个混血儿——其父亲是棕色人种——并且家徒四壁。在大学里他写下了英雄喜剧诗歌《逃兵》(1774),以支持庞巴尔侯爵提出的学术现代化改革,提倡较当时来说更为自由开放的精神。他也是某个文学及科学社团的坚定推动者,该社团受拉瓦迪奥侯爵帮助,创建于里约热内卢,当时是讨论葡萄牙暴政以及法国和美国的革命运动的中心地区。阿尔瓦伦加的十一行诗充满多愁善感的想象,收录于其最重要的作品《格拉乌拉》(1799)中。他被控参与里约密谋案,入狱将近三年,之后重获自由。

---

[1] 异地法官(juíz de fora)由葡王任命,旨在向有需要的市镇提供公正不偏倚的司法干涉,一般不居住于所管辖的地点。

18世纪还有另一些独特的现象：人们除了在文学中描绘自然，也在尝试研究自然。这种态度的改变得益于法国理性主义相关思想的传入。在宗主国，启蒙时代后半段的特点是在大学教育改革中强调科学和自然历史。科英布拉大学在1772年革新了规章制度，葡萄牙由此向现代科学敞开了大门。庞巴尔指定林奈[1]的好友、帕多瓦人多梅尼克·万代利担任自然历史教授，开始培养一代以促进祖国葡萄牙发展为目标的博物学家。需要注意的是，植物学并不仅仅被视作一门学术型学科，同时也是探查农业资源的一种工具。在这种观点下，万代利的许多学生都受派加入前往非洲殖民地和印度的探险中。然而巴西才是众人目光的焦点，两名巴西人若泽·马里亚诺·达·孔塞桑·维洛索和亚历山大·罗德里格斯·费雷拉在此扮演了重要角色，完成了举足轻重的任务。维洛索1742年生于米纳斯吉拉斯，最初在里约热内卢同方济各会士学习自然历史，之后前往葡萄牙，成为技术探究、回忆录及巴西植物种群研究的编辑。他的作品《里约植物志》完成于1790年，他在里约周边的森林中观测并收录了400个之前不为人所知的物种。与他一道深入丛林的还有弗朗西斯科·索拉诺修士，书中的不少图例以及里约教堂的精美绘画皆出自其手。

被视为巴西首位动物学家的费雷拉，1756年4月27日出生于萨尔瓦多。他在14岁时进入科英布拉大学，很快成为万

---

[1] 卡尔·林奈（Carl Linnaeus，1707—1778），瑞典动植物学家、医生，奠定了现代生物学命名法——二名法的基础，被认为是现代生物分类学之父。

代利课堂上的"演示员"。其研究涉及众多领域：地理学、矿物学、洞穴学以及最重要的农学。博士毕业时，费雷拉受任领导一次探险远征，负责编目整理所有可供葡萄牙王室使用的自然资源。1783年，美洲大地上一次规模最大的科考性质探险开始了，任务是"为阿茹达皇家博物馆观察、保管、寄送动物、植物以及矿物"，此外还需观察巴西人的生活状态。探险途经大帕拉、圣若泽都里约内格罗（亚马孙）以及库亚巴（马托格罗索）分封领地，也就是说，需穿过大约39,000公里的丛林与腹地。费雷拉经历的磨难只有读过他作品的人才能领会，书中讨论了科学观察实践的方方面面，也提及了大约40名士兵、向导、奴隶和印第安人的饮食、健康和旅途状况。探险队一边在腹地中前行，一边将收集到的材料寄往里斯本的皇家博物馆，"分13批寄出超过200件"。许多物品不慎遗失，并且由于葡萄牙王室过分痴迷，这些藏品的命运十分不幸，绘画、文章、水彩画以及手稿在两个世纪间都未能出版。

戏剧构成了18世纪殖民地文化发展的另一个侧面，也是最受欢迎的娱乐形式。流动的演员在城市间巡回，在广场和集市上表演寓言剧如《伊内斯·德·卡斯特罗》《马加洛纳公主》和吉尔·文森特的《卢济塔尼亚》，吸引着充满热情的观众。演员们一般于周日在临时搭建的舞台上表演，而乡下的民众正是在这一天涌入城市与贸易中心。布偶戏、骑术马戏和马木伦哥[1]

---

〔1〕 马木伦哥（mamulengo）是一种巴西东北部的传统布偶戏，在伯南布哥尤为流行，关于其起源如今依然存在争议。

布偶戏凭借滑稽的角色和一些简单的戏剧改编，也在当时的演出中占有一席之地。在米纳斯吉拉斯，每到举办圣诞庆典或是庆祝葡王大婚时，人们便会围绕庆祝活动组织一些表演。米纳斯人搭建附带后台以及丰富布景的舞台，并会在台上表演各类戏剧与西班牙喜剧，包括卡尔德隆[1]的作品。堂若泽一世即位时，克劳迪奥·曼努埃尔·达·科斯塔的《和善可亲的帕尔纳索斯人》于1768年12月5日被搬上了舞台，这一"配乐朗诵戏剧"是为致敬年轻的总督瓦拉达里斯伯爵而写。在1786年的皇家庆典上，为了庆祝未来的堂若昂四世订婚，庆祝活动囊括"三出音乐歌剧"，在黑金城早已建成的歌剧院中上演。一些专家认为黑金城剧院是南美洲最早的剧院之一，建筑的屋顶于1769年竣工，剧院的所有人兼建设者是皇家五一税及许可合约人若昂·德·索萨·利斯博阿上校。五十年后，萨巴拉镇建设了另一座剧院。在米纳斯吉拉斯以外，愉港镇歌剧院于1794年建成，完工后人们一般称其为喜剧院。尽管愉港镇的剧院仅仅是一栋土坯棚屋，却足以容纳三百人，在负责人佩德罗·佩雷拉·布拉干萨与"喜剧代表"玛利亚·贝内迪塔·德·凯洛斯·蒙特内格罗签订合约后投入使用。可见殖民地的某些文化领域中也有女性的身影。

---

[1] 卡尔德隆·德拉·巴尔卡（Calderón de la Barca，1600—1681），西班牙著名的军事家、诗人以及剧作家，同时也是西班牙黄金世纪文学的重要人物，代表作为《人生如梦》（*La vida es sueño*）。

·11·
殖民地的起义与叛乱

人人都说巴西历史并非由血泪写成,因为我们对和平的渴望战胜了冲突。这种说法不对。在巴西殖民地上,不满与叛乱屡屡发生。此类现象有"外部"与"内部"两个焦点来源。前者诞生于葡萄牙对巴西变本加厉的剥削。在这方面,殖民地当局行事粗暴,运用了严厉的重商主义手段,具体则表现为苛捐杂税、贪污腐败、职权滥用以及裙带关系。这背后的原因很多。自从失去了在亚洲的收益之后,葡萄牙愈发贫穷,而为了打击荷兰人及西班牙人,军事入侵与战争连年不断,再加上越来越像寄生虫的里斯本宫廷,都为宗主国极尽榨取巴西殖民地提供了充足的理由,当然,宗主国有时也未必能成功。到了18世纪,剥削的理由成倍增加。殖民地商贸带来的财富增长构成了建立现代资本主义的关键步骤,而后者将在新大陆找到一眼用之不竭的资源之泉。而"内部"原因则部分解释了民众叛乱的另一些因素。在专门研究米纳斯吉拉斯——一片滋生冲突的奇妙土壤——的历史学家的帮助下,"内部"焦点逐渐明朗。在米纳斯吉拉斯,残酷的税政与食物供给危机相互交织,导致了起义和叛乱。税收上的剥削导致大范围的紧张态势,集体饥荒则激发了民众运动。我们也不能忽视诞生于米纳斯吉拉斯腹地的地方豪绅,他们全副武装,依仗成队的奴隶和打手,足以凭空制定律法,无视规则与施加给他们的税收。紧张对峙的局面甚至早在矿业扩张之前就已经初具雏形。17 世纪曾发生四起较大的冲突。第一起发生于 1641 年的圣保罗,当时正值布拉干萨家族的堂若昂四世光复葡萄牙王室。在圣保罗分封领地上,大批西班牙人担心失去土地和财产,名为"秘鲁贩"的群体也担心东南部和拉普拉塔河之间活跃的贸易中断。于是西班牙人胡安·伦多和弗朗西斯科·伦多·德·克韦多指派了另一位西班牙后裔,即阿马多尔·布埃诺·德·里贝拉(简称阿马多尔·布埃诺),让他当圣保罗人的"国王"。尽管布埃诺在圣文森特[1]的社会名望极高,但他依然躲进了一座本笃会修道院中,拒绝了称王的荣誉以及恐怖的分裂主义行径。在布埃诺的支持下,政府迅速恢复了分封领地的秩序。

二十年后,轮到了里约热内卢,时任总督为萨尔瓦多·科雷拉·德·萨-贝内维德斯,他已是第三次被任命为总督。叛乱的起因性质完全不同。总督萨-贝内维德斯富裕且有权势,

---

[1] 圣文森特分封领地(Capitania de São Vicente),圣保罗分封领地的前身,创立于 1534 年,囊括现今巴西东南部的绝大部分地区,后于 1709 年在"外省佬"战争中被重新划分,改名为圣保罗-黄金米纳斯分封领地(Capitania de São Paulo e Minas do Ouro)。

素以腐败闻名，一上任便下令征收新的税款。总督刚转身前往圣保罗分封领地视察，热罗尼姆·巴尔巴略奥·贝泽拉便开始在他位于圣贡萨洛勇敢角的宅邸中领导会议。热罗尼姆在与荷兰人的战斗中贡献突出，他是路易斯·巴尔巴略奥·贝泽拉之子，后者曾在1643—1644年间担任总督。热罗尼姆的目标是罢免萨-贝内维德斯。整起事件被后人称为"甘蔗烧酒叛乱"，历经一波三折：首先，民众要求撤销之前收缴的税款，那笔赋税本是用于增加军队支出，以此加强对居民的管控。其次，这场运动也表达了甘蔗烧酒制造商的愤懑，他们被禁止贩卖与葡萄牙红酒互为竞争的甘蔗烧酒，而前者则是奴隶贸易中最初的流通货币之一。

贝泽拉和其他叛乱者横穿瓜纳巴拉湾，要求罢免临时总督托梅·科雷拉·德·阿尔瓦伦加，发动了新一轮抗议。正当聚集的人群准备"移除"他时，惊慌失措的阿尔瓦伦加躲进了圣本笃隐修院。他不愿任由民众要挟，回信表示无法同意让自己被赶走，并请求不要"再出现骚乱"。不满的民众拥立阿戈什蒂纽·巴尔巴略奥·贝泽拉为总督，他作为热罗尼姆的兄弟深受爱戴。然而阿戈什蒂纽有些犹豫。他害怕遭到报复，藏匿于方济各会的圣安东尼奥修道院中，表示自己并非担任总督的人选。人们威胁道，如果阿戈什蒂纽不接受，他就得死。"只要国王陛下不明令反对，他们不想要除他以外的总督。"没有人知道阿戈什蒂纽有没有向依然是官方总督的萨尔瓦多·萨-贝内维德斯求和。但我们知道当耶稣会神父的印第安信使不断向萨-贝内维德斯传递消息、给予支持时，总督也在精明地等待着回到里约的绝佳时机。在那之前，民众设立的政府以及选举出的新议会正努力维持正常的城市生活。1661年1月1日，里约城在一连串鼓声中惊醒，鼓声表示即将有人宣读总督的敕令或者说通告。萨－贝内维德斯赦免了城中的居民，但给叛乱的带头人一一定罪。热罗尼姆·巴尔巴略奥、乔治·费雷拉·德·布良斯、佩德罗·皮涅罗、反叛者指派的官员等"全都被视为对王室不忠"。总督还取消了征税，并赦免阿戈什蒂纽·巴尔巴略奥。萨－贝内维德斯再度耐心等待了四个月，直到抵抗的民众屈服。4月，他借助葡萄牙的军事增援出其不意地入侵了城市，并在几场小规模巷战后重新掌权。他从方济各修道院中揪出叛乱分子，通过一个非常规军事委员会，为热罗尼姆敲定罪名。热罗尼姆被吊死、斩首，随后遭到分尸，其他因犯被送到萨尔瓦多，再从那里送至位于里斯本的利穆埃鲁监狱。在狱中，葡萄牙的官员倾听了叛乱分子的声音，放开了甘蔗烧酒贸易，并在不久后用新的总督取代了萨－贝内维德斯。

里约的危机应该启发了反对伯南布哥总督热罗尼姆·德·门东萨·富尔塔多的叛乱，其绰号为"小朔姆贝格"，因为他蓄有朔姆贝格——一位在光复战争[1]中指挥葡萄牙军队的德国军官——风格的八字胡。叛乱再次源于总督在1664—1666年执政期间的无数次独断专横。掌权的富尔塔多宛若暴

---

〔1〕 光复战争（Guerra da Restauração o Restauração，1640—1668）爆发于西葡两国之间，后者试图重新从卡洛斯二世的统治中独立。1668年签署的《里斯本条约》宣告战争结束，葡萄牙布拉干萨家族的阿方索最终登上王位，成为阿方索六世。

君，他干涉司法，侵占地产如蔗糖庄园和甘蔗种植园，抓捕反对者，所作所为都是为了换取钱财。在两个儿子和几位朋友的帮助下，他损害王室特权，重新铸造货币，并非法任命自己的一位朋友为听讼法官，而最出格的是：他与法国舰队司令蒙德维尔戈侯爵相勾结，将领土交给了法国人。人们出于迷信将一场恐怖的痘疫——当时天花的名字——认作是从小朔姆贝格身上流出的体液，宣告富尔塔多即将倒台。几位大蔗糖庄园主为摆脱拖欠已久的税款也参与了谋反。其中如若昂·费尔南德斯·维埃拉和安德烈·德·巴霍斯·雷戈表示自己已经承担了赶走荷兰人的大部分开销。在一场宗教庆典上，小朔姆贝格被擒。奥林达议会将罢免富尔塔多一事告知了大总督，人们则以通俗的诗句庆贺：

> 弗尔他如何被偷？
> 殿上遭人劫走。
> 总督反受督查
> 给他遣送回国。

宗主国并未报复叛乱者，但地方团体间利益分歧带来的殖民地内部矛盾开始逐渐产生后果。

当时马拉尼昂-大帕拉联省——此般整合便于巩固海岸防卫以及加强同宗主国的联系——的一个绝佳案例展现了内部冲突对全殖民地的影响。联省内除了一望无际的亚马孙，还有围绕是否奴役印第安人争论不休的耶稣会士与政府官员，二者为冲突爆发创造了理想的舞台。自1652年起,人们围绕继承权文件争执不下。地方议员可恣意将总督唤至地方参议院,为的仅是些"无关紧要的问题"。此外,总督还得处理议会对印第安人保护法的抵触,不少议员更是利用"自由的印第安人"为自己服务。耶稣会以外的修士贪婪腐败,他们要么走私森林中的香料与其他资源,要么便是在助长混乱的局面。还有两个因素将加速冲突爆发。1680年4月10日颁布的法令于次年在传教委员会上得到确立,禁止抓捕印第安人,并把传教村中的灵魂与世俗审判权力一并交给了耶稣会士。第二个因素是1682年马拉尼昂省商贸总公司带来的垄断。大量奴隶通过商贸总公司被输送进入马拉尼昂,同时禁止个人从事一连串商品贸易,如织物、铁棒和铜条,甚至连最普通的刀和蜡烛也包括在内。在商贸总公司这边,生产者被迫向商贸总公司出售包括香草、可可、甘蔗、棉花和烟草在内的各类商品。商贸总公司垄断了马拉尼昂-大帕拉联省的非洲奴隶和生活必需品供给,随后在当地以极高价格卖出,赚取利益。当地的贫困甚至促使安东尼奥·维埃拉神父动笔记录,他不带个人感情地描绘了长期摧残马拉尼昂社会的饥荒。赋予商贸总公司的特权让形势进一步恶化。当新总督弗朗西斯科·德·萨-梅内塞斯抵达圣路易斯市后,便与公司代表帕斯库亚尔·佩雷拉·詹森一道,遭到一个抗议现状的民众代表委员会围堵。詹森在总督的协助下贿赂了几位地方议员,并以监禁和流放威胁其余的人,令他们不再作声。由于不能在土地上使用印第安人劳动力,一位名为曼努埃尔·贝克曼(又名贝奇芒)的蔗糖庄园主兼地方议员受到了巨大影响，便决定召集情况相同的其他受害者。集会得到了方济各会士、加尔默罗会士、教区修士甚至是主教支持，大家纷纷谴责总公司的垄断。叛乱始于1684年2月24日。由于总督定居于贝伦市，并不在场，叛乱分子趁机罢免了总督与司令官巴尔塔沙·费尔南德斯，并终止了马拉尼昂公司的活动。他们组建起一个三级委员会，其中既有教士代表如加尔默罗修士伊纳西奥·达阿松桑、大农场主代表如贝克曼和欧热尼奥·马拉尼昂，也有平民阶层代表如贝尔奇约·贡萨尔维斯和弗朗西斯科·德伊洛。曼努埃尔的兄弟托马斯·贝克曼启程前往里斯本向国王说明情况。他抵达后立刻被捕，并与新总督戈梅斯·弗雷雷·德·安德拉德一道回国。安德拉德没有遭遇任何反抗便平息了叛乱。总督遵循惯例逮捕并吊死了几位领袖，流放或囚禁了剩下的人。那么结局如何呢？耶稣会士回到了马拉尼昂，但商贸总公司遭到了取缔。

几年后，圣保罗人和"外省佬"（葡萄牙人和其他外省人）由于米纳斯吉拉斯的黄金，在一场血腥的战斗中正面交锋。一切始于圣保罗镇议会向王室发出的一份请求，希望王室将矿区归还圣保罗人。王室并未理会他们的要求，于是那些请愿者便眼看着自己的矿场受人入侵。奴隶也随其主人划分出了派系。一边是塔布伊亚族和卡里约族的印第安人，另一边则是黑奴。"外省佬"向宗主国欠下的债务更少，与宗主国也更亲近，他们在被拥立为总督的曼努埃尔·努内斯·维亚纳的指挥下先发制人。《巴西旗队与腹地名人录》记载了多个关于凶恶的维亚纳的奇闻逸事。他在得知女儿与一位贫贱的青年交往后，便杀死了女儿；他常常下令在詹努阿里亚其庄园附近的一个湖中淹死奴隶与自己的对头，好让食人鱼将他们吃掉；他收容当地富有的病人，将其逼死以占有财产。在萨巴拉和卡舒埃拉都坎普地区的乡村地带，圣保罗人战败并撤退到了莫塔斯河流域。1709年1月，在后来的圣若昂德尔雷伊附近，军士长本托·杜·阿马拉尔·科蒂纽的部队包围了几十名圣保罗人。当后者投降并放下武器后，却在欺诈林被彻底铲除，这场血腥的事件为一系列冲突画下了句号。整起冲突的直接结果是1709年成立了圣保罗-黄金米纳斯分封领地，矿场分配方面的规则也得到确立，被驱逐的圣保罗人亦重新融入。政府针对淘金筛锅中收集的金沙增设了王室五一税，此外还派遣了步兵团以确保殖民地的秩序，并禁止奴隶携带武器。同年，圣保罗市被提升为新分封领地的首府，随后在1711年，米纳斯吉拉斯的村落里贝朗杜加尔莫镇（如今的马里亚纳）、皮拉尔圣母黑金富镇以及萨巴拉无染原罪圣母镇都被提升至市镇级。在这片不再属于他们的土地上，地位不保的圣保罗旗队纷纷启程寻找黄金，直到1719年才在戈亚斯和马托格罗索有所发现。

当东南部围绕黄金展开争夺时，东北部商人和种植园主之间的对峙为1710—1711年间的葡贩战争铺平了道路。累西腓在荷兰人的影响下发展繁荣起来。在当时的商业发展中，"贩佬"是受益最多的团体，"贩佬"一词指代依靠小买卖维生的葡萄牙人，他们往往在住宅中出售自己的货物。想出这一蔑称的正是蔗糖庄园主，其部分财产毁于同荷兰人的战争中。相应地，"贩佬"（其实，他们中有不少大商人）则将蔗糖庄园主称为"刮脚底板的"[1]。当时，来自安的列斯群岛的竞争令老蔗糖庄园主的境况雪上加霜，他们开始向"贩佬"借债。签署贷款协议是为了在下次收获以及售出前一批商品前，保证蔗糖生产的资金。"贩佬"是无情的债主。他们对债务人步步紧逼，随时强迫他们还款，或是令他们以极低的价格交出货物。不仅如此，采矿业让奴隶的价格有所上升，部分奴隶在17世纪末已开始流往矿区。一贫如洗的蔗糖庄园主团体只剩下一张王牌：他们依然掌控奥林达议会中的政治与行政权力。会聚于累西腓的葡贩不止一次试图打破令累西腓下辖于奥林达的法令。然而，1705年的一部法律禁止累西腓的居民享有他们诉求的权利，并宣称他们并不属于贵族阶层，因为他们没有贵族宅邸、纹章、奴隶、马匹抑或王室特权。可是葡贩拥有经济上的权力，他们于是试图借此改变游戏规则。1703—1707年弗朗西斯科·德·卡斯特罗·莫赖斯执政期间，以及从1707年起塞巴斯蒂昂·德·卡斯特罗－卡尔达斯上任后，葡贩在宗主国的大商人和海外委员会[2]成员支持下，不断施压以获得更多权力。事实上，卡斯特罗－卡尔达斯已经开始在征税合约中或是在任命行政岗位时偏袒他们。矛盾逐渐升级。1710年2月，一纸公函抵达奥林达，将累西腓提升到市镇，并将其命名为圣安

---

[1] "刮脚底板的"（pé-raspado），形容人出身贫贱。这一俗语最早出现于17世纪，当时的穷人大都赤足，在进屋前需先刮净脚底的烂泥。

[2] 海外委员会（Conselho Ultramarino）是葡萄牙国王堂若昂四世于1643年7月14日创立的殖民地行政机构，其职能涉及海外殖民的方方面面，从巴西到非洲无所不包。

东尼奥-累西腓。总督卡斯特罗-卡尔达斯负责为累西腓确立新的边界。他立刻下令在中央广场立起一根圆柱——属于城镇和城市的特权——并组建一个由两名伯南布哥人和两名葡萄牙人组成的市议会。蔗糖庄园主旋即做出反击。总督在首次行刺中受伤，与此同时，制糖业精英阶层将自由种植工和奴隶整编为民兵部队。第二起行刺迫使总督带上了几位忠诚的葡贩逃往萨尔瓦多。在几位支持者的拥护下，一位有名的蔗糖庄园主贝尔纳多·维埃拉·德·梅罗提议表示，既然"没教养又不知感恩的'贩佬'"有害无益，不如把政权交给"高雅的法国人"。然而他的大部分同行更愿意把政府交给堂曼努埃尔·阿尔维斯·达·科斯塔主教，此人正是遭罢免的总督的对头。一年后，葡贩展开复仇。在葡贩及其宗主国盟友干涉下，费利克斯·若泽·马查多·德·门东萨·埃萨·卡斯特罗-瓦斯康塞洛斯被指派为总督。他们并未满足于此，而是腐化拉拢了行政与军事机构，尤其是恩里克团与卡马良斯团这两个黑人和印第安人军队，并做足准备，储备了用于围攻奥林达的食物与武器。战斗不断升级，直至1711年10月，瓦斯康塞洛斯抵达这里。总督不露声色，表面上同时与两个团体保持距离，却又能毫不迟疑地展现出对葡贩的青睐。他宣称发现了一桩危及其性命的阴谋，随后逮捕并迫害了那些"刮脚底板的"。一支号为"图达昆比"的队伍在曼努埃尔·贡萨尔维斯带领下穿越腹地，侵入、烧毁蔗糖庄园，奸污妇女并杀死了其中的居民。在奥林达，150名反对者被送至五角堡。贝尔纳多·维埃拉·德·梅罗和他的儿子安德烈被送到了里斯本的监狱并在狱中离奇死亡。尽管已晋升为城镇，累西腓仍保留了一股悲伤的反葡情绪。

同年，也即 1710 年，一位愤怒的圣保罗庄园主揭竿而起，反对无端提高盐价。宗主国商人和殖民地商贩达成了可怕的联盟以掌控商品盐。于是历史再度上演。盐既是垄断的对象，也是价格操控的核心，可在提高盐价的同时减少运往桑托斯与圣保罗贩卖的盐量。当然，也能将盐贮藏在仓库中，静静等待价格高点。民怨四起。议会表达了谴责，表示穷人和奴隶常常在吃饭时连盐都买不起！面对冷漠的当局，一位在雅卡雷伊拥有无数奴隶与土地的农场主巴尔托洛梅乌·费尔南德斯·德·法利亚决定行动。他攻下了桑托斯市，砸开仓库，把盐以合适的价格卖出。随后带盐回到山上，沿途摧毁桥梁与道路，以免受政府侵扰。只有堂若昂五世的诏书才能要求逮捕那位庄园主，而他固守在庄园中，受到民众的同情与支持，最终回避宗主国的司法制裁长达 12 年。在 80 岁时，他遭到逮捕并被送往萨尔瓦多，并将从那里被送往葡萄牙。在巴伊亚首府，他因患上传染病身亡。当地社会支持他的立场，为他筹措了葬礼的费用。盐价攀升自然也导致殖民地首府形势紧张。1711 年宗主国参与西班牙王位继承战争，所需的开销化为向葡属美洲增加的赋税。盐税从 480 雷伊斯上升至 720 雷伊斯。不仅如此，来自米纳海岸[1]和安哥拉的奴隶也被收取了更多的税，从每人 3 克

---

[1] 米纳海岸（Costa da Mina），即现今几内亚湾的部分地区，向美洲输送的奴隶大都来源于此。

鲁扎多[1]上升到每人6克鲁扎多,此外所有商品还要征收10%的进口税。墙上贴着充满威胁的小报,出离愤怒的民众闯入涉嫌抬高盐价者的家中。在萨尔瓦多的广场上,众人和民兵长官高喊他们拒绝税金,正如大总督佩德罗·德·瓦斯康塞洛向我们讲述的那样。征税暂停,但将在安热雅侯爵、副王堂佩德罗·安东尼奥·德·诺罗尼亚执政期间再度开始。

在瓦斯康塞洛眼皮底下,又爆发了新一场骚乱。1711年,里约遭到法国私掠船长勒内·迪盖-特鲁安入侵,他不仅是前来寻找黄金,也是为了给另一位同样为法国国王服务的同胞、海盗让·迪克莱克报仇,迪克莱克曾在前一年试图入侵里约,后来在地牢中遇害。由于担心萨尔瓦多受到进攻,当地民众起义要求总督瓦斯康塞洛组建一支足以从法国人手中夺回里约的军队。总督声称他缺少资源,无能为力。一群爱国人士如后人所说的那般献出了自己的财产资助远征,却并未派上用场。在得到一笔黄金与蔗糖构成的财宝后,迪盖-特鲁安便启程返回欧洲,当时300人的军队尚未从萨尔瓦多出发。但在巴伊亚,大总督却做出了暴力的回应。在迅速调查一番后,他判处三位叛乱的领导者——多明戈斯·达·科斯塔、路易斯·查菲特和多明戈斯·戈梅斯——流放安哥拉,外加鞭刑和罚金。1732年,里约热内卢见证了又一位总督倒台。1725年1月,路易斯·瓦希亚·蒙蒂罗踏入里约分封领地。他因面对权贵时的粗

---

[1] 克鲁扎多(cruzado),15—16世纪葡萄牙使用的黄金铸币,因背面的十字架而得名(cruzado 也可理解为"十字币")。1 克鲁扎多最初对应253雷亚尔。

暴态度，很快得到了"猎豹"的外号——"猎豹来了！""小心豹子！"他主要关心两个方面：里约城防与打压黄金走私。因为这两件事，他树敌无数。蒙蒂罗主张大力增加防御工事，使得他与本笃会士正面交锋，后者在蛇岛上拥有一座农场，但那里也是瓜纳巴拉海湾的军事战略要地。总督认为该农场属非法侵占，同时也有意在岛上增设一座堡垒。于是他赶走了协助走私黄金的本笃神父。蒙蒂罗同样不留情面地打击了一些非法接收"特权地皮"——也即大块城镇土地——的权贵家族，如皮扎罗-科莱亚·德·萨家族。一些议员与家族团伙有所牵连，他们对于禁止在城墙、孔塞桑丘、圣安东尼奥山和卡斯特洛山以外建立民宅而感到不满。总督还迫害非法熔金的人，以及黄金走私的所有协助者。勤勉的总督未能得到他应有的奖赏。其敌人向海外委员会写信，并得到里约议员与厌弃总督的宗教教团帮助。总督在1732年被罢免。"猎豹"最后郁郁而终。

在"外省佬"战争（1708—1709）后，米纳斯吉拉斯成为集体暴力恐怖事件的最佳舞台。该地叛乱不断，酝酿着一个动荡的世纪。米纳斯远离公权力中心，也远离官僚管控体系，私人团伙令协调殖民地和宗主国关系的规章制度寸步难行。王室官员贪赃枉法，并且米纳斯吉拉斯从1698年起多次受到饥荒冲击，形势愈发动荡。然而，引人注目并赋予米纳斯吉拉斯独特性的是官僚团体——总督、财政官或司法官、文员以及教士——之间的摩擦。由于司法官员高度独立，听讼法官拥有相对于总督的自主权，惩罚并不公正。以往位于国家体制外的权力团体开始出现于国家体制内部，最终阻碍了葡萄牙政府的管制手段顺利运行。当地围绕着某种"骑士协约"形成了一种至关重要的平衡。民众与政府在税收上限、土地分配和城市核心区供给保障方面寻求共识。由于分散于边境地带的市镇"远离国王",宗主国承认它们拥有自治权,也尊重当地权贵和行政官员的权益。但是,每当他们的协约由于加税、断粮或政府滥用权力而破裂时,暴动便会出现。例如1713年加尔莫镇爆发的事件:听讼大法官曼努埃尔·达·科斯塔·阿莫里姆博士决定重新分配几座矿场,他赶走了其中工作的矿工,而其得到的回应是一场大面积叛乱。在伊塔韦拉瓦也发生了类似的事件,当时一位金矿书记员负责分配"几座老矿场",却决心在分配时违背民意。1715年,米纳斯吉拉斯的居民起义,拒绝支付淘金筛锅五一税,要求总督堂布拉斯·巴尔塔萨·达·席尔维拉宣布豁免米纳斯吉拉斯的黄金税。每当政府试图打破约定俗成的规则时,便常常深陷困境。

对食物征税或粮食短缺也会催生骚乱。1721年9月,雷亚尔镇议会和维略埃河区听讼大法官决定将镇上消费的肉制品改为合约屠宰制,而在此之前肉类则可以自由交易。居民在意识到政府将垄断肉类后随即起义,认为政府合约"臭名昭著,于民众有害无益,总是(落)进私人的口袋"。同年,一份烈酒合约在圣若昂德尔雷伊的居民间引起了类似的反应。食品隔三岔五遭到拦截,随后在民众间分发,官员则随时准备逃跑或是躲避暗杀。然而,按照惯例,人们尽管攻击剥削民众者的地产,却不会伤及其性命。在起义中,人们也会避免质疑葡萄牙的统治权。披着兜帽的民众常常在鼓点伴奏下,摧毁田产与代表附庸地位的官方文件,高喊"国王万岁!叛徒去死!"

1720年发生的起义同时结合了内外两个因素。佩德罗·米盖尔·德·阿尔梅达·波图加尔是阿速马尔伯爵及圣保罗－黄金米纳斯分封领地总督,他抵达富镇时携带着落实新措施的指示,叛乱就此开始。新措施包括通过废除预备役部队中的军官岗位以加强总督的权力,创建一支龙骑兵团以替代预备役,以及强制将开采出的黄金送往熔炼厂,为的是将其铸成金条,盖上王室印记并"分走五分之一"。民众议论纷纷。没有人愿意长途跋涉,穿过危险重重的道路,抵达上述熔炼厂,然后任由不知廉耻的公务员鱼肉。矿工受愤怒的修士与权贵煽动,拿起武器并组织游行以表达对新措施的不满。龙骑士的介入似乎平息了最初的风波。然而,在1720年7月28日的圣佩德罗节,叛乱分子借着烟火表演及节日庆典掩盖其意图,发动了起义。叛乱分子的想法十分明确,他们计划杀死听讼法官,赶走总督,销毁矿工征税档案,打破盐、烈酒和烟草方面的王室垄断等。带领运动的是一位富有的葡萄牙人,名为帕斯库亚尔·达·席尔瓦·吉马良斯,他向政府欠下了30阿霍巴[1]黄金,拥有2000多名奴隶和两座巨型庄园。他还有一个告密的儿子,儿子揭发了他,却并未见效。包括总督和听讼法官在内的官员没有任何抓捕叛乱运动参与者的举措。阿速马尔伯爵谨小慎微,他更倾向于将众人聚集一处,为的是仅凭一击就将反叛者击溃。他于7月16日侵入富镇,结果房屋被烧毁,道路被

---

[1] 阿霍巴(arroba),旧时的一种重量单位,1阿霍巴约合14.7千克。

完全破坏，许多人被捕。诸多被捕者中，费利佩·杜斯·桑托斯·弗雷雷最为特殊，这位葡萄牙人是下层民众的代表，被指控为叛乱背后最大的煽动者。对他的惩罚是为了以儆效尤。他被处以死刑，吊死后尸体被切为碎块。其他参与者也遭到逮捕，并被押送到里约港口，登上去葡萄牙的船只。一些人死在狱中，如文森特·伯特略修士；其他人则被赦免，如曼努埃尔·莫斯凯拉·罗萨和弗朗西斯科·德·蒙特·阿尔韦尔内修士。富镇起义并非徒劳。其结果是创建了独立于圣保罗分封领地的黄金米纳斯分封领地，而王室熔炼厂也推迟至1725年设立。

从1736年起，按照一些人的说法，一阵"令人生畏的风暴"横扫了圣弗朗西斯科河流域的穷山恶水。来自底层的民众积极暴力地参与了一连串的暴乱，这也是这场骚乱的独特之处。黑白混血儿、印白混血儿、印第安人……总之，一群"微不足道的人"令不少大人物瞠目结舌。冲突的背景不再是类似东北部的蔗糖庄园，亦非米纳斯人辛勤劳作的崇山峻岭，而是一片片田园牧场。如前文所述，牧民和赶畜人用鞭子驱赶着牛群，四处游荡。1734年戈亚斯的黄金大发现促使萨尔泽达伯爵为畜队指定了途经圣保罗的唯一道路。其意图十分明确：限制黄金流失以及经由圣弗朗西斯科河的偷税漏税。结果却收效甚微。道路两侧的林间小径足以让牛群、奴隶和其他矿区的必需品如盐和面粉随意通过。生产与协商促使一些商业城镇浮现，如维列斯河口镇、萨尔加杜沼泽镇和莫里尼奥斯镇，这些镇子上流通着各类物资，而镇民却几乎从不缴税。18世纪30年代初，黄金开采逐渐走向下坡，迫使官员增加赋税。马尔蒂尼奥·德·门东萨·德·皮纳-德·普罗恩萨是负责实施新体制的总督。通过这一制度，庄园主每年不得不为每个奴隶缴交三到四个奥伊塔瓦金币[1]，此外，自由人也要交税，售卖商品亦然。拖欠付款者的财产会遭到质押。每个辖区还有一位听命于总督的辖区长，负责管控居民。没有什么比人头税更不得人心的了：无论贫富，交的都一样多。于是又一支龙骑兵队被派遣到了腹地以"劝服"民众。

1736年3月，第一场暴乱在魂灵小教堂爆发，紧接着是克拉罗斯山庄园事件。同年7月，九百人拿着"超过五百张弓和箭"，或步行或骑马，在圣罗芒也即后来的叛乱中心游行。他们的要求只有一个：削减人头税。据文件记载，他们通过"集会、武器与呐喊"提出要求。遍布圣罗芒的眼线将官员及其军队的动向告知叛乱者。在维列斯河口镇的魂灵小教堂中，起义者提前得到消息，当军队靠近时便乘坐独木舟逃离。总督虽然知晓他口中"'刮脚底板的'、杂种、一文不名的自由人后裔"正在抵抗，却依然要求自己的副手征收税金。在皮坦谷伊，3000人向总督、辖区长和部长发出威胁。1737年末，流传着加尔莫镇起义的传闻，那其实是腹地暴乱的延续。

暴乱、反叛和起义也有可能是军队叛乱的结果。1728年，在巴伊亚，一支名为"老戴尔苏"的部队（戴尔苏是指由10支250人队伍组成的部队）揭竿而起，反对军饷过低以及军饷

---

[1] 奥伊塔瓦金币（oitava，又名dracma），巴西殖民时期所使用的一种货币。奥伊塔瓦（oitava）意为八分之一盎司，约合3.585克，相当于1200雷伊斯（扣除五一税之后）。

发放不规律。结果领头者被绞死，包括外号"沙胃"的中队领袖混血儿安东尼奥·佩雷拉，以及士兵阿纳斯塔西奥·佩雷拉。在这支部队中，有四分之一的人被吊于圣本笃修隐院、加尔莫修道院和海军军械库的大门上，以儆效尤，告诫军队成员应该保障和平，而非打破它。总之，就如葡萄牙官员所说的那样：统治"这般棘手的人民"是一件艰难的工作。在18世纪后半叶，他们将面对越发艰巨的挑战，那时在宗主国人——也即在行政、司法、教会和军事指挥上肩负着领导职责的葡萄牙人——和出生在殖民地的人之间，对立将会达到更大的规模。18世纪末，当葡萄牙官员观察到米纳斯吉拉斯地区淘金者与官员间的冲突后，愈感担忧。宗主国数十年来的苛捐杂税大大增加了殖民者和行政官员之间的争端。一场无声的战斗让管理者与被管理者、当地民众和宗主国的代理相互敌对。就如我们接下来要看到的那样，殖民地的形势将渐渐变得一触即发。

·12·

殖民时代的边境

划分巴西边界的并非政府决议，而是拓荒者的勇气及其承受的苦难。自殖民伊始，人们便发现《托德西利亚斯条约》不过是一条假想线，真实的边境要靠占领决定。这段冒险始于佩德罗·特谢拉，他在 1637—1639 年间沿亚马孙纳波河及阿瓜里科河逆流而上，抵达位于秘鲁副王辖区的基多。他继续往贝伦方向顺流而下，开启了新一轮里程碑式的扩张，最后促成北方建立弗朗西斯加纳定居点，该地成为两个伊比利亚君主国 1640 年再度分离之后的边界。在亚马孙的北端，两个王室和平标出领土边界。这种占领有大批印第安人无声的见证。

最动荡的是南部。定居于巴拉那帕内马河[1]以南的西班牙耶稣会士时不时向西进发。圣保罗旗队则会深入潘帕斯草原[2]。突袭旗队旨在奴役印第安人，殖民旗队意在有效地占领

---

[1] 巴拉那帕内马河（Rio Paranapanema），流经圣保罗省西南地区的河流。
[2] 潘帕斯草原（las Pampas），特指南美洲东南部的沿海平原，涵盖现今巴西与阿根廷的部分地区以及乌拉圭全境。

土地，这两类队伍将人带到了多个地区，1651年占领圣卡塔琳娜岛[1]的圣保罗人弗朗西斯科·迪亚士·韦略就是一例。两个伊比利亚王室的统一促进了拉普拉塔河流域贸易，里约热内卢总督萨尔瓦多·科雷亚·德·萨便有了征服该地的念头。腹地探险家和传教士走遍了塔巴霍斯河、马德拉河、内格罗河及索利蒙斯河流域，推动向内陆的渗透。其原定目标是由南或自北抵达位于波托西的矿场。西班牙加入1672—1678年的荷法战争使葡萄牙人有机可乘，在南方地位日益稳固。依据传言，安东尼奥·拉波索·塔瓦雷斯在打击耶稣会瓜伊拉和伊塔廷传教村的远征中，甚至曾粗暴地威胁耶稣会士道：

> 这片土地属于我们，而非卡斯蒂利亚[2]，我们定将你们统统驱逐。

1676年，葡萄牙国王堂阿方索六世巩固了南部"……直到拉普拉塔河口领土"的统治。同年，成立里约热内卢主教区，其南侧边界直到该河口区域。里约议会也曾向国王请求将边境线定在拉普拉塔河，并加固其左岸，而南方城镇的新总督堂曼努埃尔·洛博则受命建立一个移民居留点以安置"遥远领土上的葡萄牙臣民"。1680年1月1日，葡萄牙在如今的乌拉圭沿岸建立了新萨克拉门托居留点。西班牙人随即发动报复。借

---

[1] 圣卡塔琳娜岛（ilha de Santa Catarina），位于巴西东南沿海，是如今圣卡塔琳娜州首府弗洛里亚诺波利斯市的所在地，全岛面积为424.4平方千米。
[2] 卡斯蒂利亚，即西班牙。

助传教村的印第安人，拉普拉塔河政府驱逐了入侵者。没被俘虏的都成了死尸。葡萄牙人以与马德里断交为要挟，发起了外交谈判。在罗马、巴黎和伦敦的调停下，1681年3月双方签署临时的《里斯本条约》，俘虏因此得以获释，萨克拉门托殖民地的土地也被归还，然后人们又回到了讨论《托德西利亚斯条约》之线途经何处的陈腔滥调上。

欧洲的另一些事件也影响了南方边境问题。1701—1713年的西班牙王位继承战争就是其中之一。随着卡洛斯二世逝世，路易十四的孙子、法国的安茹公爵、未来的菲利普五世成为马德里王位的继承者。这一变化自然会让西班牙的殖民地市场向法国商品敞开。然而，以上种种预期有悖于英国国王奥兰治亲王威廉三世的计划，他随即与荷兰、哈布斯堡帝国——或者说德意志神圣罗马帝国——以及萨伏依公国组成联盟。作为大不列颠政治与经济上的依附者，葡萄牙同意支持哈布斯堡家族的候选人接替过世时膝下无子的卡洛斯二世，并由此陷入与西班牙的冲突之中。

这件事的后果？1704年萨克拉门托遭西班牙军队袭击，在五个月的紧张围困后被攻占。《乌得勒支条约》（1713—1715）为这场战争画上了句号，萨克拉门托殖民地也回到了旧主手中。西班牙人不满葡萄牙人的活动并有意对其进行限制，最终在1726年于萨克拉门托以西建立蒙得维的亚市。蒙得维的亚成立后，巴西南部领土与核心区如圣文森特和里约热内卢相隔绝，岌岌可危，1735—1737年间，该地再度面临西班牙军队的威胁。1736年1月，巴西葡萄牙人迎来了援军，援军部分来自巴伊亚与伯南布哥,但主要还是源于里约热内卢和圣保罗。战争期间,席尔瓦·帕埃斯准将指挥一支远征支援队伍,于1737年建立里奥格兰德[1]-圣佩德罗堡垒,为了占领如今的南大河州,此处是决定性的要地。从此,在当地西葡两国的常备军和殖民者之间,出现了无数冲突以及随之而来的和平条约。尽管双方剑拔弩张,人们依然建设起了可同时为当地人与对手提供食物的牧场与农田。1737年签订的休战协约恢复了之前的形势。传教村所组建并派遣的印第安人骑兵队亦随之撤离。同年,管理半个巴西长达三十年的戈梅斯·弗雷雷·德·安德拉德将军下令命席尔瓦·帕埃斯准将南下,攻打蒙得维的亚市并建造上文提到的里奥格兰德堡垒,将其命名为"耶稣、玛利亚及约翰"堡。该地区成为了征服"大陆"的基地,这是当时对此地区的称呼,与圣卡塔琳娜岛相对。源源不断的亚速尔人以及里约热内卢人、巴伊亚人、圣保罗人、米纳斯吉拉斯人和萨克拉门托人开始逐步占据南部的土地。

按一位著名历史学家的说法,整个巴西南部都是在军事组织的烙印下发展起来的。当时实行一整套的军事化制度。席尔瓦·帕埃斯准将被任命为刚刚成立的圣卡塔琳娜分封领地(1739—1749)总督。至于里奥格兰德-圣佩德罗(如今的南大河),则在1737年成为分封领地。如此费心费力地设立宗主国的权力结构是有原因的。虽然欧洲风平浪静依旧,但当未来

---

[1] 里奥格兰德(Rio Grande),位于如今巴西南大河州的东南沿海处,"里奥格兰德"意为"大河",但实际上指的是帕托斯湖的入海口。此处的里奥格兰德-圣佩德罗堡垒构成了今天里奥格兰德市的雏形。

的西班牙国王费尔南多六世与一位葡萄牙公主于1729年联姻时，葡萄牙官员已经预见到了麻烦。事实上，问题没过多久便浮出水面。《马德里条约》（1750）用拉普拉塔河畔的萨克拉门托殖民地换来了外乌拉圭耶稣会传教村的土地，后者是大约三万瓜拉尼人的居所。将瓜拉尼人赶尽杀绝的残忍任务就落到了葡萄牙南方边界委员会主席戈梅斯·弗雷雷将军头上。

1752年，当戈梅斯·弗雷雷沿格兰德河顺流而下时，他打算帮助葡萄牙王室"再夺取一个行省"。的确，他抵达后推动了"大陆"的防御工事建设和殖民活动。不过也仅此而已。未来的庞巴尔侯爵——堂若泽当时的首相——塞巴斯蒂昂·若泽·德·卡瓦略·德·梅罗洞若观火，他明白问题在于如何决定印第安人和传教村的命运。他抱怨道，一旦西班牙人进入萨克拉门托，他们就会任凭葡萄牙人"在交付与和平维护传教村一事上被塔佩人绊住手脚"。"塔佩人"指的正是耶稣会士。他们在瓜兰廷部族战争的走向上起到了重要的作用，我们不久后便会谈及。

尽管在开始殖民两个半世纪后，葡萄牙失去了拉普拉塔河左岸，但却获得了整个亚马孙流域。在建立萨克拉门托的同时，北方的总督也在试图保卫他们的土地。就此引发了"奥伊亚波基问题"。法国殖民者不断推进边境，在尝试过殖民里约热内卢和马拉尼昂后，他们被逼向了北方。1624年，如今的法属圭亚那建立了第一批定居点。然而，野心勃勃的法国人想要穿过马卡帕抵达亚马孙。他们阅读了阿库尼亚神父译入法语的《亚马孙大河之新发现》（*Nuevo descubrimiento del gran río de las Amazonas*,

1641）一书，深受鼓舞，为了奴役已经被教化的印第安人，他们成群结队南下来到位于欣古河交汇处的古鲁帕堡，开始了一系列小动作。当地的葡萄牙人通过弗朗西斯科·德·萨－梅内塞斯，预先将入侵的风险告知了宗主国。作为回应，葡萄牙人开始建造四座堡垒，为其备足了火炮与弹药。国王在公函中命令阻止"那些外国人进入，逮捕一意孤行者，但不要处死他们"。国王意图保持邻国关系和睦，避免蓄意侵犯。1691年，德·弗罗勒斯从法国——他在那里受封为卡宴侯爵与总督——赶来，通知马拉尼昂总督安东尼奥·德·阿尔布开克必须确定边界。葡萄牙总督心生胆怯，回绝表示边界问题需要在法庭上解决。于是前者筹划进攻，后者准备自卫。阿路伊西奥·孔拉多·法伊尔神父见证了他们的多次交锋，他是一位耶稣会传教士，但更重要的是，他还是一名一流的数学家，他在同法国人的地理学战役中为阿尔布开克提供帮助，以图表和算术为其武装。1679年，马卡帕镇在一次突袭中沦陷。入侵部队的指挥官拉莫西·凯格隆上尉以不容置疑的口吻告诫巴西葡萄牙人：

> 先生，我数次向您去信，表明我尊敬的国王不允许您在这条河西岸建造堡垒……陛下下令让我将葡萄牙人驱逐，我领命至此……我已派人敬告曼努埃尔先生（佩斯坦纳·曼努埃尔，负责防卫工作）将堡垒交付于我，而他拒绝了。因此我亲临门前，让他毋要等到我的士兵开火。

然而，路易十四还未来得及在外交上承认那次征服行动，阿尔布开克就带着一些士兵和印第安弓箭手，重新夺回了马卡帕镇。法国人则被打发回了卡宴。1700年签署的一份临时条约让问题悬而未决了一段时间，直到前文提及的《乌得勒支条约》签署时，奥伊亚波基的边界线才最终敲定。

那西班牙人呢？他们似乎对亚马孙失去了兴趣。事实上，无论是从贝伦出发的腹地探险家，还是来自马托格罗索的旗队，都未在道路上碰见西班牙人设下阻碍。在白河流域也是如此。反倒是方济各会士和耶稣会士层层阻挠，因为他们在奇基托、莫科索斯、迈伊纳斯、普图马约和奥里诺科设有传教村。他们组织严密的传教村落令葡萄牙人在穿越马托格罗索、瓜波雷、马德拉、索利芒斯以及内格罗河谷期间食不果腹。宗教团体的行为自然导致了一些冲突。例如，在马德拉河流域，弗朗西斯科·德·梅罗·帕列塔在1722年一次代表政府的旅行中抵达了位于莫科索斯的西班牙耶稣会士传教村，提醒当地的耶稣会士正位于葡萄牙国王所属的土地上，可能会遭到帕拉市总督清理。另一方面，也正是这些宗教人士为西班牙人指出葡萄牙人的推进行动。1731—1734年间，管辖西属亚马孙河流与土地的基多法庭[1]警告其宗主国葡萄牙人侵略行为背后的危险，而耶稣会的报告中充斥着关于这类行径的记载。面对入侵

---

[1] 基多法庭，即基多皇家法庭（Real Audiência de Quito），西班牙设于西属美洲的殖民行政机构，隶属以利马为首都的秘鲁副王辖区，负责管理如今厄瓜多尔、秘鲁北部、哥伦比亚南部以及巴西北部等地的司法、行政、军事以及宗教方面的事务。

的巴西居民，西班牙官员建议立即采取措施。尽管他们惊惧万分，却鲜有行动。即便西班牙的印度理事会已经决定夺回马托格罗索和亚马孙的领土，并且西班牙耶稣会士呼声连连，基多法庭提醒不断，却没有任何具体的措施得到推行。西班牙受拉普拉塔河的问题所困，遗忘了亚马孙。未能在那里找到黄金国和香料国进一步加深了这种遗忘。这便是为什么他们能如此大意地将其交给葡萄牙人。

而另一边则是分秒必争。不同于避免与法国人在北方作战的建议，葡萄牙当局决定驱赶索利芒斯河的西班牙人，并将南边、北边和西边的边境推进至纳波河。1648—1739年间的国王公函与海外理事会的决议毫不掩饰对占领亚马孙的兴趣。当局对亚马孙的主权志在必得。等西班牙人1750年醒悟后，为时已晚。边境已经迁移。在西班牙王位继承战争结束后，海外边界协商重新开启。塞尔维拉新镇子爵托马斯·德·席尔瓦·特雷斯奉命前往马德里协商边境问题。他带着国王秘书亚历山大·德·古斯芒给予的指示，牢记"不论在土地上定居的是哪一方，都应保留他们所占的土地"。双方经过沟通协商，最终于1月13日签署《马德里条约》。其中，西葡都承认自己在亚洲和美洲违反了《托德西利亚斯条约》，同意从此以后边境应遵从新签署的条约。会议还决定，若西葡王室在欧洲交战，美洲应继续保持和平。制图师、天文学家、医生、工程师、画家和军人组成划界委员会，开始标定边界。但大卡斯蒂利亚斯和伊比库伊河河口之间的地区爆发了一个严重问题。东乌拉圭七民传教村的印第安人坚守家园。他们被命令迁移至西班牙

12 殖民时代的边境 | 147

领土上的其他地点,将土地让与葡萄牙人,但他们决定与之抗争,连耶稣会士下令也不管用。阿尔塔米洛神父两度指定了离开的期限——即1752年和1754年,皆未奏效。印第安人全副武装地等待着委员会代表。后者试图安抚他们,却同样徒劳,于是委员会采取了预先拟定的军事行动。拉普拉塔河省总督若泽·德·安多奈吉沿着乌拉圭河向圣博尔哈进发。戈梅斯·弗雷雷从圣安杰洛合上了包围圈。行动开始后,一项来自欧洲的指令宣布两支军队应统一行动。1756年,圣安杰洛、圣博尔哈、圣若昂、圣洛伦索、圣路易斯-贡萨加、圣米盖尔和圣尼古劳传教村被夷为平地。巴西利奥·达·伽马在反耶稣会诗歌《乌拉圭》中为摧毁传教村一事歌功颂德。虽然叛乱分子被成功击溃,边界划定却并不顺利。葡萄牙划界委员会成员畏惧印第安人报复,拒绝接收传教村,导致西班牙人的不信任感与日俱增,后者不相信葡萄牙人会交出萨克拉门托。再加上布宜诺斯艾利斯新总督堂佩德罗·德·塞瓦略斯的阴谋诡计,边界划定就此中断。

与此同时,在亚马孙,委员会的西班牙代表堂若泽·德·伊图里亚加和弗朗西斯科·沙维尔·德·门东萨·富尔塔多意见相左,后者是未来的庞巴尔侯爵之弟,也是马拉尼昂州的指挥官。尽管如此,负责划定边界的部队或者说"团伙"还是绘制了亚马孙的地图,也推动建立了一些城镇与一块新的分封领地——成立于1755年的圣若泽杜里奥内格罗。耶稣会士遵照《马德里条约》,在总督罗林·德·莫拉的命令下退出了位于瓜波雷河畔的圣罗萨传教村,为建造无染原罪圣母堡腾出空间。

一北一南的两起事件揭开了迫害耶稣会士的序章，西葡两国指控他们教唆印第安人反抗，阻碍了边界划定。耶稣会为印第安人的大量抗争付出了极为高昂的代价。首先，他们被禁止进入王宫，也不允许为王室成员主持忏悔礼，耶稣会还被迫进行内部改革，最后，他们被控企图谋害堂若泽一世，受牵连的还有塔沃拉的几位侯爵、阿维罗公爵以及反对庞巴尔掌权的其他老派葡萄牙贵族。1759年9月葡萄牙颁布法令，将耶稣会从葡萄牙及其领土上驱逐。在巴西，该指令于次年执行，六百多名耶稣会士离开了帕拉、伯南布哥、巴伊亚和里约热内卢。堂费尔南多六世去世后，两个伊比利亚王国间的关系愈发紧张。继任者卡洛斯三世选择与葡萄牙为敌，宣称对既定边界感到满意。1761年，《帕尔多条约》废除了《马德里条约》。

1762—1777年间，葡萄牙人在南部和西部与西班牙人冲突连连。堂佩德罗·塞瓦略斯凭借巨大的军事优势，攻占了葡萄牙在拉普拉塔河地区的要塞萨克拉门托。与此同时，英法双方正在枫丹白露市签署一份文件，为英法七年战争（1756—1763）画上了句点，而依附于欧洲大国势力的伊比利亚两国一如既往承受了大国外交协约的后果。人们本以为在美洲的殖民地"将原封不动，遵照以往的条约"，但在瓜波雷河右岸，即如今的马托格罗索和朗多尼亚地区，西班牙军队调动频频。他们试图夺回圣罗萨堡。耶稣会士遭驱逐后，圣罗萨堡被遗弃，但是西班牙人既没能接管该地区，也未能重新殖民。塞瓦略斯无视欧洲的决议，继续攻打那些葡萄牙人占有超过一个半世纪

12 殖民时代的边境 | 149

的地区，包括如今位于乌拉圭领土内的圣特雷莎堡和圣米盖尔堡、里奥格兰德－圣佩德罗的村落以及帕图斯湖左岸的邻近地区。在得知与法国签署和平条约后，塞瓦略斯仅仅归还了萨克拉门托，宣称他遵守过时条约中的边界线。葡萄牙人在西班牙宫廷上提出抗议，但是收效甚微。几场小规模战斗就让他们成功夺回了帕托斯湖左岸，但是里奥格兰德－圣佩德罗才是问题的关键。靠着葡巴军队的新指挥官——一位效忠葡萄牙的德国人——陆军中将若昂·恩里克·伯姆与海军的联合行动，葡萄牙才得以在1776年重新夺回两地。

葡萄牙人重新夺取里奥格兰德后，西班牙人立即抗议。他们无视外交决议，筹划了南美史上最大的远征。堂佩德罗·塞瓦略斯被任命为拉普拉塔河省的第一位副王，指挥116艘船、13,000人。他计划攻击巴西沿岸。缺少了宗主国和英国海军的有力帮助，圣卡塔琳娜岛失守，被西班牙人轻而易举地收入囊中。幸运的是，进攻方当时由于风向不利，难以全力进攻里奥格兰德。在另一边，新圣萨克拉门托殖民地遭到攻击，殖民地听从最后一任葡萄牙总督弗朗西斯科·若泽·德·罗莎的指令，于1777年6月彻底投降。征服方行动果决，夷平防御工事并封阻港口。最后，西班牙人还深入马托格罗索南部，侵占伊瓜特米河畔的欢愉圣母堡。

与此同时，欧洲出现了新的事件，由此产生的变化也将影响边界问题。在堂若泽一世死后，首次有一位女性登上王位，即堂娜玛利亚。她做的第一件事便是关闭庞巴尔侯爵执掌的国家秘书处。英国担心其北美殖民地独立，希望稳住葡萄牙。而法国则有意寻求未来美国的支持，于是试图与西班牙结盟。英法都想解决伊比利亚两国的殖民地边界问题。调停的结果是：葡萄牙全权代表堂弗朗西斯科·伊诺森西奥·德·索萨·科蒂尼奥前往马德里，针对西葡王室海外领地界线问题与西班牙外交部长佛罗里达布兰卡伯爵谈判，并于1777年10月1日签署初步条约。西班牙人遵照条约归还了圣卡塔琳娜岛，保留了萨克拉门托殖民地和东乌拉圭七民传教村。葡萄牙蒙受损失，丢掉了萨克拉门托。西班牙的权力范围永久延伸至拉普拉塔河流域。在划定界线时，双方委员会代表间分歧不断，殖民地的边界线直到1801年签署《巴达霍斯条约》时才得以划清。

·13·
流动与多元

当西葡争端冲击遥远的边陲地带时,巴西社会浮现出了新的一面。殖民地更加多元了。大种植园加单一栽培的土地占有形式曾在16—17世纪为葡萄牙人的活动提供了保障,随后则愈发与其他经济形式协作共存。到了18世纪,黄金及钻石开采加剧了这一趋势。制糖业和采矿业先后带来的奴隶需求催生出一批有权势的人,那便是大型合约商,又称批发商。这一行业由葡萄牙裔白人男性掌控,他们起初来自里斯本,之后则来自里约热内卢或巴伊亚。他们同各地市场均有所交易,如英国、德国、意大利等欧洲国家。其代理人的贸易范畴则涵盖食物、饮品、奴隶及奢侈品如假发和高级织物。

这些商人从事的贸易不胜枚举。他们虽然也投资干货(工具、织物等)和湿货(食物、饮品等),却还是将奴隶贩卖以及向蔗糖庄园主发放贷款置于首位。他们中有不少人成为东北蔗糖庄园主子女赴欧留学时的联络人和财务经办人。其商店遍布各大城市，所售商品门类繁多，如钉扣机、钉子、小剪刀、吉他弦和烟草。其杂货铺提供丝带、羽饰、贵重饰品、毛巾以及手帕。他们中有不少是犹太裔。例如在米纳斯吉拉斯，新基督徒不仅包揽了第一批采矿合约，也承担了最初的商品交易与工具买卖。批发商有策略地定居于殖民地市镇，他们购买、贩卖、投资、放有息贷款、做资产抵押，除买卖各类商品之外，也进行黄金和宝石交易，或现结或赊账。他们还接受分期付款，通常以金币或者票据结清。其关系网从秘鲁直达欧洲，尤其是阿姆斯特丹。他们中有一些颇具权势者，如弗朗西斯科·皮涅罗，他定居萨尔瓦多，商业代理遍布欧洲、非洲、亚洲和美洲。而他的商业网络从塞阿拉延展至萨克拉门托殖民地，直通西班牙殖民属地。这种滔天权势足以表明巴西殖民地并非一味被动。内外部的商业交易保证了巴西多地的相对自给自足。

大商人的世界错综复杂，掌控葡属美洲的众多地区。但巴西广袤的领土上也诞生了一群流动商人，他们习惯于长途跋涉，将商品带向四面八方。他们大多为出生于巴西的白人，当时的文件称其为"美洲人"。由于身上携带货物，他们也会被称作行商、摊贩、远途商和驮商。行商不需要大量资本，倾向于通过委员会为负责大宗合约的同行工作。也有人受雇于第三方，为讨债或交付货物长途跋涉。行商地位不及尊贵的大型合约商，他们通过一个牢不可破的复杂信贷体系依附于后者。当交易有风险时，不少商贩会为了收债而不顾生命安危。他们哪次不是被债主用子弹迎接？又有哪次不曾经历危险，如拦路抢劫、暴风雨或是野生动物的袭击？远途商基本上以运送奴隶为生，手中的厚重账本记录着宝贵的人类"货物"的数量。赶畜人则如我们之前见到的那样，把来自南部或者东北部的骡子和马匹送往城中的市集。

在各类流动贸易形式之外，城市化也使定点贸易显著扩张。定点贸易分为商铺与摊点。前者规模较大，位于市中心；后者规模较小，位于郊区。二者都出售干货、饮品、食物与工业制品如布匹、工具。遗嘱所附的物品清单足以表明，在这样一家商铺中，买家能买到如熏香、楹梓糖、肉桂、桶装甘蔗烧酒、猪板油和盐、锅、香皂以及瓶装醋等各种商品。店主还会为更小的商人提供活动资金，以便后者为店主从遥远的港口运来货物。此外，店主还雇用一批负责购入及整理存货的售货员、文员和簿记员。在商业活动的最前沿，女性也扮演了十分重要的角色。白人、黑人或者混血女性定居于城郊和最繁忙的道路上，她们除了通过商品获利，还会出售饮品或自己的身体。女人同样是小生意中的主力，通过打工奴——即在路上游走并兜售饮品、食物和布匹的男女奴隶——谋利。"烤盘姑娘"处于商业活动的底端，负责售卖馅儿饼、蛋糕、甜点、蜂蜜及地方小吃，如圣保罗的烤蚁和里约热内卢的丝绸蛋糕。对此轻车熟路的非洲裔女性令这门生意经历了长足的发展。黑皮肤的女商人早已习惯了露天的大市集，在五颜六色的篷布下，她们展示着食品与手工艺品，从南到北，这些女商人遍布殖民地城市的大街小巷。

我们也能在商业活动中发现吉卜赛人。据官方记载，第一批抵达巴西的吉卜赛人是18世纪前往马拉尼昂、伯南布哥和里约热内卢的流放犯。1718年，若昂·达·科斯塔·拉莫斯——绰号"王城来的若昂"——携妻儿亲属等一大群人抵达巴伊亚。绰号在当时十分普遍，大都从原名丑化而来，如"热吻""哈鸟""鱼杜""嚼-章鱼"，等等，他们都曾是米纳斯吉拉斯的著名吉卜赛人。在当时的记叙中，有一群吉卜赛人居住在萨尔瓦多的吉卜赛广场，"那里自然形成了一片巨大的集市，从卡诺街一直延伸至参议员河岸"。吉卜赛人投身于金属活计，是锅匠、铁匠和锡铁匠。吉卜赛女性诵读魅惑咒语或是给人算命。许多吉卜赛人也会深入丛林或在偏远的道路上劫掠。在里约热内卢，他们曾被称作"卡隆人"，因为他们最初定居于瓦隆哥区和庞大的老监狱区，之后才迁移至圣安娜平地和吉卜赛路，即如今的宪法路。吉卜赛人居住的平房带有三扇大门，无论白天黑夜，他们都喜欢任其敞开。他们的生意包括开采米纳斯吉拉斯的黄金，贩售马匹和贩卖奴隶。残次的奴隶和马会被交给某位亲戚，并于内陆出售。

都市生活还为殖民地舞台带来了其他角色，例如手工业者。在城中的主干道上，随处可见桶匠、船体填缝工、木匠、银匠、金匠和鞋匠，他们依照行业组成团体。在19世纪，手工业者群体为殖民地的街头巷尾增添了活力与色彩，费迪南·德尼为其中一类留下了精妙绝伦的描述：

> 在手工业者中，有一群人身负重任：理发师。理发店时常能代替咖啡馆。人们在店里讲述新闻，很多

时候也制造新闻。

另一位法国人德布雷总结道：

> 在店中，人们肯定能在同一个人身上看到一位游刃有余的理发师、一位技术精湛的造型设计师、一位对手术刀操纵自如的外科医生以及一位得心应手的水蛭操作员。集万千技艺于一身，理发师不但能修补丝绸袜上露出的破洞，也能在吉他或者单簧管上完全按照自己的方式演奏出华尔兹和法式行列舞曲。

类似地，也有女性在商铺中提供服务，她们是刺绣女工、女裁缝、制帽女工以及用羽毛、鳞片和翅膀制作花朵的工匠。据一位英国旅行家所述，这类商店的负责人"通常是混血女性"。

也有一些关于乡村变迁的记载。我们既能在那里看到大奴隶主，也能找到小农场主，后者仅依靠家庭中的劳动力，或是将各类自由劳作形式与奴隶制结合。许多这类小生产商为殖民地内部消费提供产品。例如米纳斯吉拉斯在面对18世纪中叶的黄金危机时，增加了玉米、豆子、奶酪和猪肉干的产量，并将其输送至里约热内卢分封领地首府。圣保罗也并未因为矿场枯竭而陷入低迷。恰恰相反，其加速增长的人口要求农业为新添的每一张嘴提供食物。圣保罗地区的乡村农业有所起色，在林间的空地中开辟出小型农田，为农家提供基本的粮食，富余的则送入内部市场。小型农田与出口型蔗糖种植园并存。在大部分情况下，四分五裂、与世隔绝的小农群体——在沿海地区他们被称为"乡巴佬"，在内陆地区则是"乡下佬"——最终都近乎演变为自治区，仅仅依靠最近的城镇进行物品交换，以木薯、豆子、香蕉和橙子换取铁、盐、农业用具、武器和火药。小农大体上身着衬衣和棉裤，男女农民的头上都戴着一顶垂檐毡帽。无论贫富，小农的紫葳木罐中都装着相差无几的食物。五种基本的原材料构成了每日的食谱，分别为玉米粉、木薯、豆子、猪板油和蔗糖。这些食物组成了提供给主人与奴隶的四餐。可供小农使用的技术决定了他们的产品，包括仅限于伐木和劈柴用的斧头、锄头、镰刀以及一种用于播种的原始木棒。土地靠藤蔓枝干丈量，渔猎则基于砍刀、火枪、鱼钩与渔网。有时，一两个奴隶就是小农场上的全部家庭劳动力。继承自印第安人的农业日历为耕作轮回提供了一套法则。第一年的八月至九月，人们在田中种下根茎作物，而谷物、豆类、咖啡以及甘蔗一般在次年种植。如此一来便能保证第一年中的家庭饮食。森林的砍伐与焚烧在干燥的七八月份进行。东零西落的居民惹恼了"博学多识的重农主义"官员，他们怪罪居民过度分散，导致了当地的贫困。首位官员莫尔加多·德·马特乌斯于1765年抵达，抱怨道：

> 通过观察，我认为这些村庄全部规模过小，即便是名号较大的也人烟稀少，没有任何维生手段。未开垦的平地皆为原始密林所覆盖，民众的耕作方式亦

低劣至极，仅限于在原生林中耕种，既因为其成本低廉，也因为民众拒绝像国内[1]那样辛勤劳作。人人都只是为了维持生计而采收，仅余下极小部分卖给大众。无人借助国家的效用，这群人也因此落入了家徒四壁的境地，令人唏嘘。

然而，城市的贫困现象要远为严重，因为那里无法种植粮食。在米纳斯吉拉斯某些曾经的黄金市镇中，贫困潦倒的女性通过卖淫维生，数量令人瞠目结舌。甚至有一些绝望的家长恳请市议会救济，好让他们的儿女穿上衣服，因为那些孩子披着破布，根本无法出现在公共场合。遭遗弃的儿童、孤儿和其他各类处境窘迫者求助无门，只好依靠乞讨和小偷小摸维生。举步维艰的家庭聚集在山脊间散落的岩洞中，身上盖着茅草，而岩洞的地面坑坑洼洼，污秽不堪。又比如在1788年，米纳斯吉拉斯马里亚纳市主教曾提到：

> 棕色人种、黑人和自由人家庭束手无策……他们生而贫寒，在困苦中被养大，毫无生活保障。

旅行者已经疲于描述"贫穷羸弱到令人哀叹"的民众，其病恹恹的眼神是粗劣饮食导致的结果。甚至当旅客在某间乡村茅屋旁停下喝水时，都会有一位居民立刻走出，向他们伸出一

---

[1] 指葡萄牙。

只告哀乞怜的手。那些穿梭于巴西沿岸和内陆的欧洲人最需提防的，就是在烹饪时遭人劫走携带的食物。

至于萨尔瓦多，当詹姆斯·普赖尔[1]在1813年抵达时，他把此处的生活凄惨者比作"又贫穷又消瘦的东西"，并因"恳求施舍的半裸儿童"而震惊不已。按照一位专家的看法，穷人或是受过奴役，或是非裔民众的后代，构成了萨尔瓦多大半的赤贫人口，在巴伊亚首府的街头巷尾乞讨。乞丐成群结队地出现在教堂前的庭院中、通向广场和泉水的道路上以及人流密集处，又或是栖身于小广场旁权力机关的大门下。他们严守礼节，衣着得体，避免引起嫌恶，口中反复叨念着同样的话语"行行好，呼求主名"，每到周六他们都会前往分发救济的祭衣间[2]。女性在此时往往会将其婴孩抱起。许多时候，他们得到的回复都是"愿主保佑"，这意味着他们什么也得不到，他们此时必须添上一句"阿门"，随后继续前进，看看能不能碰上好运。乞丐也可以通过葬礼随行挣钱，有不少信徒为了弥补自己的罪孽，都会要求遗嘱见证人在他们逝世后交由乞丐搬运或是替他们守夜，来作为"谦卑"的证明。此外，积德行善性质的遗产一般也会分发给赤贫者。

依据维列纳的观察，18世纪末，无业者也加入到了穷人的行列，据葡萄牙法律的说法，无业者是一群没有职业、没有

---

[1] 詹姆斯·普赖尔（James Prior，1790—1869），爱尔兰著名外科医生、作家，曾作为海军医生周游世界并留下多本旅行日志。
[2] 祭衣间（sacristia），是用于存放祭衣、各类圣器以及教区登记簿的房间，牧师也是在此准备弥撒。

主人，也没有个人住所的人。四处流浪、游手好闲、被认定为对社会秩序有害，然而，这也是数千家庭的实际状况，在农村或城市里随处可见。生活困难时，他们便摇身一变，成为信差、乞丐和小偷。这些"鼠辈""小卒"或者——按照当时的说法——"既没谱又没边的人"有他们自己的逻辑。他们不愿忍受乡绅势力剥削、统治，于是远离奴隶制，确保自己身份自由，最终却为制度所不容。他们公然违背家父长制社会所珍视的前提条件，也即所有人都必须有其位置、家庭和主人。连教会都会帮忙巡查"流浪汉"是否在不同地区之间流窜，并要求他们出示文件，证明他们在四旬斋戒中领过圣体。否则，他们便无法得到乞讨许可。在信件中，官员永远苦恼于该如何让穷人发挥作用。1770 年，瓦拉达里斯伯爵、米纳斯吉拉斯区总督堂若瑟·路易斯·德·梅内德斯向莫尔加多·德·马特乌斯写道：

> 这个分封领地中满是混血、混种和杂种，他们四处游荡，好逸恶劳，理应离开这个分封领地，做些有益的事。

·14·

殖民时代的终章

18世纪最后几十年，巴西受到一些重大国际事件波及。1776年，十三殖民地打破英国统治，通过了《美利坚合众国独立宣言》。英国自18世纪中叶便已进入工业革命，在几次重大冲突后决定承认美国独立，并加紧与奴隶制的斗争，于1807年成为废除奴隶制的先驱。继美洲现代殖民制度的这场失败之后，1791年圣多明戈斯岛[1]上发生奴隶叛乱，海地宣布独立。这场叛乱是美洲殖民地对法国大革命的回应，奴隶制也因此于1793—1802年间在法属殖民地短暂地销声匿迹。很快，旧有的殖民政权将走上末路。政治经济时局令大西洋这一侧的形势进一步恶化，因为垄断经济开始被自由竞争所取代，奴隶劳动也逐渐让位于雇佣劳动。自由贸易权、平等公民权、自由劳工权、人身自由权以及财产权被视为个人的天然权利。对于新生

---

[1] 圣多明戈斯岛，又称伊斯帕尼奥拉岛或海地岛。

的工业资本，尤其是其最大的代表英国来说，打开殖民地市场迫在眉睫，既是为了买入原材料也是为了销售工业制品。

在国际上，英国影响力最直接的作用便是令葡萄牙愈发依赖这位盟友。这反映在葡萄牙向英国商人发放的许可证上，只为方便他们在巴西港口定居。外国船只因此得以停靠在贝伦与巴拉纳瓜（如今的巴拉那州）之间的海岸线上，装卸种类繁多的商品，从食品到工具、从织物到钢铁一应俱全。离港时，商船带走蔗糖、烟草、靛蓝染料、木材、可可、胡椒、黄金和钻石。葡萄牙重商主义因此损失惨重，即便里斯本为此愤恨不已、巴西人仍受垄断法规管制也无济于事。英国人的活动打破了葡萄牙人的垄断。黄金和蔗糖——最重要的出口商品，甚至比黄金还要关键——大量走私。而正像我们在前文看到的那样，殖民地内部贸易不断增长，更加剧了宗主国对巴西的贸易逆差。上述情况令制度危机更加凸显。三起谋反案顺势浮出水面，虽然其短期影响微不足道，却表明法国大革命宣扬的思想带来了巨大的冲击，同时也表明葡属美洲终将独立的理念开始逐渐成形。

1788—1789年间，第一宗谋反发生于米纳斯吉拉斯，就在刚从葡萄牙抵达殖民地的富尔塔多·德·门东萨总督眼皮子底下。米纳斯密谋是殖民地内外联合与推动的结果。最早的事件之一，是巴西留学生与托马斯·杰斐逊在蒙彼利埃的会面。年轻的若泽·若阿金·玛雅化名范德克，在尼姆市秘密与美国派往法国的特使杰斐逊见面，请求后者支持起义。虽然杰斐逊以个人名义回复说一场成功的革命对"美国并非无益"，但却并未做出进一步的承诺，只是向国会报告了范德克的意图：

  巴西人试图煽动一场起义，并将北美革命视为先驱。若革命成功，巴西将组建一个共和政府。

  尽管二人的交流并未掀起更大的波澜，却表明在欧洲有数量可观的巴西学生接触了启蒙主义思想。多明戈斯·维达尔·巴尔博萨就是其中之一，他在茹伊斯迪福拉拥有地产，敬仰传播启蒙主义观念的修道院长雷纳尔。还有一名学生，名为若泽·阿尔瓦雷斯·马西埃尔，毕业于科英布拉大学，是富镇一位指挥官的儿子，似乎是共济会成员。共济会是一个秘密社团，其自由主义理念启发了法国大革命，同时也启发了规模较小的米纳斯密谋。回到巴西后，巴尔博萨和马西埃尔发现在牧师、军人、知识分子以及米纳斯吉拉斯的居民之间，存在适合新式理念的土壤。该分封领地曾长期作为殖民地的财富源泉，拥有一个由受教育者组成的精英阶级。举个例子：1786年从科英布拉大学毕业的27名巴西人中，有12人来自米纳斯吉拉斯。这并非个例，牵涉进米纳斯吉拉斯密谋的24人中，有8人曾就读于科英布拉。除此之外当地还有许多读者，他们的书库馆藏充足，其中尽是因自由主义内容而被葡萄牙政府禁止、追查的书籍。如路易斯·维埃拉修士便是伏尔泰和孔狄亚克的读者。在之后的谋反者如"拔牙者"之间流通的则是《美利坚合众国宪法概要》（*Recueil des lois constitutives des Étas-Unis de l'Amérique*）一书，该书于1778年在费城出版，涵盖美利坚合众国的各项法律条文。

地区因素和内部因素——尤其是经济因素——与外部因素结合迅速。黄金产量下降引起了米纳斯吉拉斯民众的强烈反抗，因为他们被永久要求向皇家财政部缴纳每年100阿霍巴（1500公斤）的黄金作为税款。面对抗拒的米纳斯人，1750年政府通过了恐怖的"补全税"：强制全体居民集体补足短缺的斤两。据一位历史学家所说，在米纳斯密谋爆发的1789年，尚未缴交的黄金数额达到了528阿霍巴（接近8吨！）。为了填补空缺，总理马尔蒂尼奥·梅罗-卡斯特罗下达了一些严厉的指令。为此，米纳斯吉拉斯组建了闻所未闻的恶劣政府，由"米纳斯牛皮匠"路易斯·德·库尼亚-梅内塞斯坐镇，参与密谋的听讼法官及诗人托马斯·安东尼奥·贡扎加正是为了反对他而写下了《智利书信》。至于新总督巴巴塞纳子爵路易斯·安东尼奥·富尔塔多·德·门东萨，此人不受欢迎不仅是因为未来他将负责推行补全税，也因为他乐于在卡舒埃拉杜坎普的庄园中闭门不出。

密谋者在隐秘的小型集会上会面，通常探讨理论而非具体实践。他们无疑谈到了独立，但采用何种政府形式却存在争议。阿尔瓦雷斯·马西埃尔似乎支持共和制，而维埃拉教士则是君主派。废奴问题也引发了一些疑虑，有人赞成有人反对。他们之所以想脱离葡萄牙，主要是因为一些眼前的区域性因素，这体现在他们的纲领中：应废除钻石开采的相关规定；应鼓励开采铁矿和硝酸盐矿脉，鼓励建设工场；应建设一座火药厂以及一座大学，大学应于富镇选址，此外还应着手迁都至圣若昂－德尔雷伊；所有拥有一定数量子女的女性都应该得到国家的嘉奖；不应设置常备军，所有公民都应拥有武器，并在需要时加入国民军；每个城市都应该拥有自己的议会，从属于首都的最高议会；最重要的是，应豁免皇家国库的债务人。一些历史学家认为，密谋者对宗主国的尖锐批评已展现出"经济民族主义"的迹象。因牙医技术而得名"拔牙者"的若阿金·若泽·达·席尔瓦·沙维尔少尉曾表示，巴西尽管资源众多却依然如此贫穷，原因在于：

> 欧洲就像一块海绵，从这里吸走了一切。那些尊贵的将军每三年就要带来一支部队……将本属于当地人的荣誉、财富和职位蚕食殆尽后，便带着对他们的嘲笑返回葡萄牙。

米纳斯密谋中出现了三位告密者，包括葡萄牙人若阿金·席尔维罗·杜斯·雷伊斯（他向皇家财政部欠下的大量债务在举报后被一笔勾销）、同为葡萄牙人的巴西利奥·德·布里托·马列罗斯·杜·拉戈以及生于亚速尔群岛的伊纳西奥·科雷亚·潘普洛纳。密谋在被告发时才将将起步，远不足以演变为一场煽动民众的叛乱。涉案人员被捕后，开始了一连串的调查取证。为了免去罪责，一些谋反者迫不及待地向总督致信，知无不言。在多次将死刑减为永久或临时流放后，只有"拔牙者"于1792年被处以死刑。在对证期间，席尔瓦·沙维尔最初否认自己参与密谋，之后却主动认罪，承担的罪名远超其社会地位和知识水平。悲悯圣所的一位律师若泽·德·奥利维拉·法贡德斯受指派为被告提供辩护，他试图巧妙地减轻被告的罪行，宣称密谋"不过是几次谈话和一些疯狂的设想，缺少下一步行动，执行起来更是遥遥无期"。

1792年4月18日，人们会聚至流动法庭，聆听宣读判决。十一人被判处绞刑，即"拔牙者"、中校弗雷雷·德·安德拉德、若泽·阿尔瓦雷斯·马西埃尔、阿尔瓦伦加·佩肖托、阿布雷乌·维埃拉、弗朗西斯科·安东尼奥·德·奥利维拉·洛佩斯、路易斯·瓦斯·德·托雷多、皮萨·阿马拉尔·古热尔、维达尔·巴尔博萨与雷塞迪·科斯塔父子。七名被告被判处永久流放非洲，其中包括贡扎加和艾雷斯·戈梅斯中校。至于神职人员，有三人在第一次判决时被判处死刑：卡洛斯·科雷亚·德·托雷多－梅罗神父、若泽·达席尔瓦－奥利维拉·罗林神父和罗泽·洛佩斯·德·奥利维拉神父。两人被判处永久流放：维埃拉·达席尔瓦修士和曼努埃尔·罗德里格斯·达·科斯塔神父。但几位神父最终被送到了里斯本，经历了多年的隐修。

早在1790年，堂娜玛利亚女王已经决定将密谋领头者的死刑更改为永久流放，情节严重者除外。而席尔瓦·沙维尔少尉出于他自己的意愿，就属于被排除在外的情况。于是，少尉在领受里约热内卢方济各教士的宗教关怀后，做好了赴死的准备。1792年4月21日，死刑于古老的波雷广场执行。在前往广场的路上，少尉在米纳黑人[1]常去的光辉教堂稍作停留，进行了最后的祷告。被绞死后，尸体被大卸八块，并被送往出现过革命演说的各个地点展示。在之后的几个月里，七个罪犯被送往非洲的葡属领地，其中只有两人得以回到巴西，即若泽·德·雷塞迪·科斯塔·费里奥以及曼努埃尔·罗德里格斯·达·科斯塔神父，他们后来被选为葡萄牙宫廷议员。

并非只有米纳斯吉拉斯人才阅读雷纳尔和马布里的禁书或讨论自由平等的理念。在葡属美洲的首府，同样有一处进行此类讨论的地点，那便是里约文学社，由时任副王的路易斯·德·瓦斯康塞略斯-索萨创立于1786年，目的是"从各方面探讨哲学"。如果说在密谋以前，基于相互信任，一些成员还敢于在"人类平等"一事上各抒己见，那么自1791年的圣多明戈斯叛乱之后，这类主题则会引起深深的不安。"那里（法属美洲）的事件表明了可能发生在我们身上的遭遇，愿主保佑我永远也不会见识到。"曼努埃尔·若泽·德·诺瓦伊斯·阿尔梅达以畏惧的口吻写道。事实上，"拔牙者"行刑两年后，在雷塞迪伯爵的指示下，文学社成员曾被逮捕，并经受了事无巨细的漫长审问。令他们重获自由的是堂罗德里格·德·索萨·科蒂尼奥，也即未来的利尼亚里什伯爵，其外祖母是巴西人。

在巴伊亚，讨论此类理想的地方则是一间共济会所，名为光明骑士团，位于城郊巴拉。鉴于其创始人是法国人安托

---

[1] 米纳黑人，即来自米纳海岸的黑人。

万·热内·拉谢,且萨尔瓦多港口的船只络绎不绝,常秘密卸下来自旧大陆的报刊书籍,共济会成员对法国大革命理念的兴趣也与日俱增。利于自由主义理念传播的环境外加"无套裤汉"(sans-culottes)——指法国大革命中出身平民的共和党人——参与击溃君主制的消息,二者最终在萨尔瓦多引发了另一场密谋:裁缝密谋。与米纳斯密谋截然不同,来自巴伊亚底层群体的代表揭竿而起,其中既有手工艺人和士兵,也有教师和雇佣工人,他们大都为满腔怒火的混血儿,反对葡萄牙的统治与巴西的富人阶层。他们的理想是建立一个平等自由的社会,在那里,种族差异将不再是工作机会与社会流动的障碍。与法国类似,巴西同样产生了一种根深蒂固的反教会情感。一群所谓的"法国主义"信徒不遵守要求斋戒的宗教节庆,向街角壁龛——人们通常在那儿做玫瑰经祷告——中的宗教绘画投掷石子,公开反对教会信条,宣称最终审判、地狱和天堂都不存在。据当时一位旁观者所说,他们还曾毫不犹豫地表示"结婚的女性没有义务忠贞守节"以及"与其说我主耶稣真实完满地存在于圣餐礼中,还不如说他身处一小片面包里"。

此时统辖巴伊亚的是堂费尔南多·若泽·德·波图加尔-卡斯特罗,也即未来的副王、部长、阿吉亚尔伯爵及侯爵。1798年8月12日一早,人们便在城中教堂与公共场所看到了宣告叛乱的手抄小报,名为《致巴伊亚人民的通告》。这些写给"巴伊亚共和主义人民"的"纸片"——当时对那类小报的叫法——署名为巴伊亚最高民主法院,高呼"葡萄牙宗主国令人不齿的压迫"已经终结。"所有市民,尤其是混血儿和黑人"

都将明白社会上"将不再有差别,而会有自由、平等和博爱"。对于奴隶制,巴伊亚的叛乱者与米纳斯不同,他们极为笃定:

> 为了让一切形式的奴隶制消失,所有黑色皮肤和褐色皮肤的奴隶都会获得自由。

政府将是"民主、自由且独立"的,另一方面,发表演说反对自由的教士阶级成员则受到了威胁。最后,小报宣称"我们自由的幸福时代即将到来,人人平等的时代即将到来"。一份小报以信件的形式寄给了巴伊亚赤足加尔默罗修会会首,称他为"巴伊亚教会未来的总领袖"。在另一份写给总督本人的小报中,他被告知已在19日的一次全民公投中被选为"巴伊亚最高民主法院主席"。

也正是在此时,拥有700名支持者的巴伊亚密谋尚未启动便遭到了告发及镇压。由于手写小报根本无法遮掩笔迹,在将其与分封领地政府秘书处内的请愿书比对后,似乎足以推断出它们皆出自一名葡萄牙裔民兵少尉多明戈斯·达·席尔瓦·利斯博阿之手。然而,由于利斯博阿被捕后还继续出现了其他小报,当局才发觉作者是另一位军人路易斯·贡扎加·达斯·维尔詹斯。一名中尉、一名士兵和一名铁匠为举证画上了句号,他们向总督揭发,告知在流亡沟空地上正举行一些秘密集会,靠近一座与空地同名的修道院。参与者包括士兵、裁缝、混血获释奴、奴隶等。集会开始受到监视,而从中找出主谋并非难事。结果发现有两位军人和两位裁缝深陷其中。他们分别为：前文提到的小报作者、36 岁的混血儿路易斯·贡扎加·达斯·维尔詹斯，他是民兵队伍的前逃兵；卢卡斯·丹塔斯·杜·阿莫林·托雷斯，曾为自己开脱兵役却未能如愿；28 岁的混血儿裁缝若昂·德·德乌斯·杜·纳西门托，信奉人人"平等富足"的法国理念；以及 23 岁的曼努埃尔·福斯蒂诺·杜斯·桑托斯，绰号"里拉琴"。除他们外，另有 31 名叛乱分子参与密谋，比较重要的有毕业于科英布拉的外科医生西普里亚诺·若泽·巴拉塔·德·阿尔梅达，后来他成为堂佩德罗一世在位期间最活跃的记者。从社会等级上看，在阿尔梅达之下还有两位陆军中尉、一位经验丰富同为混血儿的外科医生萨·科托、来自孔塔斯河镇的拉丁语法教师弗朗西斯科·莫尼斯·巴雷托以及摘录过"法式理念"的军人埃莫热内斯·弗朗西斯科·德·阿吉亚尔·潘托雅。尽管如此，受指控者大多为底层民众，包括奴隶。

接受了粗浅教育的民众仅仅大致了解法国的理念。他们将其与对自由平等的承诺捆绑在了一起，是后者令他们心驰神往。病态的经济从方方面面压迫着他们，当物价抬高时，他们的薪酬却在降低，令民愤不断积累。在调查期间，当局发觉谋反者计划劫掠城市，将财产分发给所有人。总督若不支持运动就会被杀死。修道院和监狱将打开大门，释放所有愿意离开牢房的人。巴伊亚运动的创新之处在于坚持废除和肤色有关的偏见，并在商业上要求将萨尔瓦多口岸向所有国家的船只敞开。1798 年 12 月，巴西摄政王堂若昂决定把嫌疑犯交给巴伊亚最高法院裁决。律师若泽·巴博萨·德·奥利维拉为他们提供了出色的辩护，宣称被告所犯下的罪行远不及安在他们身上的罪名。法院于 1799 年 11 月 7 日宣判，次日，两位军人——路易斯·贡扎加·达斯·维尔詹斯和卢卡斯·丹塔斯——以及两位裁缝——卢卡斯·丹塔斯和曼努埃尔·福斯蒂诺——便被绞死分尸，以示惩戒。在其余的七名被告中，包括萨·科托在内有五名混血儿，他们被流放至非洲。若泽·雷蒙多·巴拉塔·德·阿尔梅达流放至费尔南多·迪诺罗尼岛三年。他的兄弟西普里亚诺·巴拉塔和埃莫热内斯中尉获得赦免。涉及叛乱的奴隶被处以鞭刑，他们的主人被要求将其贩卖至巴伊亚分封领地以外的地方。白人精英阶层的代表本就无意于一场激进的运动，只受到了轻微的惩处。殖民地的司法之拳再一次重重砸在了敢于起身反抗统治的民众身上。

·15·
来到巴西的布拉干萨家族

直到宣布独立以前，巴西的一些特质始终未变：它仍是一个农业国，以奴隶劳动力为基础，生产用于出口的单一农作物。与此同时，在 19 世纪初，欧洲沦为拿破仑战争的舞台。1807 年，西班牙国王跪求法国皇帝的支持；普鲁士国王逃离被法国士兵占领的首都；荷兰省督逃亡伦敦；两西西里国王被流放至那不勒斯；斯堪的纳维亚王国则不得不从拿破仑的精英阶级队伍中挑选继承人。葡萄牙的孱弱与敌方军力的强盛形成了鲜明的对比，法军入侵也在意料之内。当拿破仑军队经西班牙向里斯本进发时，迁都巴西的计划便成形了。尽管登船略显仓促，横跨大西洋的决定却并非在惊慌中做出，而是考虑已久。在起航前夕，舰队准备就绪，满载皇家财宝与藏书。虽然一些愿意加入法国的谋反团伙有所行动，但堂若昂还是提前得知法国将军朱诺何时抵达。据多位作家所述，当时出现了一定的混乱，许多贵族争先恐后地涌向已经满员的船只。眼见王子[1]离去，里斯本的民众痛哭流涕，悲痛不已。然而，即将在巴伊亚登陆的却绝非一名逃难者，而是一位身负重任并已下定决心移居至此的民族国家领导人。

据19世纪上半叶来访的外国游客所言，此时巴西的都市景观相当简陋。除了首都里约热内卢和几座受惠于农业出口与金矿的城镇（如萨尔瓦多、圣路易斯以及黑金城）之外，大部分市镇不过是一些孤零零的小村子，建有几间不起眼的矮屋，例如圣保罗、库里蒂巴和愉港。即使是未来的王城里约热内卢，变化也有些流于表面。在当时的新闻机构《里约报》（1808—1822）上，发布的消息枯燥乏味。文化活动更是寥寥无几，难以打破日常的单调沉闷，直到圣若昂皇家剧院落成，剧院的舞台上才出现了一些外国剧团和艺人——如"优雅的虫子夫人"和"萨比尼和图森特夫人"——的演出。在家庭夜会[2]和流行的抛掷狂欢（一种狂欢节庆）之外，周日弥撒依然是最重要的社会活动。首都遍布着狭窄的街道，令人想起里斯本的摩尔人街区，屋舍上也不饰一物。修道院虽多，却也仅仅可堪居住。教堂中的镀金浮雕远不及巴伊亚，刺激着信徒为其装饰美化。博塔福古和卡特蒂等街区被视为城郊，农舍藏身于

---

[1] 此时堂娜玛利亚一世的精神状况已糟糕到无法继续治理国家，由王子堂若昂出面摄政。1816年堂娜玛利亚逝世后，若昂王子继承王位，成为葡萄牙巴西与阿尔加维联合王国国王。
[2] 夜会（sarau），特指与人文艺术有关的聚会，如聆听音乐、探讨文学等，一般于夜间在私人宅邸中举办。

茂盛的植被之下。公众大道是民众休憩的最佳场所。道路两旁，喷泉带来蒂茹卡河上游"水晶般清澈的潺潺流水"，送水工坐在水桶上排队等候。他们的呐喊声与奴隶、乞丐和吉卜赛人的喧闹声相互交织。而在月明星稀的夜晚，许多家庭常常聚集于河畔，在吉他的伴奏声下吟唱巴西调子和非洲小曲。

未来的君主和王室家族于1808年3月8日踏上了上文所述的里约热内卢，他们携带的行李包括专属餐具以及用于消磨时光的精美藏书。王室的到来演变为一场大众狂欢。首都的居民遵照阿尔库斯男爵的指示，在迎接王子时表现得极为热情。道路上铺满了芳草与海滩的沙子，阳台上飘扬着来自果阿的毛毯，钟声于耳畔回响不绝。皇家法官和议会的议员于一顶猩红色华盖下落座。当宫廷成员下船时，鲜花与芳草如雨点般落下以示欢迎。在念珠教堂门前，身着丝绸长袍的牧师在到访者四周点起熏香，铜管乐队、烟花声和火炮声震天动地。皇家出版社于1810年发行了一本节庆相关的小册，描述了王室莅临的情形，其中一位讲述者以信件的形式说，为了庆祝陛下到来，里约整整九天灯火通明。灯芯在盛满鲸脂灯油的小瓶中熊熊燃烧，瓶身上画有由玫瑰花点缀的国王画像、跪献财宝的非洲以及奉上心脏的美洲，并写有以下几句话：

> 幸福的美洲啊，你的胸腔中容纳着新生帝国最尊贵的奠基人……在这灯火辉煌的九天中，不计其数的民众将市政厅团团包围……有人坐在码头边，凝视着海面上的银光，有人聆听、享受音乐……乐声来自

一个装潢精美的演奏台……为无与伦比的王子送上无数赞誉。

5月13日是堂若昂的生日，自从他抵达后，这一天变成了公开的节庆日。1808年的庆祝活动包括了一场浩大的游行，以及面向宫廷、法院成员和当年功绩斐然者的接见礼与吻手仪式。到了1809年，节庆活动维持原样，仅增添了圣安娜区一座泉水井的落成仪式，这一庆典上"有大批群众前来"。当王室家族定居巴西十年后，这一节日有所创新，引入了一出"宫廷戏"。

王室生活中也不乏都市精英代表的身影，其成员多为大宗合约商，例如布拉斯·卡内罗·莱昂，也即未来的萨尔瓦多·德·坎普斯男爵。1823年，当英国人玛利亚·格雷厄姆第二次来到巴西时，她留下了几篇关于里约都市日常生活的文章。例如，布拉斯·卡内罗·莱昂的会客室按照法式审美装修，贴满墙纸与镀金的踢脚线，屋内还有来自英国和法国的家具。男主人的孙女作为真正的名媛，能说一口流利的法语并且正在学习英语。然而，这在当地实属特例，约翰·勒科克就曾于1813年抱怨过大部分女性会时不时暴露出所受教育的不足。勒科克苦闷地表示，女性只懂得阅读祷告书，因为父亲和丈夫害怕她们不当运用书写技能，与情人通信。德布雷也认为里约精英阶层的女子欠缺才智方面的教育。在1815年以前，尽管王室家族已经抵达里约，女子的教育仍仅限于背诵祷文以及心算，她们既不会写字也无法完成各项事务。德布雷认为正是过于害怕女性书信传情的父亲和丈夫助长了女子的"无知"。即便是对最富裕的人来说，里约的娱乐活动也屈指可数。"这里的生活异常单调。几乎没有娱乐，也鲜有聚会"，普鲁士人特奥多尔·冯·雷斯霍德1819年途经里约时埋怨道。他提到的"聚会"不过是晚饭前收起门前积尘的商品之后于店内的几句闲谈，或是十五子棋和惠斯特牌一类的游戏。里约的剧院是一栋老旧、肮脏、通风不良的大屋子，归曼努埃尔·路易斯·费雷拉所有，邻近市政厅，剧院的乐团不尽如人意，上演的剧目亦品味古怪。雷斯霍德还写道，开设于剧院旁的一家咖啡厅向嗜赌者提供非法的赌博游戏。虽然社会环境沉闷寡淡，里约的民众却是快乐、外向、热情、喧闹的。他们毫无怨言地接受了里约昂贵却并不舒适的生活。这里租金高昂，餐食低劣。牛肉的质量十分糟糕，较好的黄油依赖进口，牛奶则根本难以下咽。只有水果和蔬菜较为充裕。此外，里约的咖啡几乎和里斯本一样昂贵。"这个世上没有哪个犄角旮旯会比这里吃得更差、睡得更糟，却还要支付如此荒唐的价格"，英国人约翰·莫愤愤道，他此前同意了利尼亚里什伯爵的请求，负责管辖圣克鲁兹皇家财政部。

堂若昂便是移居到了这个"犄角旮旯"中。里约皇宫是其最初的居所，对他那数量庞大的王室家庭、仆从和廷臣来说，里约皇宫的舒适程度还尚待提高。后来，多亏了慷慨的商人埃利亚斯·安东尼奥·洛佩斯，堂若昂搬进了洛佩斯位于圣克里斯托旺的博阿维斯塔庄园。供王子在城市中使用的马车破旧、简朴、可笑。唯一一辆从里斯本运来的四轮马车留给了女王,这架四轮马车由两匹普通的骡子拉动,驾车的男仆穿着一件老旧褪色的衣裳。女王总是由一位贵妇人陪同,另有十二名士兵引路,而士兵的制服装备还要更差。摄政王子的交通工具更为寒酸,仅为一辆老旧的马车,挂着与之相称的皮革窗帘。王妃——也即堂若昂的妻子——没有马车,当她不与丈夫一同出行时,只得骑马外出。王室家庭的其余十人只能步行。抵达一年后,堂若昂微妙地表现出了对所处环境的不满,他通过市政法令,将所有的阿拉伯式格窗和木质百叶窗换成了玻璃窗,不仅因为"它们阻碍空气自由流动,对公共健康不利,造成不适",也是因为百叶窗破坏了城市景观。皇宫或加尔默罗教堂的礼拜堂提供了些许审美上的慰藉,在那里,酷爱音乐的君主沉浸于混血儿若泽·马乌里西奥的创作与马尔科斯·波图加尔的和弦中。加尔默罗教堂很快被改建为歌剧厅,重新取名为皇家小教堂。作为社会与公共活动的补充,里约还有各式名为诗会的文学聚会,参与者包括拉帕加尔默罗修会的神父(其中有数学家佩德罗·德·圣玛利亚修士、博物学家库斯托蒂奥·阿尔维斯·塞朗修士以及植物学家莱安德罗·杜·萨克拉门托修士)。诗会也在圣安东尼奥的方济各修道院中举办,这里聚集了一群极具学识的人,如若泽·马里亚诺·达·孔塞桑·维罗索修士和蒙特·阿维恩。

圣克里斯托旺宫距离里约市约一个半小时路程。这里居住着国王、他的儿子堂佩德罗以及玛利亚·特蕾莎公主,后者是西班牙的堂佩德罗·卡洛斯的遗孀,带着一个 8 岁的儿子。除此之外,这里还居住着未来的堂米盖尔,当时他年仅 6 岁。据普鲁士人雷斯霍德的说法，他曾得过一次严重的绦虫病。王后则与另外两个女儿——18 岁的堂娜玛卡埃拉·玛利亚和 15 岁的堂娜若泽法——居住在里约皇宫中。国王的姑姑也在圣克里斯托旺宫中居住，她是堂若泽王子的遗孀。皇宫所处地点舒适宜人，享有覆盖整座城市与港口的视野。整栋建筑仅有一层，正面有 14 扇窗户，两侧群山绵延，峡谷中建有村舍。1819 年，为了增加面积，皇宫两翼加盖了附楼。在抵达皇宫前，人们会先经过一个宽阔的广场。一段环形的阶梯通向皇宫的大门，阶梯上的铁质栏杆被漆成了绿色并以黄金装点。通过大门后，有一截长度与建筑的立面相当的长廊。在这条质朴长廊的一侧，开着前文提及的窗户，另一侧墙上挂着宗教场景的油画。国王出行时习惯乘坐一辆敞篷马车，并会友好地向行人致以问候。一队制服卫兵紧随其后，配有出鞘的长剑。由于患有痛风，国王很少走路。在年纪尚小的西班牙亲王的陪伴下，国王只在健康状况允许时才敢于锻炼。他严格控制饮食，几乎从不饮酒。他在对待访客时极其注重礼节。他曾使用法语与雷斯霍德交谈，对其旅途和对巴西的看法表现出了极大的兴趣。在圣克里斯托旺宫，每晚八点都会举行吻手礼，严格程度不输西班牙，当有重大庆典时则改在里约皇宫中举行。当国王身体欠安、就寝或是给他留下强烈印象的暴风雨来临时，他便会将自己锁在寝室中，不再见客。据雷斯霍德叙述，此时圣克里斯托旺长廊里举行的宏大集会则会毫无顾忌地取消，而人们往往已是等待良久，并且长廊上也没有椅子或板凳，这令雷斯霍德十分震惊。

王室成员还应参与过各类舞会和宴会，其中有不少是由在巴西工作的外国贵族或外交官举办的。例如，路易斯·杜斯·桑托斯·马洛克斯在书信中提到，在英国王子的生日宴上，"英国宫廷的斯特兰福德部长先生出色地完成了他的工作——一次由英国人举办的舞会及晚宴"。又比如诺娃-达赖尼亚镇子爵于他在博塔弗戈的豪宅中接待了堂娜卡洛塔[1]及其女儿和女仆，提供了一流的人声乐团、舞会以及冷饮。任何舞会都必须遵守由当时的礼仪规范所确定的仪式，有皇室成员参与时更是如此。开场交响曲响起后，会有人宣布舞会开始。随后根据舞会指挥定下的顺序，依次进行小步舞、华尔兹和其他种类的行列舞。舞会指挥负责邀请各位小姐参与每一支舞曲并为她们分配舞伴，从不重复。考虑到体力原因，人们会避免举办时长过久的舞会。舞会一般都配有一场宴席，在这类场合上男女会分开进餐。

布拉干萨家族在公众面前经历了不少欢乐与悲伤。这些场面鲜活地出现在路易斯·贡萨尔维斯·杜斯·桑托斯的笔下，他是拉帕修道院的一名拉丁语语法教授，更凭借其外号"青蛙神父"为人们所熟知。他描绘的婚礼、生日、下葬仪式、油灯、烟花以及葬礼的盛大清晰地构建出了君臣间的社会契约。君主崇拜及其世俗仪式是葡萄牙君主及其海外属民之间联系的象征。在公众节庆的场合上，国王会祈祷、享乐、大笑或是痛

---

[1] 卡洛塔·若阿金娜·德·波旁（Carlota Joaquina de Bourbon，1775—1830），也即堂若昂六世的妻子。

哭，与他的臣民平等共处，这是满足其个人目的的宣传手段。宫廷典礼——如玛利亚·特蕾莎公主联姻、王子大婚、桑塔纳区的彩车游行和1818年的授衔仪式——则是君主集权下的礼乐残留，这类仪式运用戏剧化的场景，在公众场合传递"朕即国家"的理念。在众人面前，国王身上便交会着权力结构及其所承受的总体压力。借由他对民众的态度、他在宫廷上的亲善仁慈以及他在宗教方面的虔敬，其个人权力才得以经久不衰。

摄政王子和巴西宫廷之间的关系建立在庇护主义之上。地方法官、官吏、僧侣、外国访客和大地主——有一些是巴西人，其余的来自葡萄牙——共同构成了里约的宫廷。出生于葡属美洲的人中，他们有的向国王欠下了人情，有的意图平步青云，例如摄政王常常登门拜访的里约热内卢港口的大宗交易商。另一伙人陪同王室横跨了大西洋，他们因自己的贵族头衔而自鸣得意。通过操纵两个团体之间的矛盾，君主得以在统治时集中决定权。他有双方面考量。他首先不能让葡萄牙宫廷衰落到岌岌可危的程度，因为如果葡萄牙宫廷消失，那么国王本身以及这一位置背后的意义也会受损。然而他也必须控制移居巴西的老牌贵族，后者在此被免去了行政和军事上的职务。于是堂若昂确立了一个以不平等为基础、以等级制为法条的体系，令等级差异看似更加"自然"，而他亲临殖民地更是相当于为其正名。他在各个团体之间游刃有余。在情谊上的精打细算和庇护主义式的利益互换是这位葡王的特点。赠予、接受、偿还，这些行动引领着君主与其属臣之间的关系，让二者的联系持续增强，并通过一个螺旋上升的权力结构将双方结合起来。而支配这一结构则是一套以感恩和服从为基础的符号封赏策略。

当时的一位专家直白地表示：外国大使、大臣或专员在寄给政府的机密或保密文书中，无不提及对堂若昂的赞美。"奇怪的是，从未有人取笑过他，连最轻微的玩笑都没有，"作者写道，"公允地说，这位人物毫无可笑之处。"用在他身上的形容词可以构成一张冗长的表单：礼貌、仁慈、有趣、有教养、好心肠、疑心重并且十分敏感，以至于他经常哭泣，并且也易于哭泣，一如他在母亲去世、女儿前往西班牙以及拥抱患病的阿吉亚尔侯爵时的表现。最后，他还十分精明，足以让能人志士常伴身侧。然而，这些形容词并不能说明国王在日常和私人生活中的言谈举止。那么，当时观念中的"私人生活"对于这位葡萄牙国王来说是什么样的？或者说，国王与他的家人是如何生活的呢？

在堂若昂羁旅巴西期间，他曾鼓励增设相当于如今中学的皇家学校，也曾支持初等教育以及艺术和职业教育建设。国王还于1808年建立了我国的第一所高等教育机构，也即位于巴伊亚的外科学校。当里约着手扩建军事学院时，巴伊亚和马拉尼昂也在改进炮兵学院与防卫工程学院。图书馆和印刷厂开始运作，首都的皇家出版社肩负起印刷图书、传单和期刊的任务，1808—1821年间持续出版书籍。还有许多重要的葡萄牙艺术家随国王一同抵达，包括若阿欣·坎迪多·吉略贝尔和恩里克·若泽·达·席尔瓦，他们结识了两位巴西艺术家若泽·莱安德罗·德·卡瓦略和弗朗西斯科·佩德罗·杜·阿马拉尔。

1816年法国艺术使团抵达巴西，团长为约阿希姆·勒布勒东，他是法国高等美术学院的秘书，在抵达后不久逝世。使团的成员包括：两位画家尼古拉-安托瓦内·陶奈和让·巴蒂斯特·德布雷；雕塑家奥古斯特-玛丽·陶奈；民用建筑的设计师格朗让·德蒙蒂尼，他深刻影响了城市中的民用建筑；与泽弗林·费雷一样都是雕刻家的夏尔·西蒙·普拉迪耶；以及室内设计师马克·费雷。画家阿尔诺·朱利安·帕利埃也在同一时期抵达巴西，皇城区和大滩区（如今的尼特罗伊区）的城区设计就是出自他手。1808年6月13日，植物园落成，命名为"环境调适园"，园中的植物自印度、毛里求斯群岛和法属圭亚那迁移而来，包括香豆蔻树、樟树、丁香、杧果、鳄梨和许多上好的香料，以及其他一些奇花异草。为了种植与采摘茶叶，植物园甚至还请来了一批中国人。

1815年，葡萄牙巴西阿尔加维联合王国创立，从法律上结束了巴西的殖民地地位。但是巴西内部尚未联合统一。里约热内卢的王室依然严格管控着其他分封领地，强加苛捐杂税并垄断巴西市场。巴西居民并不理解里约热内卢政府带来的这些变化，于是对新统治者的批评逐渐增加。拿破仑战争结束后，蔗糖及棉花价格下跌进一步加剧了人们的不满，同时为了资助开销巨大的军事侵略，赋税也相应增加。侵略的结果是乌拉圭变为西斯普拉缇那省并入巴西。旧有的矛盾即将在巴西独立的过程中爆发，这便是我们下一章的主题。

· 16 ·

独立与分裂

葡萄牙王室的迁移不仅改变了里约热内卢的生活，也为殖民地带来了其他的深远影响。为了回报英国给予的支持——后者不仅负责护送运载王室的船只，还与驻扎于葡萄牙的法军作战——葡萄牙付出了高昂的代价。在与英国签订的商业条约中，堂若昂预告了将向"同吾国和平共处之势力"开放港口，不列颠商人甚至还将获得特惠关税。尽管这对葡萄牙经济而言是一场灾难，对巴西却并非如此。事实上，一系列新的措施意味着为商业特权画上句号。宗主国之前正是通过特权机制为殖民地产品强制定价——往往低于国际市场价。出于以上原因，人们常说巴西独立发生于1808年，1822年仅意味着对独立的巩固。

让我们看看这两个时刻之间都发生了什么。

首先需要注意，从政治上看，王室抵达巴西造成的影响暧昧不明。这绝非女王"疯女堂娜玛利亚"和摄政王子堂若昂携家人随从进行的一次简单访问。相反，迁移王室意味着转移无数皇室官员，其中大部分都处于葡萄牙行政与贵族体系的顶端。随着新宫廷建成，一个异乎寻常的情形出现了：葡萄牙殖民帝国有了两个首都，一个在里斯本，另一个位于里约热内卢。当拿破仑的威胁还盘桓于欧洲时，这种情况还有一定道理，但从1815年起，这一合理性便烟消云散。那一年不仅标志着拿破仑的彻底战败，也是欧洲君主专制体系逐步重建的起点。

在美洲，热带宫廷的建立恰恰伴随着咖啡产业的大规模扩张。对摄政王的臣仆来说，分到耕地并非难事，这些土地很快被改造为巨型咖啡种植园，这还没算上那些通过买卖或是与当地精英联姻、结盟而获得的土地。于是，随王室而来的官员贵族逐渐扎根于巴西大地，形成了一股反对堂若昂六世回国的强大势力。在这些人和留守葡萄牙的精英阶级间产生了巨大的矛盾，在1820年波尔图革命[1]时达到顶点。那是一次自由主义革命运动，以召开立宪大会为目标，但也要求堂若昂即刻回归。在运动爆发一年以后，堂若昂与不少宫廷成员返回了葡萄牙。然而，权力二分并未就此结束。堂佩德罗[2]成为了巴西摄政王，其身侧还有大量当初从葡萄牙逃至此处的老臣。于是压

---

[1] 波尔图革命（Revolução do Porto）是一场由军人发动的革命，于1820年8月24日在波尔图爆发，本质上是因为巴西与葡萄牙之间的权力对立，主要诉求为建立自由主义宪政以及令王室回到葡萄牙。
[2] 即之后的巴西堂佩德罗一世（Dom Pedro I do Brasil），他是堂若昂和堂娜卡洛塔的第四子。

力转到了摄政王身上。1821年9月21日，他被勒令立刻返回，以防堂若昂六世死后，里约热内卢再次成为帝国首都。堂佩德罗承受住了压力，并于1822年1月9日公布了他将留在巴西的决定。同月，宗主国葡萄牙将里约热内卢降为普通省份；作为回应，摄政王将葡军赶出了里约。两处王廷此般争权，直至9月7日——这一天，堂佩德罗和曾经的母国永远断绝了关系，并于同年10月12日加冕为王。

从这个角度看，巴西独立可谓一场精英主义运动，近乎一次葡萄牙贵族内斗。这番景象固然有趣，却不完整。要想理解巴西独立过程中的独特之处，我们需要看到与巴西独立进程并存的众多备选方案，殖民地的精英阶级早在很久之前便已渴望与葡萄牙断绝联系。他们的独立纲领往往带有强烈的地方主义色彩，这点清晰地体现在了其中两起的命名方式上：米纳斯密谋与发生于1817年的伯南布哥革命。

1820—1822年间，地方精英曾为应当采纳何种政治方案犹豫不决。吊诡的是，比起堂佩德罗领导的"独立"，葡萄牙1820年的运动似乎更符合地方自治的愿望。波尔图革命的本质是自由主义宪政，获得了殖民地代表的支持，他们由各省选举产生。而这些省份也从中获益，得到了选举各自政府委员会的权利。地方精英对此非常满意，他们自此便掌控了分封领地上的政治机制与内部收益。

所以，从1821年起，殖民地的统治阶级大体上倾向支持葡萄牙政府，并对里约政府的指令置若罔闻。这一倾向确实存在，但却遇到一个有力的对手，即巴西宪政运动。独立初期的成功便得益于众多省份支持的巴西立宪大会，由摄政王子于 1822 年 6 月 3 日批准召开。

然而，堂佩德罗的态度并不明确。他对宪政运动的支持是有条件的，如要求"宪法必须适应我的权力"等。因此，9 月 7 日之后，地方精英间出现分歧也毫不奇怪。支持葡萄牙宫廷意味着听命于一个自由主义政府，而接受一位君主则暗含专制主义回归的风险。此外，驻扎于各省的军队间也存在分歧，他们有的忠于葡萄牙宫廷，有的忠于里约宫廷。于是，独立后接连发生了一系列的战斗。在北部以及东北部，与葡萄牙决裂的过程一点也不平静。1823 年 3—5 月间，贝伦发生了数次支持里斯本政府的起义。马拉尼昂、皮奥伊和塞阿拉也发生了类似的事件，武装冲突从 1822 年 10 月持续到 1823 年 1 月。在巴伊亚，战斗持续了将近一年。冲突不止于此，事实上，其他地区甚至受到了更为严重的影响，危及两处宫廷的统治。

独立过程中的政治重建包括清除葡萄牙立法院的影响，并设立一所类似的本土机构。这一措施取得了成功，几份葡萄牙代表的再殖民化建议也为此出了份力。多亏了它们，"伊皮兰加河畔的呼声"才能一举成功，若没有里约热内卢、米纳斯吉拉斯和圣保罗精英阶级的鼎力扶持，故事就会变成领导人堂佩德罗又一次未经思索的呼号。然而，巴西独立运动给精英阶层开了个玩笑。立宪大会在召开一年后遭到解散，取而代之的是皇帝指派的一个小团体，他们奉命编写一部"适合他"的宪法，给予他近似专制君主的权力。最高节制权就是其中一例，通过该权力，皇帝为自己保留了多项君权，包括任命参议员、召开及解散立法大会、批准法令、中止省级众议会决议、自由任命国家部长、指派省长以及要求地方法官停职等。

因此，1824年后，一部分地方精英认为巴西独立和波尔图革命相比无异于是在开倒车，也就不足为怪了。但这种不满并不意味着要"光复"前政权，因为同一时期的葡萄牙也掉头转向了专制主义。当时的口号既不是重新听令于里斯本，也不是继续听命于里约热内卢，而是地方独立与成立共和国。1824年伯南布哥发生的事件便是如此，赤道联邦国宣布成立。这场共和主义运动本质上是分裂主义的，或者说是联邦主义的，参与者包括庄园主、平民和许多神父。快速扩散的叛乱和紧接而来的暴力镇压足以勾勒出民众的广泛不满。这场反对里约专制独裁的叛乱共得到六个省份支持，其中的三个省份——帕拉伊巴、塞阿拉和北大河——甚至派军与伯南布哥人并肩作战。而镇压也极为残暴，导致了数百人死亡，十七人被判绞刑，其中包括卡内卡修士等几名教士。

在接下来的几年中，皇帝有所退让，于1826年召开了首个立法大会。然而，让地方精英朝思暮想的联邦制依然是一个遥远的梦。1825—1828年间，堂佩德罗又面临另一场涉及西斯普拉缇娜省的分裂主义运动，政治形势更加复杂。这场叛乱取得了胜利，乌拉圭由此诞生。西斯普拉缇娜战争挥霍了大量财政资源，是导致巴西银行1829年破产的原因之一。为了弥补财政支出，货币发行量急剧增长，金融危机随之到来，引发了一轮同样急剧的通货膨胀。举个例子：在里约热内卢，贫穷人口和奴隶所需的基础食品如木薯粉和咸肉干，价格在短短几年内翻了一番。皇帝愈发不得人心。与此同时，为了同葡萄牙人和分裂分子的军队作战，巴西军队迅速扩张，最后脱离了政府的控制。军人们大都是拿破仑战争中的外籍雇佣军，此外还有许多穷人，包括不少棕色人种和自由黑人，他们与底层民众联手袭击葡萄牙的商人。后者被视为抬升城市食品价格的罪魁祸首，受人憎恨。

在19世纪30年代初期，巴西被内战的阴影所笼罩。里约热内卢、塞阿拉、巴伊亚、伯南布哥和阿拉戈斯一一演变为武装起义的舞台，庄园主、士兵、小产业主、印第安人和奴隶共同战斗，有的反对中央集权，有的则为贫穷和奴隶问题发出抗议。面对这一情况，堂佩德罗一世于1831年4月7日让出了巴西皇位。除担心遭到废黜之外，这一举动的背后还有一重原因。1826年堂若昂六世逝世之后，堂佩德罗成为了葡萄牙王位潜在的继承人。皇帝很清楚光复葡萄牙帝国的威胁与风险，那将是点燃分裂主义运动的星星之火，于是便放弃了葡萄牙王位，让自己的女儿以堂娜玛利亚二世的头衔继任。然而，堂佩德罗的弟弟堂米盖尔并不接受这一做法，葡萄牙因此陷入了一场持续至1834年的王位继承战争，堂佩德罗一世（葡萄牙人眼中的堂佩德罗四世）也参与了战争。

1831年，皇帝又一次宣布放弃王位，试图平息巴西人的怒火。退位的影响并不难理解：考虑到王位的继承人、未来的堂佩德罗二世还是一个甚至不到五岁的孩子，退位实际意味着将权力让渡给地方精英，政府的最高统治者也将由选举产生，最初的形式是三分摄政（也就是由三个摄政王组成），之后改为单独选取一位摄政王，例如迪奥戈·费若（1835—1837）和阿劳若·利马（1837—1840）。然而，与设想的相反，地方分权反而进一步加剧了分离主义倾向。我们之前谈到，巴西皇帝某种程度上享有继承自欧洲王室的合法性，也曾成功地引导了巴西独立。但即便如此，他的权威也受到了挑战。那么对于摄政王呢？选举失利的统治阶级团体通过武器表达了他们的不满。1835年前后的叛乱具有鲜明的分裂主义特点。在帕拉，一场政治上的叛乱令全省都陷入了长达五年的惨烈内战中。当地最终宣布独立，但是这些自称"茅屋党"的叛乱分子却遭到了残酷的镇压，结果大约有三万人死亡，相当于帕拉省大约20%的人口。在巴西最南端，法罗皮利亚镇侥幸取胜。南大河省取得了独立，当时被称为皮拉提尼共和国，1835—1845年间与巴西保持独立。

在其余的众多省份中，分裂主义或联邦主义运动时有发生，这些运动或以爆发的月份命名，如四月事件、十一月事件；或以领导者命名，如萨比诺事件。然而，这类运动偶尔也会脱离精英阶层的控制，演变为民众起义。平民团体有很多机会开展他们的独立计划，因为庄园主在攻击政府军时往往会将奴隶和穷人武装起来。此外，分裂主义运动也在精英阶层内部造成了分歧，例如狂热的自由派对抗有意支持摄政王统治的团体。民众起义在1835年从可能变为了现实，人们在萨尔瓦多发现了一名穆斯林奴隶起义者的计划。穆斯林黑人叛乱的具体措施为：奴隶计划杀死所有白人，在巴伊亚建立一个伊斯兰君主国。在马拉尼昂同样发生过一场带有民众特质的叛乱事件。

这场叛乱于1838年始自精英阶层，随后摆脱了他们的控制，领导权落到了一个逃奴和一个编巴西箩筐（用棕榈绳或藤蔓制作的箩筐）的工匠手上。这场当时称为"箩筐叛乱"的运动最后会聚起一支由11,000名叛乱分子组成的大军，令马拉尼昂和周边省份的精英阶层心惊胆战。如果穷人和奴隶掌权，也就是在更大的规模上再现18世纪的海地事件，面对这一风险，政府于1837—1840年间宣布恢复巴西第一帝国的中央集权制度。保守主义的回归能够有效镇压分裂主义运动以及奴隶起义，同时也提出了明确的民族国家规划，让继承自殖民时代的巴西领土保持完整。然而，在这份规划面前的是重重阻碍。自独立时期伊始，有许多文献提到巴西民族身份的缺位以及创造民族身份的难题。1820年，南大河的一位法国旅客圣伊莱尔已预感到地方将会抵抗中央集权，他表示：

在这个分封领地上，连狗都在以不同的方式叫唤。

·17·

作为民族的巴西

19世纪中叶，帝国首都出现一股新文化浪潮：寻找在卡布拉尔抵达前存在于巴西内陆的古文明遗迹。推动探险活动的是声名显赫的巴西历史地理学会（IHGB, Instituto Histórico Geográfico Brasileiro），组织者并非一伙疯子，而是当时的一些著名学者，他们还受到了帝国政府支持。首次探险开展于1839年，规模有限，目标是寻找里约周边的考古遗迹。他们相信，在加维亚巨岩（它亦被征候性地称为"斯芬克斯"[1]）附近，存在古代腓尼基人留下的洞穴文字记载。

尽管此类猜想从未得到证实，对重大考古发现的渴望却不曾消退。渴望如此强烈，以至于在1840年又开始了另一次大胆探险的筹备工作，其目标是深入巴伊亚腹地，以证实一个

---

[1] 斯芬克斯，即古希腊神话中的狮身人面像，加维亚巨岩因与之形似故而得名。

流传自18世纪的说法,即在遥远的辛科拉丛林深处存在一座古代城市遗迹。可想而知,这场探险活动耗时多年,最终一无所获。

然而,并非所有考古探索都以失败告结。一些科考项目并非由历史地理学会直接推动,却取得了惊人的发现。例如在19世纪40年代,丹麦科学家彼得·伦德在米纳斯吉拉斯的圣拉瓜斯发现了史前人类化石,证实了巴西领土上存在过古居民点的猜想。

受这次考古发现的鼓舞,学会成员再度启动考古探险,他们在巴西领土各处发现了贝冢——一种史前垃圾场。其中一些规模巨大,按照当时的理解,其中可能藏有宏伟的建筑。这至少是学者弗朗西斯科·弗雷雷·阿勒芒的猜想,在19世纪40年代,他还以一座大型贝冢相关材料为基础,为马拉尼昂省大坎普可能存在的"金字塔"撰写了一部专著。

除了异想天开的考古学潮流,一种同样异想天开的语言学也在帝国首都发展起来。参与者之一是巴西公认的历史编纂学奠基人弗朗西斯科·阿道弗·德·瓦恩哈根,他对比了原住民语言与各个古文明中的词汇,试图证明图皮-瓜拉尼民族发源于亚欧大陆。在这套证据的基础上,瓦恩哈根研究了巴西印第安人的起源,并不断宣称图皮-瓜拉尼是"堕落的民族",或者说是地中海高等文明的后裔,类似于退回到野蛮状态的埃及人和腓尼基人。皇帝堂佩德罗二世也没有回避这场大讨论,他在19世纪50年代曾致信历史地理学会高层,要求他们尽快回答以下问题:哪些遗迹能证明在葡萄牙人抵达前早已有文明存在？

不仅如此，出于业余人类学家的傲慢无知，皇帝还提出了一个新的问题，询问道：

> 巴西到底有没有存在过亚马孙人[1]？

在如今的读者眼中，这些离经叛道的科考活动好比笑话。但在当时这可是非常严肃的话题。要理解其背后的缘由，我们需要知道19世纪的考古探索不过是当年另一个根本性难题——巴西民族身份问题——的冰山一角。

这也是我们接下来要谈论的问题。

前文提到，1822年后不久曾出现一些新的反叛运动，质疑里约王室的政治纲领，要求实行联邦制甚至是各地区独立。打击分裂主义运动需要超乎想象的人力与财政资源，其过程也一波三折。1831年堂佩德罗一世退位意味着反集权势力获胜，开启了公认的"共和国实验"阶段，因为彼时的摄政王——如迪奥戈·费若——由直接选举确定，就像那个时代的总统。

然而，皇帝退位没有丝毫减弱分裂主义浪潮。相反，在1848年之前的这段时间中，分裂势力占据上风。巴西帝国精英不仅下令屠杀各省的叛乱分子，还试图为实现君主制规划建立一些机构。参与规划的学者也在同分裂运动斗争，试图表明巴西人构成了一个具备自身特质的民族。换言之，巴西帝国除了

---

[1] 亚马孙人，古希腊传说中只有女性的民族，骁勇善战。

诉诸武力统治，还要借助良好的组织机构，以及一个能够赋予形成中的巴西民族合理性的集体身份。

值得巴西学者庆幸的是，不少欧洲国家在统一过程中也面临着民族身份的问题，这为巴西学者提供了一系列民族身份建设方面的翔实论述。集中开展这类民族身份讨论的机构正是前文提及的历史地理学会。该学会成立于1838年，为研究巴西民族特质，召集了一批历史学家、小说家、诗人、行政官员和政治家。至少在规划上，历史地理学会多少再现了巴西帝国的中央集权结构。其总部位于王都，每个省份都有相应的地方机构。它们会将当地的文件和报告发往首都，交由后者撰写"巴西的历史"。

学会成立后很快出现了大量讨论，但讽刺的是，关于巴西民族史核心元素的论述却是由一位外国人定义的。据德国自然学家卡尔·冯·马蒂乌斯提出的模型，巴西史由白人、黑人及印第安人三族融合产生。如今自然没有人会正眼看待这一定义，因为我们知道历史并非种族的副产品。此外，从文化上看，以上三族并未各自形成同质化单位，更不用说三者在新大陆不曾维持种族融合所隐含的平等关系。然而马蒂乌斯的理论在当时属于最热门的前沿学术讨论，这类研究试图通过分析盎格鲁-撒克逊人、法兰克人、诺曼底人、凯尔特人和罗马人间的不同混血生育，来解释欧洲各民族的身份。或许正是因其自认严谨，这一历史地理学会采纳的阐释才引发了超乎寻常的反响，不仅吸引了历史学家，也让小说家和诗人沉迷。

三族融合形成民族的"理论"还具备两个额外的优点：首

先，它表明巴西人和葡萄牙人不同，使得1822年的独立梦想名正言顺；其次，这一解释意在消解分裂主义运动的正当性，将分散在帝国各处的所有居民统合于同一民族分类之下，有利于塑造一个与曾经的殖民者相区别的巴西身份。

然而，巴西知识分子这种"不同于"旧宗主国人的感受却有些矛盾。要知道，大部分保皇派精英与巴西皇帝一样是葡萄牙后裔。再者，与过去彻底割裂相当于同欧洲切断联系，在很多人眼里，这一联系可为巴西史添加些许文明的光辉。

冯·马蒂乌斯撰写的这篇文章出色地探讨了三个民族如何接触的问题，在数十年中都被奉为"书写巴西历史"的指导手册。它将政治、经济和宗教机构——也即文明的各类生活形式——归为葡萄牙人对塑造巴西民族的贡献。但它对黑人贡献的展现方式却十分矛盾，既粗略地提及了非洲人对自然的认知，又谈到了他们的迷信与偏见。

根据这一理论，巴西社会之所以显著区别于葡萄牙，并非是因为非洲人口——我们之后将看到，巴西帝国如何通过国际奴隶贸易禁令打压非洲人口——而是由于印第安人。对于印第安人，马蒂乌斯并不谈其贡献，而是将他们作为"民族残垣"，也即一支移居至新大陆的古老文明的后裔，他们逐渐衰败，退回到野蛮状态。然而，与构成巴西民族的另外两族相比，马蒂乌斯在对待印第安人时的细微差异耐人寻味。我们只要稍作思考，便能意识到马蒂乌斯把"定义"印第安人贡献的工作留到了将来。依据本章开头提到的考古学和语言学的研究方向，印第安人的贡献可能与葡萄牙人同等重要。

还有一件事值得留意：在这一时期，巴西帝国的主要经济中心都"残留"有印第安人口。这一情况为印第安群体的相关分析打开了新的方向，可将他们视为一个已经融入巴西社会的元素。巴西民族性的化合反应或许将就此获得一剂神秘的原料，若能付之以相应的严谨研究，它将揭露出一段恢宏历史，甚至足以与欧洲史相抗衡。

在参与以上讨论的学者眼中，在巴西领土上发现一个或多个复杂社会的遗迹不过是时间问题。他们的信念解决了一个令许多人恐惧的困境：如果我们民族性中的文明举止完全源于葡萄牙人，那么长期来看，和宗主国断绝关系会造成怎样的后果？民族会倒退吗？承认一种非白人的身份至少也会动摇这一新生民族的自尊。说到底，巴西人凭什么为自己身为巴西人而感到自豪？！

正是在这个意义上，对印第安文化的"挪用"在民族性的"化合反应"占据了核心地位，其根基正在于一种假想的古老"高贵文化"。人们可以将设想中黑人所缺乏的品质安在印第安人身上，使之与白人比肩。在当时反思巴西民族身份的少数知识分子眼中，巴西最早的居民拥有一些可贵的美德，而现代葡萄牙人却因醉心于牟取利润以及积累物质财富，早已将这些美德遗失殆尽。对于那些采纳了这一观点的作者，原住民的国度保留了旧时代的高贵和勇敢，而在当时的社会上，这些品质早已销声匿迹。可以说，印第安人的传统，抑或想象出来的传统，给予巴西人所需的原材料，令我们与葡萄牙人不同，却不会低人一等。

不少19世纪的巴西文学作品都将触角伸向了错综复杂的民族讨论，例如贡萨尔维斯·迪亚士和若泽·德·阿伦卡尔[1]的作品。而在洞穴里找到的每一块"小骨头"、辨认出的每一幅岩画、与密林深处遗落城市有关的每一则谣言，都滋养着能在巴西境内发现原住民高等文明遗迹的期许。得益于巴西帝国精神生活的特质，这类期许吸引了大量民众，远超过历史地理学会有限的会员。因为当时巴西几乎不存在智力活动的专业分工，一个人可以同时是地方法官、记者、小说家、诗人、历史学家、人类学家和博物学家，能够横跨各个知识领域。

要说明这一情况所带来的后果，不能不提到在19世纪的前几十年中于巴西盛行一时的浪漫主义。总体上看，浪漫主义者的特点是折中主义哲学，他们呼吁在科学和宗教之间创造一个中项。至少对当时的一些作家来说，这一奇怪组合意味着将科学与文学和诗歌结合。浪漫主义不认为所有社会都拥有相同的起源与相同的演化方式，也不认为人类历史受某些目标指引，如对进步或对自由的追求。和18世纪的进化理论相反，浪漫主义者不会把某些民族划分为落后者，而是认为他们各有特色。

浪漫主义认为民族性是需要被发掘的，这极大促进了巴

---

[1] 若泽·德·阿伦卡尔（José de Alencar，1829—1877），巴西19世纪著名文人，以开创巴西民族主义小说闻名，在马查多·德·阿西斯创立的巴西文学院中占有"奠基人席位"（patrono das cadeiras），对巴西文化产生了极为深刻的影响，代表作为《伊拉塞玛》。同时，如本书第21章所述，阿伦卡尔也是一位活跃的政治家，此时他在帝国政府中担任司法部长一职。

西在精神上对于殖民经历的超越，也因此推动了对印第安历史的探索。正因为没有人确切了解印第安人的起源，那些尚未完成的考古发现才能提供理解、珍视巴西民族身份的新方法。而知识分子的职责便是进一步探究这些课题，并创造教育手段促进传播。考古学和诗歌、语言学和连载小说、绘画和歌剧相互融合，经过创作、展示、宣传和辩论，最终阐明了巴西如何成为巴西。读者若想确认这一点，不妨翻阅《历史地理学会杂志》的旧刊，参观保存维克多·梅雷莱斯画作的博物馆，听听卡洛斯·戈梅斯的 CD，或是跑到书架前，随意翻开一页若泽·德·阿伦卡尔的小说。

· 18 ·

1850：变化

19世纪40年代不仅在于探寻失落的城市……帝国的领导者非常清楚，若没有坚实的组织机构，民族根本无法建立。换言之，仅仅让地方精英相信他们是巴西人并不够，还须有吸引他们的好处，例如说君主制是解决摄政时期内战纷争的良药，或证明它足以解决奴隶制问题，能够向庄园主提供其他形式的劳动力，保证体制平缓过渡。因此，在那个时代，秩序便成为重中之重。对秩序的忧虑主要体现在两个方面：一是保守主义的政治纲领，二是大量欧洲移民导致的社会剧变。

让我们瞧瞧政治保守主义和社会变迁是如何结合的。

堂佩德罗二世原定的登基时间为1843年，那时他将年满18岁。但自1835年起，便有一些当权者主张让未来的君主提前上位。1840年，名为"成年政变"的起义爆发，既象征着该团体的胜利，也将年轻的君主奉为民族代表，而彼时的堂佩德罗甚至不满15岁。随着一名布拉干萨家族的成员回归王座，一系列打击地方军阀的法律措施也相继出现，政府通过最高节制权巩固了1824年宪法中的条文，废除了摄政时期的改革，将省长选举改为君主指派，并将警察机关纳入了司法部管辖。历经独立后二十年来的斗争，此时的政治体系表现出了强烈的中央集权意味：由皇帝掌权、统治、管理。

但与此同时，巴西帝国的领导者依然为打击地方叛乱备受煎熬。他们试图借助国家手段，将庄园主对地方的控制合法化，以此来换取后者的支持。他们甚至强化了自由党和保守党，以便向种植园主表明，在君主制下不会出现独揽大权的单一团体。抱着促成政治合作的想法，堂佩德罗二世在统治期间挥霍般地分配贵族头衔。以至于当堂佩德罗一世每年只给予2—5个男爵头衔时，其继任者将这一平均数提高到了18个头衔。可以说，在堂佩德罗二世执政期间（1840—1889），每两个月便有三个新男爵，其中不少都是通过咖啡致富的混血儿，他们不仅令戈比诺伯爵等种族主义的欧洲游客感到愤慨，也少不了成为大众取笑的对象。抛开笑话不谈，分配头衔是一种拉拢"地霸"的巧妙途径，由于公权力介入，他们失去了一部分以往行使的统治权，头衔分配则给予了象征性的补偿。

然而，向中央集权政治体系的过渡也并非一帆风顺。1842年，包括米纳斯吉拉斯和圣保罗在内的地方寡头发动自由革命，将枪口对准了里约热内卢政府。在好斗的伯南布哥省，1848年海滩革命的叛乱分子受到民众拥护，革命中甚至有支持农业改革的呼声，令保守主义团体心惊胆战。从他们对叛乱者的调查中可以发现，这可能是他们首次提到"社会主义的威胁"正盘桓于巴西。

在将近十年后，帝国机构及统治者的政治表达取得了足够的成效，得以遏制叛乱分子并让地方精英阶层相信中央集权纲领的重要性和可行性。因此，1850年代表了自"成年政变"以来政治规划中的一个里程碑。甚至可以认为1822年的独立正是在这一年成为现实，各省精英阶层领导的"替代性"独立方案终于销声匿迹，而君主制政体也得到巩固，确保能够维护从殖民时代继承而来的统一领土。巴西历史揭开了新的篇章。维护规则秩序从此拥有了更宽广的意涵：不只是专制压迫，更意味着重视社会规划，通过打压奴隶制推动文明进步。

这一理念并不新颖。在失败的1823年宪法中，若泽·博尼法西奥[1]就曾支持这一观点，提出推行法律逐步解放当时人们口中的"家贼"，他认为只有这样才能培育出一个文明开化的民族。但其倡议未能落实。要理解博尼法西奥为何失败并不难。1820—1840年间，咖啡产业在里约热内卢省内陆飞速扩张，劳动力需求不断上涨，导致巴西大量进口非洲人，直到1850年才停止，当时欧塞比奥·凯罗斯所领导的保守派颁布了一条禁止国际奴隶贸易的法令。在某种意义上，这构成了一个悖论，因为即使是处于摄政时期的极端自由主义者，也没有勇气提出保守主义者所推行的以上改革。一种解释是将他们的英勇归于英国的压力。

---

[1] 若泽·博尼法西奥·德·安德拉德-席尔瓦（José Bonifácio de Andrade e Silva，1763—1838），巴西18—19世纪重要的诗人、博物学家及政治家，在巴西独立中扮演了重要角色，被认为是巴西独立之父。

工业革命注重消费市场的形成。此外，18世纪末也出现了一些针对奴隶制的哲学批评。这一观点认为，人人平等本是自然的产物，却遭到了文明的腐化，就此诞生出专制体制或是更糟糕的奴隶制。这启发了欧洲的人文主义者和思想家，其笔下浮现出一批丰富的文学作品。依据法国大革命时期的宣传手册、诗歌、戏剧和小说，这些知识分子在实践建议方面向殖民地管理者提供了改革倡议，而在哲学话语方面，他们从批评奴隶制转为谴责欧洲专制主义。在这股文学浪潮中，奴隶起义成为抗击肆意妄为的强权的同义词，这类权力压迫他人却不受惩罚，从本质上脱离人道。例如，在1774年的《奴隶制的监牢》（*Les Chaînes de l'esclavage*）一书中，让-保罗·马拉以"奴隶制"作喻，极为严厉地批评了当时的君主制政府。

废奴运动正是诞生自这股思潮。在某种意义上，这说明人文主义价值体系在欧洲社会已经深入人心，同时也是与各类现存压迫进行政治斗争的一种表达方式。"大众观念"里的废奴主义在大多数时候都来自于一些从未见过黑奴的人，他们将自身的痛苦和不幸投射在黑奴之上。当它与方兴未艾的工业革命所带来的经济利益合流后，在世界范围内都出现了一股强有力的反奴隶制运动。

英国毫无疑问是最好的例证。1807年，英国全境废除奴隶贸易。在随后的几年中，葡萄牙迫于外交压力，分别于1810、1815和1817年与英国签订条约，预期在短时间内终止巴西的奴隶贸易。巴西独立后不过是改变了谈判代表。1826—1830年间，又有一些新的协议签署，将奴隶贸易定性为劫掠，无论在大西洋上的何处都算作非法。1845年,英国单方面决定通过《阿伯丁法案》(Aberdeen Act),允许英国船只攻击奴隶运输船,巴西港口中的奴隶运输船只也不例外。

尽管我们有必要承认这些措施的重要性,却难以将其归为终止奴隶贸易的唯一原因。我们甚至可以提问:

> 如果巴西如此轻易屈于英国的威压,那么为何奴隶贸易没有在1810或者1830年废止呢?!

其实,真正让人惊讶的还数巴西精英阶级在面对英帝国主义时的抵抗。虽然他们最终屈服,并于1850年废除了奴隶贸易,但这或许是因为他们畏惧另一种威胁。那便是由一场场奴隶茅屋叛乱汇聚而成的、来自于奴隶制社会本身的威胁。1835年后,他们的恐惧进一步加深,原因在于萨尔瓦多发生了黑人穆斯林起义,人们从中发现了一些以阿拉伯语写成的计划,除各类事项之外,计划也预告奴隶将在夺权之后立即杀死所有白人。

在当时巴西居民的眼里,这种可能性一点儿也不荒谬。如果我们分析一下葡属美洲的数据,我们就能发现在自由人口和奴隶人口间存在着巨大的不对等。例如,1500—1822年间,估计最多有一百万葡萄牙人来到了巴西,至于非洲人,这一数字则达到了三百万之多。在刚刚独立之后,这种不对等不仅未被修正,反而进一步加剧,达到殖民时期闻所未闻的境地。1821—1830年,每年有43,000名非洲人抵达巴西各港口,与此同时，进入巴西的葡萄牙人每年不到千人。在接下来的二十年中，后者的数量翻了一番，但是依然少于平均每年抵达的非洲人。根据记录，直到1850年，每年大约有33,000—37,000名黑奴抵达。此外，每三名葡萄牙人中，就有一人会在"建设巴西"——按当时的说法——几年后回到葡萄牙。官方的历史记载总是试图掩盖非洲人——这些"被迫的定居者"——在巴西领土上占据多数，但帝国统治者向来了解黑人在总体人口中的主体地位，他们不断写下一些颇为愤懑的笔记，警告存在长期的奴隶起义风险。

或许对这类担忧最好的总结是对非洲化的畏惧，或者说，是对奴隶进口的恐惧，依照当时的偏见，奴隶进口不仅威胁公共安全，还令巴西偏离"文明的大道"。如果我们能再一次联想起发生在欧洲的辩论，便可以更好地理解这个问题。在此需要强调一点：当废奴运动从欧洲兴起时，也出现了首批以生物学为基础的种族主义理论。

种族成为一种遗传性的身份，与欧洲海外扩张初期相去甚远，曾经人们的地位仅与其所信奉的宗教相关。到了18世纪，这一传统被彻底颠覆。此外，在当时，"人人皆为亚当和夏娃的后裔"这一《圣经》解释也受到了质疑。例如，人们会设想非洲人具有独特的起源，并因此将他们视为更低等的人类。因此，当欧洲为了奴隶的苦难掩面而泣时，也正是在同一个欧洲，法国从1763年起颁布法令禁止黑人入境，并在全境禁止跨种族婚姻；也正是在同一个欧洲，英国建立起了一系列非洲殖民地，其中最早的塞拉利昂（1786—1787）专门用于流放所有居住在伦敦和其他大不列颠重要港口城市（如利物浦和布里斯托尔）的自由黑人。

因此可以说，对非洲化的恐惧是巴西从文明的欧洲进口最多的"产品"。只是在君主制社会下，这种偏见又包含着一个十分重要的对立面：对农业劳工的需求。为了获取庄园主支持，改良派采纳了吸引欧洲移民的政策，使巴西社会不再需要那些"家贼"。奴隶制改革还有另外一个方向，即尝试从某种层面上使棚户里的奴隶工人"欧洲化"。所以，在19世纪中叶，奴隶待遇的相关说明手册在大庄园主之间非常流行。例如卡洛斯·奥古斯托·陶奈所著的《巴西农户手册》，他是里约热内卢蒂茹卡地区咖啡种植方面的先驱。尽管作者认为奴隶制"践踏了天赋权利"，但他也认为奴隶制是帝国经济的命脉，因此有必要为其辩护。陶奈提出了一个家父长制的奴隶管理模型：统一的待遇、充足的食物和衣物、更好的棚屋卫生条件、与奴隶能力相适应的工作以及严格的纪律。帕拉伊巴山谷的另一位庄园主、咖啡大生产商弗朗西斯科·佩肖托·德·拉塞尔达·韦尔内克在1847年为他的儿子留下了一本回忆录，向其解释了农民需要何种举止与习惯，才能做到"勤劳刻苦地生活"。他向儿子解释道：奴隶并非敌人，而是盟友。因此管理者绝不能是"软弱的"，也不能是"严苛的"，而应是"公正的"。

1850年是一系列争辩的分水岭。尽管在官方奴隶贸易绝迹后还有一些非洲人秘密抵达，却大都人数稀少，而在禁绝奴隶贸易的法令颁布十年之后，巴西彻底终止了奴隶进口。但内部奴隶贸易却在此刻有所增长，将数以千计的奴隶从处于经济危机的蔗糖种植区转移到了东南部的咖啡种植园。除此之外，当时还有一些欧洲无产者陆续抵达，而他们乘坐的船只，正是被移民公司再度利用的贩奴船。

我们可以发现，随着欧洲人抵达，其传统习俗也一并传入。1840—1889 年，巴西人尝试在日常生活的方方面面都印上欧洲的标签。例如，在早餐中，"法式"面包[1]替代了水煮木薯，同时啤酒也开始出现在午餐中，而在甜点方面，冰激凌慢慢开始与拥有上百年历史的甜品并驾齐驱，后者的配方曾在殖民时期的蔗糖种植园里代代相传。变化无处不在，称谓方式也不例外。传统的称呼如"太太"（*dona*）、"阿娘"（*sinhá*）和"阿姐"（*iáiá*）——无论是葡萄牙还是非洲影响的结果——如今都被法式称谓取代，如"小姐"（*mademoiselle*）或是更流行的"夫人"（*madame*）。服装方面，尽管气候炎热，人们还是在外套上采用羊毛和天鹅绒，并以之为标准，例如三层布料织成的裙子。在殖民地风格的服装和生活用品上，常见的鲜艳色彩被肃穆、带有清教徒风格的黑色所取代，按吉尔伯特·弗雷雷的说法，这些服装好似庄严的丧服。时尚方面，在著名巴黎裁缝保罗·普瓦雷的影响下，巨大的华服褪去了枝叶，轻盈、纤细、瘦长的女性形象受到提倡，与帝国末期的曲线形象截然相反。文学方面同样受到了巨大的影响。当时的知识分子会前往加尼耶、莱默特或布里盖[2]这类书店，购买巴尔扎克、莫

---

〔1〕 "法式"面包（pão francês）并非法式长棍面包，而是一种圆形的小面包，在巴西、智利、玻利维亚等地十分常见。
〔2〕 皆为法文名。

泊桑、兰波、魏尔伦、波德莱尔、维克多·雨果、让·洛兰和于斯曼的译本。在国家图书馆，人们借阅最多的是大仲马、魏尔伦和维克多·雨果的书籍。再往后，在报刊方面，作家若昂·杜里奥曾借用左拉的用语，例如用"底层"(bas-fond)形容穷困工人的生活。这些生活和阅读习惯为诗人、作家和剧作家笔下的法国浪漫主义铺平了道路，这股潮流在1840年左右达到最高峰。一方面，当时的巴西文学不再是对葡萄牙文学的反射，而为讨论民族问题腾出了空间，但另一方面，人们依然在阅读、推崇维克多·雨果、拉马丁和缪塞。正因为如此，某位"mademoiselle"（小姐）埃代——当然了，是位"secrétaire"（秘书）——宣布坐落于里约市金匠街118号的"Cabinet de Lecture"（图书馆）收藏了一批"来自最好作家的新小说"，其中比较有名的有夏尔·保罗·德科克，在当时他因为写了一些浪漫主义戏剧而名声大噪，作品中有一些标题在当时看来颇为辛辣，例如《妻子、丈夫和情夫》。

1844年，里约有10间书店和12家印刷厂，负责更新这里的法式文学格调。十年后，皇帝夫妻二人为皇室做出表率。皇后特蕾莎·克里斯蒂娜收到了贝里女公爵从巴黎寄来的数箱书籍。皇帝堂佩德罗二世则收到了几册《新旧大陆时评》(Revue des Deux Mondes)。然而法国不仅仅在文学方面引人注目，巴西的戏剧和甜品也"赶了时髦"。常常出现在法国剧院舞台上的法国戏剧社长曾向报纸的读者们发出通知，"soirée qui aura lieu demain Dimanche 10 mai, 1845, seront distribués aujourd'hui"（今天，将在这里发放明天，1845年5月10日周日活动的入场券）。在戏剧谢幕后，观众往往会涌向"*Déroche*"(德霍斯),享用冰激凌、"*cognacs*"(白兰地)或是"*une coupe de champagne*"(一杯香槟)。19 世纪 50 年代,一种轻快活泼的喜剧"*vaudeville*"进入了我们的视线,从此人们得到了为奥克塔夫·弗耶的作品欢呼呐喊的机会,其中一部还有一个颇为当代的名字:《危机》(*La Crise*)。

建筑方面也有变化。城市里曾经的露台别墅与华屋被瑞士风格的木屋以及新古典主义风格建筑取代,而在花园中,雍容华贵的玫瑰花丛取代了原来的本地品种,花丛中的不再是雀鸦,而是它们来自比利时的对手……甚至连地下的卖淫业也没能在这场欧洲化的狂热中置身事外。在 19 世纪末,"波兰女"[1]、俄国女人、奥地利女人以及意大利女人被有组织地贩卖。她们在当时被称为"名声败坏的女人",无论是什么国籍,她们只因是白人而受人垂涎。

那些最为明智的灵魂并没有被欧洲化的潮流所裹挟,或者说他们至少站在了这股浪潮的前方。马查多·德·阿西斯[2]以些许高明的讽刺,曾写下一篇小小的电车乘坐规范,嘲笑当时

---

[1] "波兰女"(polacas),指因人口贩卖而被迫卖淫的犹太裔女性。19—20 世纪,波兰的犹太人由于沙皇俄国的反犹运动,大量移民巴西。在这一过程中,名为 Zwi Migdal 的犹太犯罪团伙有组织地将贫困的犹太女性从东欧贩卖至巴西、美国与阿根廷。

[2] 若阿金·玛利亚·马查多·德·阿西斯(Joaquim Maria Machado de Assis, 1839—1908)是巴西文学公认的代表人物,笔下的文学作品形式多样且富有深度,见证了奴隶制的废除以及共和国的兴起。代表作为《布拉斯·库巴斯的死后回忆录》。巴西文学院由马查多·德·阿西斯、若阿金·纳布科、鲁伊·巴尔博扎等文人于 1897 年在里约热内卢创立,拥有 40 个正式与永久成员(或者说席位,cadeira),以及 20 个外国成员,其目的是促进葡萄牙语与巴西文学发展。

矫揉造作的精致品味。作者写道：

> 鼻咽炎患者可以乘电车，前提是一小时内咳嗽不得超过三次；至于吐痰，则是四次。

而在巴西共和国成立前夕，奥拉沃·比拉克化身为欧洲贵族式决斗的拥护者，提议有意"洗刷屈辱"的人可选择这一方式，而非寻找巴西特色的流氓与打手。

然而，1850年左右的这些转变却引起了一些连倡导者都没预料到的后果。欧洲移民和随之而来的海外风俗倾向于在经济更为发达的地区汇聚。其结果是增加了巴西南北、城乡以及沿海与内陆间的差距。某些地区的历史好似获得了一次"加速"，而其他地方依旧重复着从殖民时代继承下来的生活模式。出现的差异还将催生出欧洲化的另一个方面，也即相信科学是改良社会的途径，这种思维在军队中找到了最为热忱的支持者，并催生出对君主制政府的新一轮批判。

·19·

危机中的帝国

突然,一队巴拉圭士兵从路边的壕沟冒了出来,冲击并穿透了我们的狙击线,攻向百步开外的第一步兵营……地面上满是垂死或负伤的敌人。我们中不少士兵被火药和烈焰冲昏了头脑,准备了结他们。我方军官惊惧不已,徒劳地试图从士兵的手中抢下受害者,并指责他们的行为无异于屠杀,有悖道义……惨案发生之后,劫掠在所难免,军中的随员和商贩皆有参与,连妇女都试图从中分一杯羹。尸体被剥光了衣服进行搜查,血淋淋的战利品则像商品一般在人们的手中流转,其间也少不了暴力的争斗。

这便是《拉古纳大撤退》(1871)展现的情景,阿尔弗雷德·德·艾斯克拉格诺莱·陶奈在这部书中描绘了巴拉圭战争的野蛮行径。1864—1870年,这场战争造成了数以千计的巴拉圭人、巴西人、阿根廷人和乌拉圭人死亡，因此被认为是19世纪南美洲最为血腥、持续时间也最长的战争。

对于巴西，战争带来的影响远远超出了战场上的死伤。它揭露出奴隶制社会的矛盾，并将军队改造为重要的政治团体。若阿金·纳布科[1]有充足的理由将这场战争称作巴西帝国的巅峰以及衰落的开端。要理解这一说法，我们必须了解这场当时被称作"三国同盟战争"的直接及间接起因。

和所有社会现象类似，巴拉圭战争缘由复杂，对于其真实原因，历史学家有时也无法达成共识。在巴拉圭战争起因的讨论中，我们大致可以划分出两类观点，一类观点强调参战国的内部动机，另一类关注战争的外部原因，尤其是英国在这一地区的利益。

从殖民时代起，巴西南部的边境争端接连不断。在拉普拉塔河流域，新兴的独立国家仍维持着古老的敌对关系。可想而知，巴西也没能置身事外。对于19世纪的巴西帝国来说，关键在于阻止这一地区出现一国独大的局面。一方面，是害怕会建立起一个传播共和思想的有力核心，因为这些在抗击西班牙统治斗争中建立的国家都选择了共和制政府。另一方面，是为了保证巴拉那、巴拉圭和圣罗伦索河流域通航自由，若失去这条"水路"，进入马托格罗索将变得昂贵且危险，因为通向该省的其他道路需面对两个难以跨越的障碍：瀑布与凶恶的印第

---

[1] 若阿金·奥雷利奥·巴雷托·纳布科·德·阿劳若（Joaquim Aurélio Barreto Nabuco de Araújo，1849—1910），巴西著名的政治家、外交官、历史学家以及法官，同时也是巴西文学院创始人之一。

19 危机中的帝国

安人。

从葡萄牙联合王国时期到之后作为独立王国,巴西政府都曾在拉普拉塔河流域的外交中采取军事干预。例如,1821—1828 年,巴西政府动用了军事力量将西斯普拉缇娜省——之后的乌拉圭共和国——并入巴西。1851 年也是如此,在与恩特雷里奥斯省及乌拉圭结盟后,巴西军队阻挠了布宜诺斯艾利斯的扩张计划。而在其他时期,如 1844—1858 年间,巴西帝国的政治精英团体则承认了巴拉圭独立,并且通过一系列"友谊、商贸以及通航"方面的外交条约,取得了上文提到的通航自由。然而,前后两种解决方案都只取得了短期成果,因为拉普拉塔河地区深陷当地军阀的长期混战,而其激烈程度远超摄政时期的巴西。

巴拉圭战争正源于其中的一次交锋。1863 年,乌拉圭当地的两个主要派系间爆发了一场冲突,其中一个被称作白党,另一个则是红党。巴西帝国政府宣称要保护巴西人的利益,与阿根廷人结成联盟,支持红党。据估计,南大河的农民构成了乌拉圭 10% 的人口,他们控制着大约 30% 的耕地。巴拉圭以一系列最后通牒回应巴西的干预,警告说乌拉圭的独立对当地权力平衡至关重要。但这一威胁未能奏效。巴西于 1864 年 10 月发动军事干预,向乌拉圭领土派遣陆军与海军。巴拉圭政府于是决定行动,拦截了奥林达公爵号商船,随后占领了巴西和阿根廷的一些领土。战争就此开始。

对于支持是地区原因或"内因"导致巴拉圭战争的人来说,以上就是他们通常使用的论据。换言之,这场冲突本质上与从殖民时代起便持续不断的争斗毫无差别。三国同盟战争的特殊之处在于冲突规模较大、时间较长，并因此导致伤亡人数较多。

另一派观点强调"外部"原因，更准确地说，是英帝国主义的影响。这派观点认为，由于巴拉圭对英国的进口商品关上了大门，且几乎没有参与原材料出口市场，攻打巴拉圭符合英国利益。此外，巴拉圭提供了一种考迪罗主义[1]的政治模式，而非大不列颠强加的自由政体。因此，这场战争也为了打压拉丁美洲的这一特殊的政经组织方式。不少历史学家都强调这类阐释站不住脚，不仅因为巴拉圭在19世纪前半叶和英国保持着有规律的商贸联系，也因为他们质疑巴拉圭呈现出所谓特殊的社会经济组织模式。

若要更好地理解历史学家的批评，我们必须厘清巴拉圭的殖民史。尽管后来成为巴拉圭的土地从16世纪起便已为人所知，但它未能引起西班牙人的兴趣，西班牙人将力量汇聚于银产区，例如现在秘鲁和玻利维亚的所在地。由于巴拉圭地处"边陲"，宗主国政府不反对耶稣会在此建设传教村。于是，耶稣会士将居民从令他们心惊胆战的种族屠杀中解救出来，将数千瓜拉尼人纳入治下。但是，到了18世纪，这类经济上自给自足、政治上内部自治的团体不再受宗主国政府信任。在一些

---

[1] 考迪罗主义（caudilhismo）源自西班牙语中"caudillo"一词，意为保守且富有个人魅力的军政领袖或是专政元首。大多数时候都用于西班牙以及19世纪从西班牙统治中独立出来的国家。考迪罗主义多指与民主代议制相悖的一种政治形式，但并不总是等同于独裁。

专制主义的西班牙人眼里,传教村好比"国中之国"。这一不可接受的情形在宗主国和耶稣会之间引起了一系列暴力冲突,使后者在18世纪中叶遭到驱逐。曾经属于传教村的土地被没收后交到了官僚手中,这些官员正是未来巴拉圭统治阶级的雏形。

我们可以看到,耶稣会的过往在巴拉圭史上留下了深刻的烙印。举例来说,巴拉圭地区的奴隶制不值一提,那里既没有大种植园,也没有矿石开采。另一方面,出于宗教原因,原住民及其文化得以存续,瓜拉尼语甚至被定为巴拉圭的民族语言。所以,从1813—1840年在位的"最高领袖"若泽·加斯帕尔·罗德里格斯·德·弗朗西亚开始,当地的独裁者皆为独特殖民史的产物,除了渴望自治,前殖民时期的文化习俗、社会关系也留存了下来。但这并不意味着巴拉圭统治者走上了另类的民族发展道路或是参与了某种超前的社会主义。他们更可能是在重现殖民时代的历史,在治理巴拉圭时就如同治理一个大畜牧庄园,又或是治理一个家长制、公社式而又世俗化的大传教村。的确,在19世纪前半叶,巴拉圭采取了一些创新措施,例如通过引进英国的技术刺激冶金业发展,但这类举措是在巴拉圭察觉布宜诺斯艾利斯和巴西的扩张倾向后,为了组建本地军队而为。

尽管有以上"现代化"的尝试,却没有证据表明巴拉圭的领导人有意与继承自殖民时代的传统社会划清界限。相反的说法或许才更接近现实。弗朗西斯科·索拉诺·洛佩斯的行为足以证明这一点:在继承父亲的权力两年后,洛佩斯于1864年向阿根廷、马托格罗索省南部与南大河省南部发动攻击，多少为巴拉圭人夺回了耶稣会传教村在18世纪遭到驱逐前所控制的区域。

因此，抛开巴拉圭回归过去的立场，我们很难认为巴拉圭代表了一种与其他拉美国家有所不同的体系。但这不意味着当地政府的决策能让英国人满意。许多学者指出，英国随时准备打压巴拉圭在拉普拉塔河流域的扩张倾向，那里是供英国商品进入的重要港口。此外，巴西还是进口英国商品的第三大市场，也是其国际借贷的老客户。对英国而言，与巴西帝国政府维持良好关系举足轻重，但两国关系却因英国对于奴隶贸易的谴责而恶化。战争给了英国机会。

巴拉圭战争开始时，巴西帝国的政治正处在一个艰难的时刻。人们原以为这将是场短暂的冲突，就像是一场手术，由一位"战士国王"领导，那就是年轻的堂佩德罗二世，而他的鬓须即将开始泛白。巴西为了这场争端启用了巨额资金，高达6140亿雷伊斯，是1864年政府预算的11倍，而其产生的赤字将持续至1889年。在巴拉圭河沿岸，四个接壤的国家将出于各自的内因相互厮杀。上文的假说认为英国仅仅是为了维护其在战略要地的利益与联盟，而目前的史学史研究已不再认可这类观点，但承认这场战争最终巩固了几个民族国家。阿根廷统一，权力集中至布宜诺斯艾利斯。巴西在巴拉圭战争的帮助下，推翻了奴隶制和君主制。至于乌拉圭和巴拉圭，二者仅确立了其作为地区大国卫星国的地位。

或许巴拉圭战争最可能是在地区利益和不列颠帝国的利

益交汇之下促成的。出乎所有人意料的是，巴拉圭能够在接二连三的攻击下坚持将近六年。这很大程度上是由于巴拉圭人的近乎全民参与，一如前文所述，南美洲历史上最血腥的篇章也由此诞生。

正因为达到了如此规模，三国同盟战争也产生了一些同样未曾预料的影响。对巴西而言，最重要的是战争打破了南方边境的传统防卫形式。一般来说，巴西帝国政府在入侵拉普拉塔河流域时不会派遣常规部队，而往往将这个任务交给南大河纵队，由乡下的庄园主及其下属领导。这类部队从殖民时代起已在执行任务，作为回报，他们能获得从敌人手里夺来的牲畜与土地。

由于依赖这一传统防卫形式，帝国的统治者并未准备好面对长期战争，巴拉圭战争恰是其中之一。战争爆发时，巴西陆军的组织松散不堪，原因不胜枚举。在独立后，陆军军官大都为葡萄牙裔，他们被认为有参与密谋的嫌疑，目的是将巴西恢复到葡萄牙殖民地的地位。大多数外国佣兵及平民士兵则被视为城市起义的积极参与者，其中也包括导致堂佩德罗一世退位的那场叛乱。为了消除军官与士兵的双重威胁，巴西帝国在1830年创立了国民卫队，一支由"武装的公民"构成的民兵。也就是说，政府将维系秩序的责任转交给了公民，由此催生出"上校庄园主"，他们直到如今还存在于巴西的政治想象中。

就这样，国民卫队由奴隶主组建起来，并得到他们所豢养的打手协助，后者是国民卫队的主要武装力量。这使帝国得以解散、清空军队。然而，最初预计六个月结束的巴拉圭战争却持续了将近六年,迫使巴西迅速重建常规部队。认识到形势的严峻后,帝国政府只得通过征召囚犯、奴隶、获释奴隶、印第安人,甚至还有女人和儿童,拼凑出一支陆军。

了解这种不同寻常的征兵流程至关重要,正是临时组建巴拉圭战役作战部队的方式导致了陆军和帝国之间的仇怨。首批临时队伍是于1865年1月7日创立的爱国志愿军。根据开创了这类征兵方式的法律,陆军队伍可录用所有自愿入伍者。政府以各种好处吸引人们前来,提供的薪资是普通列兵的两倍,对死者家庭的慰问款以及给幸存者的奖励金与土地也是如此。

这些做法影响巨大。在巴拉圭战争的12.3万巴西士兵中,5.4万都是作为爱国志愿军在战场上服役。缺乏基本的军事训练是临时征召的最大问题。志愿军中鱼龙混杂。自愿服役者不少是年轻人,受到了浪漫主义作家笔下贵族式爱国主义的影响。其余的人则是被地方政府强制征召,引起了许多与"绳捆棒打的志愿军"相关的抱怨。帝国领导者还通过了一些征兵法案的补充条款,便于他们强制征兵。《1865年7月8日法》位列其中。该法律帮助建立了一套无所不包的征召模式,条文写道:

> 政府有权在战争期间废除已通过的法律法规,根据情况为军队以及相关行业的所有职缺补充人员……

发布新征兵条例的决议正是为了废除所有法律。于是形成了不惜任何代价强制征兵的情形。这条法律在1864—1866年间帮助陆军从1.8万名士兵增长到3.8万，在1867年更是征召了5.7万人。与之相关的记述和文件表明，这场征兵采用了五花八门的形式与方法。监狱空荡荡，而在巴西主要城市的大街上，儿童与流浪汉遭到围捕。

例如在里约市，当地政府曾在1864年将116名年龄低于16岁的儿童交由军队派遣，次年，这一受征召人数上升至269。这些人中至少一半是在巴西首府的街上找到的，引发了数百次申诉，皆为父母要求当局归还他们被征召入伍的孩子。就连他人的"财产"——奴隶儿童——也无法逃脱疯狂的征兵。当时一位被派遣到里约市海军军械库的军官写道：

> 温贝利纳·西尔韦拉·德·热苏斯抱怨说他13岁的奴隶安东尼奥在加尔莫修道院后面的街上被抓了……那个奴隶身处博阿维亚任堡垒的见习海员部队，在没有获得主人同意的情况下遭到了强制征召。

爱国志愿军还有另外两个来源。一个是使用假名成为列兵的奴隶，他们借此将逃跑合法化，陆军队伍还能保证温饱。另一种做法源于古老的传统，包括支付一定数额的金钱或是交出一个奴隶作为替代，以免除兵役。1865年10月14日的《巴伊亚日报》对此有记载：

> 注意。如果需要他人代您前往南方，并有意让

> 一个年方二十且愿意入伍的健壮奴隶获得自由，请在此报声明您的姓名与便于联系的住址，便能以合适的价格找替您参军入伍的人。

无须借助想象便能知道，那些从茅屋直接上战场的征召兵在前线的表现不尽如人意。他们中的大部分很可能都不知为何而战，还有许多人由于害怕再遭奴役，一有机会便立即逃脱，例如1867年的著名战役拉古纳大撤退，其中共有30名士兵丧生，却有大约200名列兵在战斗中"消失"。

所以，主要由奴隶、弃童和罪犯构成的巴西军队自然被形容为由食不果腹者、投机倒把者和机会主义分子组成的部队。阿尔弗雷·德·艾斯克拉格诺莱·陶奈还指出，战场上同样出现了女性，她们"抱着小孩或是稍大一些的儿童"，脸上挂着极度不幸的苦难印记，她们使用的称谓指明她们来自社会底层群体，例如黑人安娜、丰乳安娜或是"困苦的若阿纳·丽塔"。当男人投身抢劫、赌博与买卖时，他们的女伴则致力于搜刮劫掠，从死去的巴拉圭人身上抢走披风与斗篷，或是通过卖淫求生。此外也出现了一些个例，例如13岁的玛利亚·库鲁巴伊提女扮男装，被接收成为爱国志愿军，后来于战斗中牺牲。

巴西军队开展行动的方式令人联想起旧制度下的非正规军。组织上的松散也反映在后勤补给中：士兵们后来只能通过在巴拉圭的土地上采摘林间浆果填饱肚子，例如巴库里果、穆里奇果和李叶豆荚中的果实。军官则能吃到当地捕获的家畜肉。但是，这两种食物来源很快消耗殆尽，引起了整体性的长期饥荒。陶奈再一次凭借鲜明的笔法描绘出了战争中的困顿潦倒,他写道:每当找到一只为数不多的动物时,人们就会围成"一个圆圈……每一个人都焦急万分地期待着涌出的鲜血,有人将其装入瓶中带走,有人就地饮用"。动物的皮与内脏尚未妥善烘烤或是水煮就被切块分食,引起严重的食物中毒问题,令士兵们深受其害。

食不果腹的士兵身着无法应对当地气候的衣服,轻易就染上脚气、疟疾、天花、霍乱以及肺炎。相关方面的研究者甚至计算出,被饥饿与疾病杀死的巴西士兵是与巴拉圭正面战斗中的十倍。因此,在战争的数年中,军官间逐渐明确了一个想法,即帝国的政治家才是陆军的主要敌人,他们抛弃了陆军,将国民卫队作为替代。战争结束后,希望清退陆军并让其复员的倾向再度出现,令情况进一步恶化。为了反对这一政策,军人团结一致,借由战场上经历的牺牲和苦难,他们为所服务的军队建立起正面甚至是英雄般的形象。正是在这样的背景下,人们口中的"军队反对派"浮出水面。我们将会看到,作为反对帝国的核心力量,他们促成了成立于1822年的君主制政府的衰落和崩溃。

·20·

新势力浮现

针对巴西共和国成立,阿里斯蒂德斯·罗伯[1]曾有一个著名论断,说参与推翻君主制的民众"愚昧、困惑、不解其意"。国外对此也曾有类似的印象。1889年12月16日,《纽约时报》报道了共和国成立,强调:

The people, as a rule, were rather constrained and looked and acted in a dazed, apathetic way.
参与军队叛乱的民众是迷茫且漠然的。

事实上,1889年的政体转换是一场意外,对于那些没有直接参与或者说不属于核心密谋团体的人来说,整起事件甚至

---

[1] 阿里斯蒂德斯·罗伯（Aristides Lobo,1838—1896）,巴西法官、政治家、共和主义记者及废奴主义者。

略显神秘。

虽然共和党自 1870 年便已经存在，但其宣传颇为有限，并且也不以革命运动为方针，而是支持一些确保君主制政府能向共和制平缓过渡的改革。至少从新政权突然出现来看，与其将它归于共和主义的政治宣传，不如说它缘起于军营中的不满。这也是为什么在共和国成立后，需要耗费十年才拥有一些能多少保证新政体稳定的制度性规划。

军人对君主制的怨恨根深蒂固。巴拉圭战争则进一步刺激了他们的情绪，将巴西陆军缺乏关照的境况公之于众。战争首年的入伍人数就是其证明。当三国同盟中最富有、人口最多的巴西只有寥寥 1.8 万名士兵时，巴拉圭已拥有一支 8 万人的部队。

按照大部分军人的理解，军队的困境是帝国统治团体"算计"的结果。那些政治家一有机会便削减军事开销，减少军饷与晋升。还有一种常见的做法是将首都和主要省份的军队转移到前线，这在军人眼中相当于流放。

不少历史学家强调削减军队的政策不单单是政府谋划的结果。该观点认为奴隶制为组建现代部队带来了重重阻碍。第一个原因是，军队若想真正发挥作用，就需要巴西社会部分或彻底禁绝武器。但巴西只要还存在奴隶制，解除社会武装就毫无可能。奴隶主若没有自卫手段，便只能受奴隶的暴力摆布。奴隶也阻碍了现代军队的建设，他们无法被当作可靠的士兵，因为他们不仅一有机会便会逃离岗位，还可能将武器对准自己的长官——这种诱惑肯定不小。此外，奴隶制还有一个负面影响：很大一部分自由人原本可以被征召入伍，却因身为监视、镇压奴隶的巡林警或监工而无法脱身。

如此一来，便形成了促使陆军批判君主制并批判支持这一制度的社会的有利条件。换言之，这种情形导致军队认为自己身处社会之外，不愿意去改造社会。

既然帝国内部的形势已十分有利于军事政变，那么问题便在于共和国为何时隔多年才宣布成立。对此，答案相对简单：除了势单力薄，陆军还耗费了大量时间才在反对君主制上达成内部一致。别忘了，很大一部分军官都是君主制体系的一分子。卡希亚斯公爵就是最好的例子。他不仅是巴拉圭战争的英雄、帝国军队的总司令，同时也是高超的谈判者，是摄政时期地方运动的精英领导团体成员，此外他还在国务院中占有一席，并且不止一次当过众议员、参议员、部长以及省长。

其他身居高位的军人也有着类似的人生轨迹，如奥索里奥将军和佩洛塔斯子爵，他们同样是军事部和参议院中杰出的军伍英雄、堂佩德罗二世忠诚的仆人，并因此荣获贵族称号。这些军人身处自由党和保守党，扮演着犹疑不定的角色：他们既要阻止军队被完全肢解，又要防止军队起义反对国王。

然而，到了19世纪后半叶，这类贵族军人愈发罕见，由此产生的情况十分棘手，并有可能对军队和君主的关系造成毁灭性的影响。其原因与军队内部的变化有关。而最重大的变化在于传统征召体系的消亡。

根据继承自殖民时期的军队选拔方式，对于来自上层社会或是与之关系紧密的年轻人来说，无需经过预先训练或达到服役年限就能占据高位。穷人则与之相反，他们停留于列兵一级，直至退役或战死。1850年实行的改革废除了这一传统，建立了一套以军龄和战场表现为基础的晋升标准。这项改革或多或少意味着巴西陆军在职业化道路上迈出了第一步。

从颁布新法律开始，任何有意获得高级军衔的人都需要从低级岗位做起，一步步向上晋升。这一要求妨碍了种植园精英的子嗣在军队中任职。其背后的原因也不难理解：底层军阶的薪资近乎于无，被视为不体面的工作，只属于体力劳动者。这类岗位上的大量黑人与棕色人种同样对精英阶级的年轻人构成障碍，因为后者除了要与这类从茅屋中释放的人共同生活，还不得不面对如奴隶般对待士兵的长官，这些军官使用鞭子作为惩戒手段，即便是对轻微的违纪行为也不例外。在这样的情形下，纨绔子弟们开始避免加入军队。于是，在君主制崩溃的前几十年中，拥有贵族背景或受贵族圈子接纳的军官数量逐渐减少。

军队职业化也促使一批寒门子弟崭露头角。还有另一些改革同样加剧了这一趋势。其中之一便是为中央学院创设的预科课程。中央学院于1858年取代了1810年建立的皇家军事学院，其选拔体系极为严格，要求申请者精通数学、历史、地理以及葡萄牙语、法语和拉丁语语法。而设立公共预科课程则能帮助那些资质平平的年轻人进入中央学院的工程专业。学院还提供其他待遇。学生会获得一小笔津贴，智识优异者能得到一笔足以独自养活家庭的资金。学院还在服役年限和战场表现之外，设立了一种新的晋升方式，以军校学员的学习成绩为依据。

一个以能力品质为基础的精英阶级就此诞生。这些改革中还有另一个方面值得注意：科学教育愈发受重视。其实这并不算是一个全新的理念，我们只需想一想从殖民时期起军事工程师在堡垒建设、弹道研究和城市空间规划中所起到的作用。19世纪后半叶的新颖之处在于科学的军事应用逐渐增加，并且人们日益确信科学将是改造世界的途径。在此，我们需要再一次提到巴拉圭战争的意义。在战争灾难般的背景下，军事工程师的作用得以凸显，他们使用载人热气球识别敌方部队，制作精良的地图，还能快速建设壕沟、桥梁与道路。在应用科学带来的实际成果之外，更有数量愈发庞大的学生与教师，支持将欧洲国家的先进科学技术引进巴西。他们甚至提出将建立工业作为完善巴西社会的方式。

科学在军人手里还有另一种用法：对学士人文教育的批评。因为巴西帝国的政治家队伍大部分正是由人文学士构成。然而，新一代的军官并未在顷刻间取代受贵族传统培养的军官团体。不仅如此，除了如本杰明·康斯坦特这样的"科学派"领导者，依然有一些人称"硬头兵"（与硬板床有关，即士兵睡觉的地方，极不舒适）的军官，他们尽管没有贵族背景，却支持王室，至少大部分时间都是如此。

可见军队内部存在多个团体，有的对堂佩德罗二世更为忠诚，其他的则不然。巴拉圭战争后的变化在于贵族团体渐渐销声匿迹，例如奥索里奥和卡希亚斯，二人先后于1878年和1880年去世。缺少了这些领导者，军中再也无人能在皇帝面前捍卫军队，导致"硬头兵"和"科学派"愈发亲密。

在这两派看来，19 世纪 70—80 年代充斥着痛苦与欺诈。由于爱国志愿军的重要作用，不少帝国领导人开始高声反对维持一支庞大的职业军队。实行新"削减"政策的危险再一次于空中高悬。因此人们所说的军队问题——更准确地说，是君主制倒台前的军队问题——不仅仅源于军人在薪水、晋升方面的期望受到打击，不仅仅是由于军官在被迫抓捕奴隶或参加暴力选举时感到屈辱，同时也是出于军队的自保态度。巩固首都的国民卫队、将军队的指挥权转交至偏远省份、大刀阔斧地削减军事部的开销，以上都能表明陆军正面临种种威胁。

借助发起废奴集会和游行示威的"俱乐部"，蓬勃的废奴主义运动提供了一种超越孤立学院与军营的组织模式。从 1887 年起，一场反君主制的有力运动逐步在军队俱乐部中成形，而我们接下来将会看到，连乡村贵族都将渐渐抛弃君主制。

·21·

解放派、废奴派和奴隶主

有一个问题总是令历史学家感到好奇,即导致1888年奴隶解放的主要原因究竟是什么。《黄金法案》到底是奴隶叛乱的成果,还是废奴主义者激进行动的杰作?抑或截然相反,是帝国领导者实施改良主义政策的结果?

如今,众多研究结论在这一问题上开辟出了一个更为细致的视角,不仅考虑到了奴隶起义,也看到了精英阶层的改革行动。为了更好地厘清这一问题,我们需要注意当时为此争论不休的三个派系:解放派赞成逐步缓慢地消除奴隶制;废奴派提议立刻解放奴隶;最后还有拥奴派,他们维护奴隶制,或者至少要求在废奴法案颁布之后,对奴隶主做出补偿。

三派间的矛盾决定了废奴的步调。解放派历史悠久。据废奴时期的宣传册和书籍所述,宗主国的经验可谓是解放政策成功的典范。在葡萄牙,奴隶只占极小部分的人口,并从未在经济上成为主要的劳动力。即便如此,葡萄牙也未能一次性废除奴隶制，而是通过法律逐步消灭。其中首条颁布于 1761 年，宣布所有来自美洲、非洲以及亚洲的黑人以及混血儿，在葡萄牙港口登陆之后即为自由人。1773 年另一条法令规定了在某些情况下的"子宫自由"，也即奴隶儿童的自由。

当首部奴隶解放法颁布时，葡萄牙尚有数千家奴，而在 50 年后，这种形式的劳动剥削几乎销声匿迹。葡萄牙的法律阻断了奴隶更替。奴隶制随着时间流逝自然消亡，既是因为现存的奴隶逐步过世，也是因为新生的奴隶儿童不断获释。巴西精英当然没有忽视葡萄牙的经验。这一未曾动用正式废奴法案的先例颇为诱人，因为在不少人看来，废奴便相当于没收他人财产。

所以，如前文所述，若泽·博尼法西奥在 1823 年顺理成章地提出要逐步消除奴隶制。尽管在当时，这位巴西独立之父的理念未被采纳，却在 1850 年关于废除国际奴隶贸易的争论中得到回响，并反映在 1871 年颁布的《子宫自由法案》之中。

因此，解放派秉持温和立场。他们可以被视为保守派，尽管其中大多数人是自由主义者。在这一派中，皇帝俨然在列。1867 年，他在《御座致辞》中宣布释放归国家所有的奴隶，并赞同逐步解放剩余的巴西奴隶。他们聚集在一面相同的旗帜下，将奴隶制视为文明国家建设的障碍，却又认为废奴不能成为农业失序的借口，毕竟农业是维持帝国的经济基础。解放派奉行的渐进主义就此产生，他们预计奴隶制体系会平和缓慢地消亡，最晚到 19 世纪末，巴西奴隶将仅占不到 1% 的人口。

现在让我们来看看废奴派。另一章中我们提到，在欧洲尤其是英国，废奴主义早在1780年已经存在，而巴西的废奴运动直到1870年才出现。废奴运动的推迟部分归咎于北美奴隶贸易的终止以及海地等地的革命运动，这造成了18世纪末到19世纪初的奴隶价格下跌，也使得巴西从北到南、从乡村到城镇有越来越多的人攀升至奴隶主一级，其中甚至也有获释奴隶。奴隶制虽不人道，但在独立时期称得上是一种"人民"的体制。在乡村，奴隶制不仅是大种植园的基石，也是解决小农困境的利刃，因后者的儿女都忙于占领边境的田地，令家中人手短缺。在城镇中，小规模奴隶制同样为许多人提供了生计，有的人一生省吃俭用，不过是为了在晚年购得一两个奴隶，通过奴隶的"薪水"或租金维生。

但是，从1830年起，奴隶制的扩张趋势开始回落。在英国的压力与里约省帕拉伊巴谷咖啡产业扩张的共同影响下，奴隶价格水涨船高。1850年国际奴隶贸易终止后，价格攀升趋势进一步加剧。乡村及城市的小农场主不再能补充奴隶数量。在一些处于经济危机的地区如东北部的蔗糖产区，也出现了类似的情况。除此以外，由于价格上升，出售奴隶也变得更为诱人。于是便出现了国内奴隶贸易，使奴隶制汇聚于中南部地区，当地的支柱产业为咖啡及本地食品供应，例如米纳斯吉拉斯的情况。

于是我们发现，在19世纪后半叶，与奴隶制没有直接利益关联的地区及群体成倍增加。许多历史学家认为，废奴正是在这一刻才变为可能，特别是在即将抛弃奴隶制的城镇里，废奴主义更为兴盛且有组织。面对受农业利益主导的帝国政府，废奴运动在某种意义上能够表达城镇居民的愤恨。

由于废奴主义，民众运动演变为主动改造现实的因素。起义不再是偶发的，不只是针对食品价格上升或是某项损害民众利益的措施，而是长期的，其目的在于改变社会结构。废奴主义者还革新了组织形式。在共济会中进行的秘密会议——其中也曾有过帝国政治家的身影——遭到抛弃，他们组建了俱乐部，向任何有意参与者开放，他们也发行报纸，在剧院中组织演讲，并在街边举办集会。可以说，以上做法代表了一种新的参政手段，脱离了寡头和乡村豪绅的控制。废奴运动中也涌现出一批现代黑人领袖，如安德烈·雷博索斯和若泽·杜·帕特罗西尼奥，他们的行动引起了全国的反响。废奴主义者最早支持向前奴隶分配土地，以及为那些未来自由人的子女建设公立学校，也并非偶然。

废奴主义运动的出现还代表了另一个重要的变化。奴隶制第一次不只令奴隶与自由人对立，也让自由人之间出现了分歧。如果说殖民时期奴隶叛乱往往表现为逃跑和暴动，那么在废奴运动出现后，以奴隶与自由人的联盟为基础，一些合法抗争的新形式出现在了我们的视野中。废奴主义律师开始运用法律保护奴隶的性命与其家庭完整，或是借此惩戒残酷的奴隶主。与此同时，底层民众中亦出现了一些互助组织如圣保罗该亚法会，他们帮助逃奴，为其提供交通工具以及城市中的安身之处。

奴隶自然也积极参与了废奴运动。从某种意义上说，是当时的一系列变化促成了这一点。在1888年以前的几十年中，国内奴隶贸易令数千奴隶背井离乡，他们曾经数代都生活在同一地区，或是在衰败的乡村，那里的工作较为轻松；或是生活在城市中，那里常有自主活动或是获得自由的机会。对于那些奴隶，前往大种植园令他们痛苦不已。不少人宁可自杀，也不愿在咖啡庄园中从事筋疲力尽的工作。其他更多的人则逃之夭夭，他们生于巴西，会说葡语，因此能轻易与废奴主义者盟友取得联络，更令大庄园主感到不悦的，是很难将他们与其他自由黑人区分开来。

至于奴隶主群体，他们在农业精英阶层中占据多数。1885年，鲁伊·巴尔博扎[1]形容他们是"一堵反对一切变化的大栅栏。他们不认同任何进步，除非是在开倒车……但凡不是维持不变，就是对国家的毁灭"。但这当然不意味着农业精英中没有博学优雅之人。譬如若泽·德·阿伦卡尔便是奴隶制的坚定捍卫者，他批评废奴主义者为"革命的信使、无政府主义的使徒"，他也反对崇尚"自由劳动"，称欧洲工人的生活条件还比不上巴西的奴隶。因此，一个诗人同时也可能是一个奴隶主。但成为奴隶主并非施虐癖或是残暴成性的表征。他们提出了更为客观的理由为奴隶体制辩护，例如自由劳动缺乏管控的问题。事实上，这是一个非常重要的问题。在务农俱乐部——废奴主义俱乐部的对立面——举办的集会和会议中，庄园主表示自由劳工反复无常，流动频繁，或是直接撇下岗位，一走了之。这类抱怨不无道理。在废奴时期，巴西的大部分领土尚无

---

[1] 鲁伊·巴尔博扎（Rui Barbosa，1849—1923），巴西20世纪初著名知识分子，在法律、政治、外交以及文学等领域有诸多建树，同时也是巴西文学院创始人之一。

人烟。自由人可在庄园中工作一段时间来积攒必要的资金，随后前往无人居住的区域，在自由人看来，这一做法极具诱惑。

此外，一些地区的奴隶制倾向可能更小。例如在东北部，由于大种植园几乎掌握了所有肥沃的土地，贫穷的自由人绝无成为农民的机会。此外，半干旱地区漫长的旱季使许多腹地的家庭前往大庄园寻找工作，或是至少提供短期服务。这些地区有可能转型为早期的自由劳动。因此，塞阿拉省于1884年颁布了废奴法案，而巴西废奴主义者最重要的领导人若阿金·纳布科则出自伯南布哥的蔗糖庄园主精英阶层。

中南部的情况则完全不同。那里尚有大量未被占据的肥沃土地，是向有意成为菜农或小农场主者开放的"无主"之地。因此，圣保罗、里约热内卢和米纳斯吉拉斯有不少庄园主依旧忠于奴隶制，宣称巴西的自由劳工数量不足且并不稳定。解放派曾于1850年试图通过《土地法》转变自由人口，命令"无主的土地只能通过购买获得"，迫使自由人工作，直到拥有足以成为小农场主的资产。然而，由于土地面积庞大，测绘成本高昂，再加上帝国官僚体系能力有限，这一措施从未生效。尽管《土地法》得到颁布，自由人仍不断抛弃大庄园中的工作，成为侵占土地者、菜园农或是滨农——也即未被出口型种植园占据土地上的小农。

在这种形势下，许多解放主义者又变回了拥奴派。韦尔盖罗参议员的人生轨迹便是一例。作为巴西帝国的杰出政治家，他在19世纪40年代为自己的咖啡庄园引进了一些欧洲劳工。他采取的是"合伙制"，庄园主承诺为欧洲移民支付抵达庄园的交通费用，并提供住宅、工具和供工人种植粮食的土地。作为交换，移民负责照看一定数量的咖啡树，并需要借助贩卖粮食的收益以及从出口种植园中获得的利润分成偿还合同上的欠款。最初，试验很顺利，还被分享给了其他圣保罗庄园主。事实上，在自由劳工眼中，建设独立农场的机会颇具吸引力，因为他们可以售卖农产品并立刻产生收益。然而，在旅行途中或是购买工具期间积累的债务引起了许多纠纷。庄园主抱怨移民偏向于照看自己的菜园，却对咖啡树疏于照料，而菜园中的买卖更是难以监管。劳工也发出控诉，表示他们因负债沦落至半奴隶的境地。结果，到19世纪60年代，大部分圣保罗咖啡庄园都放弃了自由劳动的试验。

解放派为了争取重启欧洲工人的试验，选择支持"补助移民"。1884年，"补助移民"终于得到落实。政府——主要是圣保罗政府——开始为欧洲移民支付旅费。于是，急于摆脱贫困的意大利人、葡萄牙人和西班牙人离开人口急剧增长的欧洲，纷纷涌入巴西最富饶的地区，如中南部的咖啡产区。而乡间的庄园主在灾难般的合伙制试验中尝过苦头后，采取了一种新的工作形式。在当时人们口中的引进殖民制下，移民的菜园规模取决于他们照料的咖啡植株数目。他们不仅不再需要为旅途背负债务，还能获得额外的奖励金，例如除草和收获期间的薪水。控制菜园用地的转让加上支付劳动报酬，二者的组合取得了巨大成功，不仅应用在了咖啡种植园上，也在其他使用自由劳工的出口型农业活动中得到了实践。

解放派在刺激移民的同时，也在寻找鼓励前奴隶留在大庄园内的途径，《子宫自由法案》和《六旬老人法案》中的一些条款便是证明。前者解放了女性奴隶在1871年后生下的所有儿童。然而，《子宫自由法案》中的一项条款表示庄园主可以自由役使21周岁以下的未成年人。1885年《六旬老人法案》复制了类似的方案，宣布：

> 六十岁的奴隶可以获得自由……但是，由于须为解放做出赔偿，奴隶有义务向前主人提供服务，为期三年。

19世纪80年代初，解放派的策略似乎正渐渐起效。现在只需等待社会上现存奴隶数量降低，直至能够通过向其主人支付相应的赔偿以解放奴隶。许多解放派人士认为那一年将是1899年。然而，废奴主义的激进行动为1888年5月13日[1]创造了条件，他们的激进主义不仅借助奴隶逃跑和公开抗议，也受惠于大量反奴隶制的文学作品，参与者中不乏卡斯特罗·阿尔维斯[2]和贝尔纳多·吉马良斯[3]这一级别的作家。

---

[1] 即《黄金法案》正式颁布的日期，在这一天奴隶制从法律意义上被废除。
[2] 安东尼奥·弗雷德里克·卡斯特罗·德·阿尔维斯（Antônio Frederico Castro de Alves，1846—1871），19世纪巴西诗人。他的诗集如《流动的泡沫》（*Espumas Flutuantes*）、《赤道颂歌》（*Hinos do Equador*）令马查多将他誉为"奴隶的诗人"。
[3] 贝尔纳多·若阿金·德·席尔瓦·吉马良斯（Bernardo Joquim de Silva Guimarães，1825—1884），巴西诗人及小说家，将弗朗索瓦·拉伯雷《巨人传》中的讽刺笔法引入巴西，开创了巴西超现实主义的先河，代表作为《女奴伊绍拉》（*A Escrava Isaura*）。

废奴法案的影响摧毁了帝国政府和众多乡村庄园主之间的关系，因为当废奴法案颁布时，赔偿已然不可能实现。70万现存的奴隶（其中50万位于圣保罗省、里约热内卢省和米纳斯吉拉斯省）至少相当于210万亿雷伊斯，而巴西帝国的平均年预算不过165万亿雷伊斯。因此《黄金法案》打破了解放派的渐进线路，这是参与废奴主义运动的奴隶和自由人通过斗争取得的结果。在奴隶主眼中，废奴法案象征着背叛，是对私人财产的强征暴敛。他们毫不迟疑地做出回应。在废除奴隶制的一年之后，反对帝国统治的除了军人，还有一众前奴隶主。君主制迎来了它的最后时刻……

·22·

共和国诞生

1889年11月，巴西陆军与帝国政府关系恶化。人们纷纷谈论起要用国民卫队逐步取代帝国军队，忠于伊莎贝尔公主的奴隶甚至攻击了共和派军人所在的营房。14日出现新的传言，称当时两位的主要军队将领——德奥多罗·德·丰塞卡和本杰明·康斯坦特——将因抗命而遭到逮捕。次日清晨，接连发生了几起事件。德奥多罗尽管尚未从病中痊愈，却依然掌握了主动，下令监禁黑金城子爵，也即当时的内阁首长与国务总理。叛军占领了街道，君主制宣告灭亡。两日后，王室起航流亡欧洲。

民众"呆滞地"见证了整起事件。11月15日的军事政变出人意料，但共和主义运动却并不新奇。在殖民时期，从米纳斯密谋案开始，许多叛乱都曾高举共和主义的大旗。在摄政时期，另一股共和主义思潮横扫各省，政府付出了巨大代价才使其平息。到了帝国末期，真正新奇的并非共和主义，而是此时经济精英的顶层——圣保罗的咖啡庄园主——也参与到运动中。此外，这场运动在政治上偏温和，在社会问题上也较保守。

尽管共和国的成立催生出一些名为雅各宾派[1]的极端团体，但他们人数很少，且基本仅限于里约热内卢市内。相比之下，著名的共和主义者如基蒂诺·博卡伊乌瓦和萨尔达尼亚·马里尼奥[2]则是因其折中政策而为人所知，他们不放过任何宣扬观点的机会，强调应通过修宪而非武力来拥立新政体。这一观点体现在1870年的《共和主义宣言》中，该宣言委婉地表达了对君主制的批判，其中有些段落甚至照搬了在保守党成员间流传已久的观点。

因此，历史书上常写道，共和国的成立几乎超出了所有人的预料。但是，当时的情况有利于成立新政府。这是事实，因为旧政权在政变后几乎没有抵抗：只有马拉尼昂省的圣路易斯市发生了一起小型起义。大部分保皇派不过是写写诋毁军政府的文章或书籍。某个捍卫君主制的政党直到政变后的第六年才成立。至于那场试图让王室回归的光复运动——将伊莎贝尔公

---

[1] 雅各宾派，法国大革命期间最有影响力的政治团体，是一个全国性的共和主义政党组织。大革命期间的著名政治家马克西米利安·罗伯斯庇尔也出自该党。巴西帝国末期，共和运动中的极端分子自称雅各宾派。共和国成立后，巴西雅各宾派的数量有所增长，并且从里约扩展至全国各地，之后更是成为支持下文中弗洛里亚诺·佩肖托的主要政治力量和军事力量。
[2] 基蒂诺·博卡伊乌瓦和萨尔达尼亚·马里尼奥都是巴西19世纪末20世纪初重要的政治家，在共和国成立以及起草宪章草案方面扮演了重要角色。萨尔达尼亚是作家、记者及律师，而基蒂诺曾任外交部长及里约热内卢州长。

主或莱奥波尔迪娜公主的一个儿子作为王室代表——则未能掀起任何波澜。直至1902年,光复运动才在里贝朗基尼奥上演,那是圣保罗内陆一座沉静的小城。因此,统治阶级中几乎无人支持堂佩德罗;另一方面,从19世纪70年代初起,便不乏对堂佩德罗二世的系统性批判。

我们在前几章中谈到,军人有理由感到不满。在他们眼里,复员以及削减部队的政策意味着他们在巴拉圭战争中流的鲜血毫无价值。还有其他一些原因导致了君主制的脆弱。《子宫自由法案》就曾引起拥奴庄园主的不满。值得再次说明的是,不带补偿的废奴法案加剧了他们的愤懑,并永久地动摇了精英阶层对巴西帝国的信赖。地方精英——主要为靠咖啡致富的中南部精英——也将不满延伸到了最高节制权的行使范畴、高昂的赋税以及不成比例的省份代表席位。

让我们更仔细地看看民怨为何如此之大。

在堂佩德罗二世执政期间,帝国政府不断干预政治领域,以防止某个党派长期掌权。这依靠的是最高节制权所提供的特权,它能够阻碍立法以及重新组织选举;但另一方面,这一方式代价高昂,令堂佩德罗站到了政党的对立面。所以君主逐渐被看作地方贵族全面统治的阻碍。而在中南部,还有另一个与之相当的重大不满:作为全国最富有的地区,这里尽管具有人口与经济上的优势,在代表名额方面却不及北部和东北部,这也是为什么奴隶解放法案尽管严重背离咖啡种植园主的利益,也能够得到通过。不对等的财政分配是政治不平衡的另一个后果。19世纪70年代,帝国政府以低于市场价50%的利率资助在巴伊亚和伯南布哥建设重点糖厂，这类设施的重要性几乎相当于现在的发电站。同样是这一时期，在圣保罗人向中央政府上交的每1000雷伊斯中，只有150雷伊斯作为补助返还。于是，君主渐渐疏远了这些最为关键的地方精英，后者则愈发支持地方分权以及联邦制，而这正是1870年共和主义运动诞生时所高举的两面大旗。

就像上述反对阵营还不够似的，保皇派的政治无能还延伸到了其他领域，甚至损害了一个理应成为其盟友的组织——教会。由于神父曾积极参与独立后的分裂主义运动，出于阻止他们参政的目的，堂佩德罗二世扶持了一批越山派[1]主教。这一教会团体的特点是具有保守主义倾向，反对神职人员分派结党并且坚决捍卫梵蒂冈的观点，据说他们"比教皇还教皇"。

新一批教会精英在掌权后施行了一系列与军队类似的改革。换言之，直到19世纪中叶，有意在大城市或是名望较高的教区寻求一个好岗位的神父必须投靠望族，也即必须由大地主任命。越山派主教改变了这种情况，将神父担任的公职改为教区专属的特权，这一改革也令神职人员"专业化"，从此神职人员将依据道德教化、学识以及对教会的忠诚度进行选拔。的确，我们无法否认这些改革将使得低级神职人员退出政治舞台。与之相应的是，出现了一批肃穆、打心眼里保守并且极其热衷宗教事务的神父。然而，越山派的指引中也包含着对其他

---

[1] 越山派，即越山主义者。越山主义（ultramontanismo），又名"教宗至威主义"或"教宗至上主义"，是罗马天主教中强调宗教权威和教会集权的一派观点，其名称最初指北欧教会成员总是向阿尔卑斯山以南的教宗寻求指示。

宗教的排斥，共济会也不例外，并且由于巴西共济会成员皆支持自由主义并捍卫民事婚姻及宗教自由，二者的对立进一步扩大。

虽然巴西的神职人员在教权体系上隶属皇帝，但自19世纪后半叶起，他们公然抨击共济会成员，威胁要将与共济会有关联者开除教籍，一些重要的部长和政治家也位列其中。到了19世纪70年代，一起事件引起了教士的愤怒：几位主教被控忤逆旨意，遭到逮捕并被判处四年的苦役，其中包括堂维塔尔·玛利亚修士和堂马塞多·科斯塔。尽管教会高层并不赞同同样支持民事婚姻的共和主义，但是他们依然成为堂佩德罗二世政府的猛烈抨击者。通过布道、圣餐礼、忏悔礼以及最主要的途径——宗教刊物，神父与主教团结一致，表达对皇帝的苛责，进一步削弱了皇权。

在遭到民间、军队和教会精英背弃后，19世纪90年代君主制的灭亡即便不是众望所归，也至少是预料之内。矛盾的是，这种被看作是精英主义的政体，愈发不受巴西统治阶级待见，而其主要的支持者都来自平民阶层。废奴法案是皇权意外受到民众欢迎的原因，它甚至使少数几位出身卑微的黑人共和主义者——如若泽·德·帕特罗西尼奥——再度转变政治立场。废奴法案对于奴隶的影响尤甚，在许多获释奴隶眼中，伊莎贝尔公主父亲般的关怀——更准确地说是母亲般的——极具感召力。在《黄金法案》颁布后的几个月中，不少获释奴隶都加入了黑人卫队，为的是保护君主制政权，他们在共和主义者的集会上制造混乱，也会发动肢体攻击。在首都，保皇派组织甚至拥有1500名成员，并在巴伊亚、圣保罗、南大河、伯南布哥以及米纳斯吉拉斯收获了许多支持者，据说在这些地区出现了前奴隶举行的罢工，原因是一些如今成为雇主的前奴隶主加入了共和党。1888年7月7日的《新闻小报》记载了其中的一起罢工：

> 前天，法罗尔从茹伊斯迪福拉发来报道，说："有人告诉我们，在得知其前庄园奴隶主正在组建一个共和主义俱乐部后，眼果木镇因'五·一三'法令获释的奴隶严肃表示，无论出价多少他们都不会接受这些庄园的工作。"

事实上，有不少理由令《黄金法案》的获释奴隶不信任诞生于1870年的政治联盟。在阿西斯·布拉西尔等共和运动的重要领袖看来，共和制与奴隶制可以互相兼容，美国独立之后的前一百年就是证明。共和党的官方态度也并无不同。例如圣保罗共和党曾辩护道，不应通过法案废奴，亦不应出于道德考量废奴，而应逐步通过传播自由劳动使得奴隶买卖失去经济效益。

尽管黑人卫队受到民众支持，却因受到警察迫害而迅速瓦解，并未在共和国成立时形成抵抗。其实，正是君主制政府自己令黑人卫队的支持难以为继。在帝国期间，选举系统仅限于达到一定收入的自由男性。然而，由于重新调整这一最低限制十分费时——仅在1824—1846年进行过——随着时间的推移,通货膨胀最终导致投票人数稳步增长。在废奴时期伊始,约有 10% 的巴西人参与到政治体系中。这个数字乍看很小,却并非如此。在共和主义的中心地带圣保罗,大约一半的成年男性——包括文盲和曾经的奴隶——都有资格投票。

然而,1881 年的一次选举改革在最低收入之上增设了选民必须识字的要求,顺便一提,共和国政府在最初的一百年中也重申了这一标准。选举资格变化的直接结果是投票人数急剧减少。在共和国成立时,只有 1% 的人口参与到政治体系中,这种精英主义的限制令选举手段再也无法成为光复君主制政权的潜在方案。

因此我们可以说,1889 年 11 月 15 日新政权成立后,在其巩固完善的过程中,比起保皇派和获释奴隶的回应,更重要的是发生在共和主义运动内部的冲突。首先是军民观点上的分歧。当民众支持联邦制或地方省份自治时,军方依然醉心于中央集权的理念,甚至是执迷于共和制独裁。为了理解后一种政体的具体内容,我们需要明白,在 19 世纪 70 年代,在共和主义出现的同时,巴西知识界也发生了一场革新。

按当时一位学者的说法,在抵达巴西的"各式新式理念"中,是那些符合科学思维(至少是当时人们所相信的科学)的思想占据了主流。其支持者预言"实证时代"即将来临:从政治领域开始,社会将发挥作用,并将以科学的方式受到规范和约束。但问题在于,法国哲学家、实证主义的构想者奥古斯特·孔德并未以积极的眼光看待民主、个体主义和自由主义,而是将它们视作形而上的臆想。在作者看来,现代社会必须由一群致力于集体利益的智者以威权主义的方式管理，也是因此才有了那句极端实证主义的名言：

> 以秩序为基础，以进步为目标。

这句口号还奇怪地被添加至共和国国旗上。[1]这类反民主的哲学能赢得巴西军人的青睐并非毫无缘由，作为一个荒谬的混合体，它杂糅了对19世纪科学进步的崇拜以及受到古罗马专制主义启发的政治手腕。

所以，当狄奥多罗·达·丰塞卡的政治手段还仅限于在道德上攻击那些诋毁或威胁陆军存亡的知识分子时，一小群听命于本杰明·康斯坦特的实证主义军人已经将共和独裁的概念带入到了巴西的政治讨论中。这一政治观点取得了成功，一些并非孔德门徒的人也对此表示认同。1891年，在狄奥多罗元帅当选首个宪政总统约一年后，他表现出了共和独裁的迹象，无视宪法并关闭了议会。此时一场军队内的阴谋迫使其辞职。然而副总统弗洛里亚诺·佩肖托在掌权之后进一步加强了共和国政权的独裁倾向。这位"钢铁元帅"不仅没有依照宪法规定组织选举，而且还派遣军队出身的督查官前往各州政府，从而触及许多寡头团体的利益。

很快便出现了一些对独裁的回应。海军由于保留了较强的贵族传统，在共和国初期反映了民间精英阶层的不满。1893—

---

[1] "秩序"（ordem）与"进步"（progresso）二词位于巴西国旗中央。

1894年的舰队起义就是其表现。起义中的一位领袖萨尔达尼亚·达·伽马虽是众所周知的保皇派，但这场运动绝非是一起反共和主义的密谋，而是更多地表达了对新政权所采取路线的不满，因此受到反军政府的共和主义者支持，如鲁伊·巴尔博扎。

  1893年，正当里约热内卢处于舰队的炮火下时，南部也发生了"联邦党人起义"，当地的统治阶级分裂为支持与反对弗洛里亚诺·佩肖托的两派。为了给首都、南大河、圣卡塔琳娜和巴拉那的战斗争取资源和后备军，佩肖托与圣保罗共和党进行了接触，为向民众让渡权力铺平了道路。1894年随着普鲁登特·德·莫赖斯的当选，巴西迈出了第一步，随后当1898年坎普斯·萨莱斯当选时，权力让渡得到了巩固。至此，开启了公认的州长政治，或者说，巴西共和国完全落入了寡头的掌控之中。

·23·

不太美好的"美好年代"

共和国成立后的最初几年，到处充斥着剧烈的变化。在此之前，巴西的欧洲化仅限于家庭内部，如今则成为公共政策的目标——更准确地说是为之"痴狂"。与大部分西方国家类似，巴西的城市、监狱、学校、医院以管控及运用科学方法为名义，经历了一次极端的变革。科学成为一种信仰，因为人们笃定人类已经进入物质发展的新阶段，社会进步将无可限量。

巴西表现出对当下与未来的乐观心态，并追随欧洲的风潮，将19世纪末和20世纪初定义为"美好年代"（ belle époque ）。然而，那一时期也为阴霾所笼罩。共和国在成立之初便面临经济危机，其表征为通胀、失业以及咖啡过度生产。这种情况再加上土地兼并及综合教育系统的缺失，导致大部分刚刚解放的奴隶处于近乎被完全抛弃的生活状态。除了赤贫之苦，他们还得面对一系列通过法律确立的制度性偏见，其目的正是将他们贬为巴西社会中的二等公民，使之失去发声的权利。

在这个意义上,可以说引进"美好年代"思想的目的绝不单纯。当时的欧洲科学被视为社会文明的评价标准,但却充斥着种族主义观点,将白人置于人类发展的首位,而黑人则在最后。

那么,当时的种族主义到底是什么样的?正是19世纪的戈比诺伯爵——即《人种不平等论》的作者——让基于身体特征和共同历史的种族概念成为显学。就在戈比诺受堂佩德罗二世之邀来访巴西的同一时期,出现了一门负责研究种族问题的学科——人类学,在当时意指负责评估肤色、测量颅骨以及划定种族的技术。一个古老的问题令这一领域争论不休:人类究竟是单一还是复数起源?

这些概念很晚才来到巴西。仅是向帝国人口普查中加入"肤色"一项就能引发抗议,巴西学者直到19世纪末才对人种问题产生兴趣。那么面对我们民族形成中所特有的种族混血问题,应该如何是好呢?雷蒙多·尼纳·罗德里格斯和西尔维奥·罗梅罗曾试图勾勒黑人种族对于民族形成的贡献。不过,许多知识分子颠倒了那种将种族退化视为混血结果的解读,反而是坚信通过来自欧洲的移民,"种族漂白"的方案将解决种族退化问题。如果说,这些结论在最后一批奴隶获释时增强了种族主义偏见,但却并未在人与人之间建立明确的种族界限,因为这类观点赞扬种族融合,并将其视为一种有效的共存方式。然而,这并不能避免在种族间建立等级。

亚洲人,尤其是被称为"中佬"的中国人,同样被视作文明序列的底端,与非洲人不相上下。用前者取代后者的想法——如马乌阿子爵的提案——遭到了强烈的拒斥,有人宣称中国人身上有最糟糕的陋习,并且还"懒惰、不服从管教"。[1]

在这种情形下,引进种族主义的思想便有了十分明确的目的,因为在《黄金法案》后,巴西社会中确定孰贫孰富、谁黑谁白的体制已不复存在。于是,种族主义出现了,既是一种管控形式,也是一种确定社会地位的途径,还能在废奴之后,重新界定那些并不属于欧洲传统的群体。

然而,在进口的种族理论之内也能看到一些意义重大的分化。在一些人如卫生保健医生看来,非洲人和黑白混血儿的缺陷是有可能弥补的;而在另一些更偏向社会达尔文主义的思想看来,这类变化则不可能实现。因此,当前者提倡推广教育(尤其是农业学校)、公共健康管控、群体疫苗接种以及改进卫生习惯时,后者则支持"强者生存"的理念,以至于从贫困中看到了一股净化巴西社会的力量。贫困将负责消灭那些被视为低等的成分,即没能融入劳动力市场的获释奴隶。由弗朗西斯科·奥利维拉·维安纳所著、于1918年出版的《巴西的南方群体》便记载着与这类种族主义相关的例证。"肤色和血统带

---

[1] 当巴西迫于英国压力停止国际奴隶贸易后,巴西精英便开始思考可替代黑人奴隶的劳动力。19世纪中叶,"苦力劳工"(mão de obra coolie,主要指印度及中国劳工)在美国、秘鲁等国十分常见,他们薪酬低廉,并且能够胜任重体力劳动,十分适合巴西种植园中的工作。最早提出这一方案的是金蒂诺·博卡伊乌瓦,他的作品《劳动力危机》(1868)深刻影响了帝国政府部门,但更主要的原因或许是欧洲移民难以满足巴西的劳动力需求。如本章所述,由于巴西正围绕种族问题争论不休,引进中国劳工的方案最终没有被采纳。

来的偏见",巴西"美好年代"最负盛名的社会学家说道:

> 高高在上地主宰着巴西社会……扮演了近乎天命的角色。偏见成为令人敬畏的拣选工具,令那些低等混血儿受到层层阻碍,无法上升至统治阶层,在社会底端奔波劳碌……

当然,这种态度往往不会以如此残酷的方式展现,反倒是碎片化的,并披着纯正的自由主义外衣,或是以政治决策为媒介。例如第一共和国的公共部门在面对肺结核时并不用心,因为这是巴西大城市中黑人及混血儿死亡的主要原因。另一方面,卫生保健专家也未能免于种族主义。例如当时出现的法医学亦受种族主义蒙蔽。"美好年代"的犯罪学则背离了18世纪以赏罚公平为原则的法律传统,几乎将犯罪分子视为一个失常的人种,是低等生物形态的一种表现。为此,有人——如马拉尼昂的医生尼纳·罗德里格斯——开始讨论是否有必要针对种族立法。这位学者说道:

> 在巴西,雅利安文明[1]仅以一小部分白人为代表,他们肩负捍卫雅利安文明的责任,除了防范代表自身的反社会行为——犯罪行为——还要提防来自低

---

[1] 雅利安人是19世纪晚期至20世纪中期划分出的一个人种,身材高大、面长鼻窄、肤色较浅、发色多变,使用印欧语系的语言。

等种族的反社会行为。

上述观点来自一位黑人科学家，这表明巴西精英阶层已近乎无差别地被这种思维方式所掌控。这类观点不信任混血儿和黑人，将他们视为潜在的罪犯，从而导致警察权力的膨胀以及公共监狱的建立，公共监狱甚至比帝国内的镇压机关还要关注非洲裔的犯罪行为。连儿童也不能免受偏见。于是乎，在19世纪末，一方面巴西的慈善机构发现遭遗弃的黑人儿童数量急剧上升，而另一方面，无助儿童在法律上的权利地位也开始变化。如果说，直到这一时期以前，无家可归的男孩与女孩都被看作是有待福利院救济的小天使，那么他们如今则被视作"遭遗弃的未成年人"，是"危险阶层"的幼年成员，应从社会关系中隔离出来，关进为此建立的收容所中。

"美好年代"的卫生保健政策也在城区中发展起来。在1889年后，多个城市——如里约热内卢、圣保罗、贝伦和福塔莱萨——开始了名为"推平拆光"的时期。殖民时期的城市空间是葡萄牙建筑适应热带环境的成果，是百年经验的产物，如今却让位于各类"再城市化"项目，以开阔的大道和对欧式建筑的模仿为指引。这一由政府部门付诸实践的决定导致数以千计的贫困家庭——其中大部分都是黑人和混血儿——被驱赶出中心地区的棚户，迁往不利于房屋建设的地点。因此，耀眼夺目的城市也正是创造出贫民窟的城市，并且"贫民窟"一词也正是诞生于那一时期，常常和"毒草"（*pivette*）这种说法相伴，后者源于当时流行的法语，用于指代路上的孩童。

共和国早期的种族主义也曾掉头攻击文化传统。依据1890年《刑法》，卡波耶拉[1]和各类非洲宗教形式变成了犯罪行径，那些前奴隶的食谱也在医学上受到了严厉的批评。其节日也未能免于"反非狂潮"。在整个萨尔瓦多，巴图克舞、阿福谢游行[2]和坎东布雷皆被列为非法。与此同时，在许多其他城市，抛掷狂欢节逐渐失去了精英的青睐，因为在这一公共庆典上黑人可以作为助手，如在莫莫国王的庆典[3]上，此外他们也可以作为掷香水游戏[4]的目标。精英阶层转而前往室内舞会，参加装点着威尼斯式彩色卷纸条和纸屑的狂欢节。

不难想到，对黑人与混血儿民众传统领域各种形式的干涉引起了多种类型的反抗。其中一些会采取非暴力的形式，例如对黑人节庆禁令的回应。尽管精英推动改变的目的是让狂欢节"去非洲化"，但是，至少在某些巴西城市，精英的措施被平民阶层悉数接纳吸收。在共和国首都出现的狂欢节游行就是

---

[1] 卡波耶拉（capoeira），又名巴西战舞，是融合了巴西与非洲文化的一种运动，掺杂武术、舞蹈与音乐等元素。在过去，卡波耶拉主要用于帮派间的械斗，卡波耶拉舞者（capoeiro）曾是街头打手的同义词，为此深受巴西政府痛恨。
[2] 阿福谢（afoxé）既指一种通过人声与乐器展现的曲调，也指表演这类曲调的游行活动，与坎东布雷联系紧密。在狂欢节期间，人们常常能在街道上看到这类游行。
[3] 莫莫国王（Rei Momo）曾经是受到希腊神话启发而创造的人物，后来演变为狂欢节的核心标志之一，莫莫国王庆典则是围绕狂欢节展开的一项庆祝活动。
[4] 掷香水游戏是19世纪常见的狂欢节活动之一，人们会向他人泼洒在家中制作的"香水柠檬果"（即装有香水的小袋子）、咖啡、油漆、泥浆，甚至尿液。

例证。除了五颜六色的卷纸条和纸屑，里约热内卢在"美好年代"时期也引进了欧洲风格的游行。在活动中，当地社会中最杰出富有的人会乘坐花车游行，相互比拼光鲜奢华的服装。公司提供奖品，报社鼓动竞争。穷人只能被动地在人行道上参加活动。然而，他们也渐渐开始组织起来。例如在20世纪20年代，在一群出身贫寒的桑巴舞者领导下，芒格拉区第一桑巴学院俱乐部成立。由此，精英的花车游行渐渐被桑巴学校的民众游行取代，后者往往在里约热内卢的贫民窟和郊区街道上举办。

在体育方面，我们又能找到一个民众吸纳精英改革的例子。作为一项精致的贵族消遣，足球被引进巴西，结果它吸收了卡波耶拉和桑巴舞中的体态，产生了一种被吉尔伯特·弗雷雷称为"酒神式"的足球风格，而沿袭非洲传统的群体也得以在这种"足球舞蹈"中大放异彩。

电影业也自发提供支持，成为传播异国风情的强大盟友，例如在爱情礼仪方面，亲吻替代了葡萄牙传统中的轻捅。里约热内卢最早建立了为卢米埃尔放映机[1]准备的大厅。1897年11月15日，《新闻报》上详细记载了一次电影放映：

> 人们几乎是在害怕海里的波浪会越过屏幕，涌入富丽堂皇的大厅内。

---

[1] 卢米埃尔放映机（cinematógrafo lumière）由卢米埃尔兄弟于1895年发明，一般认为是对托马斯·爱迪生所研制放映机的完善。

这项新发明迅速征服了民众,并且在1897年,其他巴西城市也拥有了电影放映机,大多属于马戏团或者剧团。然而,人们未能平静地吸纳或是接受"美好年代"的所有变化。无论在城镇还是乡村,政府的权力干涉都导致了大规模集体起义。在如今的读者看来,那些叛乱或许毫无道理或像是无知的结果。但从本质上说,当眼前上演着快速且独断专行的改革时,那些叛乱传达的是一种文化上的暴力回应,因为改革没有考虑到普罗大众的传统生活方式,而这种态度甚至可以追溯至君主制时代。所以在1871年,当共和国尚未成立,欧洲化的风气已经占据上风时,巴西帝国首都就曾发生过一起相似的暴乱。显然,原因同样令人惊诧:里约民众反对使用新的计量体系。新的公制体系以体积和重量的线性测量为基础,这自然也是受法国制度的启发。人们给这场运动取了一个一目了然的名字:攻陷千克。它一直持续到1874年,横跨东北部内陆,触及帕拉伊巴州、伯南布哥州、阿拉戈斯州以及北大河州。

在长度上以米代替腕尺和码,在称重时以千克代替盎司和磅,官方改革竟然触怒了如此之多的民众,似乎有些难以理解。但需要注意的是,这一法律决议不仅出现在"宗教问题"的高峰时刻,不仅暗示了引入新赋税的基石已经安放妥当,还在一夜之间破坏了平民阶层数世纪以来构建世界的传统文化形式。因此,称为"攻陷千克"的骚乱可以被认为是一次反对贫困的社会性起义,也是对拒绝强制欧洲化的展现。正因为如此,起义者除了攻击富庶的商贾和庄园主,烧毁注册处和议会的档案室,他们在经过市集和机构时,也没有忘记摧毁帝国政府所强加的新度量。

更为人熟知并且影响也更加深远的是卡奴杜斯起义。领导人劝世者安东尼奥从1870年起开始在东北部腹地布道。1893年,在巴伊亚州内陆的一座废弃旧庄园里,劝世者摒弃了漂泊不定的生活方式,建立了贝卢蒙特社区[1],那里最终会聚了25,000名追随者。追随者皆为腹地的穷人、妓女以及悔改的罪犯,此外还有许多废奴后未能融入巴伊亚社会的前奴隶。在卡奴杜斯社区建立的同一年,劝世者安东尼奥与共和国的官员间发生了一起冲突。最初的不和源于新政权授权设立的市政赋税。很快,对赋税的谴责延伸到了其他政策上,例如政教分离,以及建立与传统宗教婚姻模式相对的民事婚姻。于是,冲突很快演化为腹地的传统世界和共和国之间的交锋。

值得留意的是,在同时期的里约热内卢,新政权还在同海军起义斗争,并在组织远征军与南方的联邦党人作战。尽管这几场运动的大部分参与者对共和国所选方向的不满要胜过他们对王权的青睐,但是由于当时共和政权尚不稳固,他们皆被称作复辟者。出于一些显而易见的原因,这一指控也用在了劝世者的派系上。劝世者安东尼奥宣扬一套空泛的王权怀旧论,与精英阶层世俗理性的王权怀旧主义大相径庭,劝世者期待着堂塞巴斯蒂昂(文艺复兴时期的葡萄牙国王,在与摩尔人的战斗

---

[1] 贝卢蒙特(Belo Monte)有"美丘"之意,反对劝世者的人往往称其为卡奴杜斯(Canudos)。

中失踪）的隐秘回归。他被指控为保皇派在腹地的武装力量参与谋反。贝卢蒙特社区因此成为残酷迫害的目标，曾成功抵挡了多次军事行动，直到1897年最终战败并惨遭屠戮。

几年后，轮到里约人民高举大旗，反对自上而下所强加的现代化。1904年，一场数千人参与的叛乱占领了共和国首都，导致23人死亡，90人受伤。叛乱者的动机是抗议强制接种天花疫苗。人民起义再次表现出一种暧昧不清的特质：一方面是对城市贫困现象的抗议——运动发生于里约热内卢经济危机之后几年——另一方面也是抵制卫生保健专家在独断专行下领导的计划，这些计划低估了民众对可能染上其他疾病的恐惧，如梅毒以及担心疫苗本身就会传播天花。

即便是对于深居丛林之中的人，"美好年代"也没给他们留下什么好印象。在19世纪的亚马孙，对印第安人的奴役再度兴起，而在中南部，扩建中的铁路帮助将远离海岸线的土地并入出口型农业中。在圣保罗，由于西部边境扩张，在包鲁附近发生了多次对卡因冈戈族人[1]的屠戮，圣卡塔琳娜也发生了类似的事情，在那里，佐克伦族人[2]进入了加速灭亡的阶段。这一现象绝非仅仅代表了几起孤立的事件，在20世纪初的几十年中，这几乎导致巴西原住民人口灭绝。

接下来我们将看到，在"美好年代"的叛乱和原住民群体的悲剧命运之外，在经济最为发达的城市中心内还酝酿着另一

---

〔1〕 卡因冈戈族人（los caingangues），居住于南大河、圣卡塔琳娜、帕拉以及圣保罗的印第安群体。

〔2〕 佐克伦族人（los xoklengs），居住于如今圣卡塔琳娜州的印第安群体。

场社会运动，之后它将让巴西精英头疼不已。它的名称：无政府主义。它的目标：在巴西形成过程中消灭资本主义及资产阶级体系。

·24·

工人运动的暧昧性

在从帝国向共和国转型的过程中，巴西出现了一种新的参政形式。社会主义方针的首批支持者在这一时期浮现，他们组建了政党、工会，办起了报刊。这其实是一种根本性的变化。我们只需想一想，当巴西的工人运动将"工人"奉为最重要的社会角色时，便打破了继承自奴隶时期的百年传统，因为从传统上看，体力活动对于公民是耻辱且不体面的。于是诞生了一项合法行使权利的新原则，其影响延续至今。

巴西工人运动最早的苗头出现在里约热内卢并非巧合。从19世纪末到20世纪20年代，共和国首都是工业化先驱，之后才被圣保罗超越。众多纺织厂、鞋厂、帽厂、陶瓷厂和玻璃厂中的工人，加上繁荣的个体手工业——如裁缝和鞋匠行业——以及数以千计的小公务员，为里约城区接受新的政治理念铺平了道路。为参加1891立宪会议选举而创立的工人党中心就是这场变化中的一个例证。通过《人民回响报》，该组织所支持的政纲表现为一系列的含蓄要求,其中甚至有对罢工的谴责。除了增加薪水,工人党中心还主张一些如今看来十分基本——尽管是以大量斗争和迫害为代价取得——的权利,包括禁止童工、八小时工作制、每周一休的权利、老人与残疾人退休制度,以及设立仲裁劳动纠纷的法院。虽然其支持的事业受到了民众的广泛认可,但工人党中心仅存在了短短几年。1893年,由于参与海军叛乱,这一政治组织就此消失。然而,工人运动所高举的大旗依然在传递,1896年在圣保罗州首府创建的社会民主党与1898年在港口城市桑托斯创立的社会工人党都是很好的例子。工会是那一时期的另一个创举。

在里约热内卢与圣保罗,工人联盟于1870—1880年开始成形,但直到共和国成立后才形成一定规模。这类机构随着工业化扩散到巴西其他地区。工会的斗争武器有一个名字:*grève*(罢工)。甚至在大众报刊上这个单词都是按法语来写,暗示这是一场全新的巴西社会实验,而事实也的确如此。19世纪90年代以前,除了一些印刷工人和马车夫的个案,巴西没有发生过重大的罢工运动。而到了共和国早期,形势发生了很大变化。1891—1894年间,联邦政府首都发生了17次要求提高薪水或是八小时工作制的罢工;在圣保罗,截至1900年,接连发生了24场类似的运动。虽然当时出现的工会分子具有战斗精神,却未能在实质上为工人阶级争取到更好的条件。也许正是因为如此,在20世纪初,另一股激进得多的政治思潮在工人运动中取得了一席之地,即无政府主义。于是乎,一方面是继续组建政党的温和派团体,但他们选举力量薄弱且难以持久，例如 1906 年的巴西工人党和三年后成立的社会工人党；而另一方面，出现了一些要求全面重组社会的呼声——或者更准确地说，革命的呼声。

和社会主义者相反，无政府主义者不组建党派，也拒绝加入议会或接受公职。指导他们的政治理论宣称，国家无论由什么阶级掌权，都是一个压迫性的机构，因此无政府主义者坚持不懈地要求将国家替换为自发性的组织，如自治区联邦或者工人联合会。显然，工人联盟是最接近于这一未来社会模型的组织形式。或许是出于这个原因，无政府主义理念传播的时期与巴西工会运动的扩张期相重合。例如 1900—1914 年，圣保罗州首府的工会数量从 7 家增加到了 41 家，年均罢工数增长了两倍。里约热内卢的无政府主义者也在振臂高呼。他们于 1906 年组建了一个议会，并在次年整合了多家工会以建立工人联合会。一些持续时间最久的工人报刊——如《自由之地》——也都得益于他们的运营。此外，在 1918 年，无政府主义者还在共和国首府领导了一场叛乱，工人和军人皆有参与。

然而，在这段扩张期之后，无政府主义运动便走上了下坡路。其首要原因是政府镇压造成的损害，这种猜想并非毫无依据。在和平派之外，一些无政府主义分子支持直接行动，也即运用暴力对抗统治阶级，正如在 20 世纪初一些传单中所看到的那样。这些传单附于针对里约激进分子的判决书之中，主张用氯化汞在牛奶中下毒，以系统性地杀死资产阶级。情形十分恐怖，但值得注意的是，我们能够在这个例子中观察到一种源自民众的社会达尔文主义，它并非如前文所述的那样，旨在消灭"低等种族",而是为了灭绝被归为"寄生虫阶级"的精英阶层。

尽管支持直接行动的无政府主义者只占少数,却促使政府建立起强有力的镇压制度,其中一个原因在于许多激进分子都出生于巴西之外。例如,在1910年前后的圣保罗,70%—85%的运输业工人、手工业劳工以及小商贩是外国人。虽然他们大部分都来自意大利、葡萄牙和西班牙的乡村,但他们中一部分人拥有工会经验或是参加过欧洲的无政府主义运动,因此在建立与领导工会方面表现突出。共和国的上层注意到了这一点,借着直接行动分子的恐怖主义行径,通过了有助于驱逐外国人的法令。如此一来,在帝国时期作为文明使者的欧洲移民,便转而被视作混乱与颠覆政权的根源。

但是,镇压并非唯一原因。工人运动中无处不在的外国身影还带来了另一些负面影响。许多愿意移民至新大陆的男女都怀抱着阶级跃升的期待。在遭到政治镇压之后,解体的无政府主义队伍难以重振旗鼓。一是因为移民一旦获得更好的岗位便会脱离无政府主义运动,二是由于有大量移民因对巴西的生活条件失望而返回原籍国家。

另一边,种族矛盾对立压缩了不少工会组织的生存空间。"港口仓库及咖啡工人抵抗组织"便是一例,这家工会中会聚着旧共和国时期来自里约热内卢的码头工人。它属于极少数领导层由黑人构成的工会。然而,随着葡萄牙籍的码头工人数量逐渐增加,内部矛盾开始浮现。到了1908年,工会会议期间甚至还发生了死伤。在接下来的四年中,内部矛盾带来了灾难性的后果。其成员数量从 4000 人下降到区区 50 人。同一时期的里约绘画工会也遇到了相似的问题，而其他的工会团体则旗帜鲜明地表现为少数族裔聚集地，在最开始就限定了成员以及激进斗争分子的民族国籍，例如圣保罗的帽匠都集中于 Societè Cosmopolita fra Lavoratori Cappellaio（都市帽匠协会）。

种族之外还有其他问题。由于无政府主义者拒绝通过议会参政，也拒绝给予既有党派任何支持，导致工人的诉求难以在法律上实现。雪上加霜的是，无政府主义者还批判足球、狂欢节、天主教和乌班达教[1]，他们从中看到了各式各样的资产阶级阴谋，目的都是让大众放弃其真正的利益诉求。事实上，这一点促使激进分子对大部分工人都抱有偏见，并常常矛盾地转变为种族主义和精英主义立场。

到了 1920 年，巴西工会的斗争成果几近于无。其争取的薪资跟不上食品价格和房租的增幅。当时尚处起步阶段的劳工法则仅止步于意外赔偿以及限制女性和儿童劳工。法律条文单薄低效，改革目标倒行逆施，例如圣保罗州 1911 年的法令禁止 10 岁以下的未成年人在工厂及办公室中工作，反倒将 1894 年法令中的年龄限制降低了两年。其余的法令不过是一纸空文，例如 1917 年的一条法令将儿童的每日工作时长限制在 5 小时内，并明确在录用未成年工人时要求出具医学证明和在学证明。

对男性、女性以及儿童的剥削肆无忌惮，令他们必须承受

---

〔1〕 乌班达教（Umbanda），非洲-巴西文化下的一种一神教，于 1908 年由泽里奥·费尔南迪诺·德·莫赖斯创立，以"光明、慈善、爱意"三个概念为核心。"乌班达"一词源于安哥拉的金邦杜语，意为"治疗的技艺"。

超过 12 小时的日工作时长，这不仅增加了个体反叛事件，更让工人的自戕行为成倍增长。在共和国成立之初的二十年间，圣保罗由于扰乱社会秩序而受到监禁的人数增加了 40%，而缘于醉酒的监禁数增加了接近 400%。与此同时，自由劳动市场对奴隶关上了大门，加剧了盗窃行径。20 世纪初，在像坎皮纳斯这样的城市里，黑人和棕色人种只对应 20% 的总人口，在囚犯中却占到将近一半。而里约的数据表明，来自欧洲的移民也不总是享受最好的条件。1903 年，联邦首都大约有 100 名葡萄牙居民受到流浪和偷盗的指控，被驱逐出巴西。1915—1918 年间，欧洲移民群体对应 32% 的刑事诉讼，而他们只占里约热内卢成年男性人口的 15%。

　　大多数工人通过建立互助会以面对陷入困境的风险。和前文所提到的其他组织形式类似，互助主义并不是巴西本地的发明创造，而是一种来自欧洲——或者更准确地说，来自法国——的舶来品。在巴西，这类机构最早出现于 19 世纪中叶。互助主义一如其名，鼓励成员间相互帮助。互助组织与工会类似，也可能依据社会职业标准组建，从而依照其代表的团体命名，例如船舶制造工匠福利协会、理发与修面师保障协会，甚至是"鞋匠及相关岗位互助协会"。但是，这类组织和工会的相似之处也仅限于此。工会致力于争取权利以及社会改革，而互助协会推动慈善救济并强调安于现状。此外，互助主义者在整个工业化时代都保留了类似宗教兄弟会或善会的痕迹，包括避免使用"工人"或者"劳动者"这类词语，可以发现他们以"工匠"自称。他们起草的章程也能说明互助组织一些称得上是"殖民时期"的特质。例如在圣保罗，80%的互助组织最主要的任务是为死亡的成员筹办宗教仪式，负责为车辆、棺材、鲜花、蜡烛和寿衣支付费用以及挑选护送棺椁的成员团体。换言之，当社会主义者和无政府主义者试图赢得世俗的胜利时，互助主义者正在征服另一个世界。

还有另一些迹象能说明互助主义者的守旧面目。尽管许多互助组织的成员出身贫寒，它们依旧常常邀请富有的商人参与机构的领导和管理。与殖民时期善会所采取的形式类似，互助组织也不介意听命于国家，从而换取免税以及发放有息贷款和接收遗产的授权。互助组织的出现并不一定与当地经济繁荣程度相关。因为在1889年，南大河有85家互助组织，而富饶的圣保罗州只有23家，这一数字甚至不及19世纪末于巴伊亚注册的40家。

工会的出现也并未使互助主义走向衰弱。1928年，圣保罗有83家互助机构，远远高于1889年的23家。在巴西联邦首府，互助组织同样增长迅速，从1883年注册的171家，增长到1912年的438家。而那一时期，当里约的工会至多有7万名成员时，互助机构拥有大约28万名会员。可以发现，互助组织远比工会机构更有代表性。与后者相反，互助组织基于一种与阶级矛盾截然不同的政治实践，同时也与社会主义者共同关注特定方面，例如健康援助以及老龄人口保障，也即各种形式的社会保障。研究表明，从20世纪30—40年代起，热图里奥·瓦加斯将夺下这几面大旗，利用它们取得大量平民阶层的支持。

·25·

工业庄园主

    工业化是巴西史上最有争议的话题之一。与工业化相关的作品耗费了成吨笔墨，一篇篇文章中，堆积如山的数据针锋相对，只为展现不同的假说。然而，大部分研究者似乎在一个方向上达成了共识：巴西工业与在欧洲大陆发生的进步相反，并不是手工业和小工场逐步发展的结果，而是出生即具备了现代工厂形式的成熟产业。

    矛盾的是，正是得益于巴西落后的经济，这种情况才成为可能。在19世纪80年代，当巴西开始建设第一批工厂时，欧洲的纺织机械已有长达百年的技术发展史，我们正是靠着技术进口才开始了工业化。但是，这一表面的优势也带来了极大的不便，其影响更是持续至今：它未能刺激本国工业技术的发展，而这对于我们生产能够制作机器的机器，或仅仅是将生产力调整至国际水平，都是不可或缺的。对他国的强烈依赖就此产生，既因为新技术价格高昂，也因为它是外国大型企业精心维护的垄断对象。

此外，技术引进也抑制了教育发展。值得注意的是，发明家这类在自家车库就能变革世界的天才，即便他们是工业时代当仁不让的英雄，在巴西社会却从来都不是重要人物。需要重申的是：这并不是由于缺少有天分和创造力的人，而是因为巴西的工业化与欧洲大陆相反，并非技术进步与手工生产缓慢结合的结果。

那么巴西工业的起始资本源自何处？谁是我们最早的企业家？在此，我们需要再次强调，有多项研究都在以下观点上有所重合：我们最初的工业化（1880—1930）基本源于对现代机器的进口，其资金来自传统农业领域。在这一点上，最典型的便是之后将成为全国工业中心的圣保罗。

与一般印象相反，圣保罗并不总是巴西工业化程度最高的地区，直到20世纪初，圣保罗的情况都相对一般。例如在1907年，工业普查表明联邦首府的工厂比南边的邻居[1]多了两倍。米纳斯吉拉斯在名单中排到了第二位，圣保罗则是不上不下的第三名，再之后是南大河。即使是在资金投入、工厂产出以及每所设施中的工人数量方面，情况也没有什么不同。在这几项上，圣保罗甚至比不上伯南布哥，而后者在巴西工厂总数排名中位列第六。依然是基于1907年的数据，一个显而易见的事实是：基本上85%的巴西工业产业位于圣保罗州界以外。与广为流传的"巴西引擎"神话相反，旗队故乡的居民并未引

---

[1] 圣保罗位于里约西南方。

领我们最初的工业化进程。

和许多地方类似,圣保罗的庄园主也将出口型庄园中的过剩资金用于购置机器。许多庄园主将这类投资视为一种农业活动的补充形式。于是,时常有棉花庄园主开办纺纱厂和纺织厂,牧场主建立皮革厂,以及咖啡种植园主致力于生产火车车厢和有利于咖啡产业的机器。还有的人只是单纯有意令投资多样化,并借此拓宽家族的收入来源,例如安东尼奥·达·席尔瓦·普拉多和安东尼奥·阿尔瓦雷斯·彭特亚多,从19世纪末到20世纪初,他们曾是富有的咖啡庄园主,但同时也建设了玻璃厂和粗麻布厂。

到底是什么令圣保罗成为工业中心?又是何时发生的?好了,既然我们即将步入一个争论不休的领域,我们先得简单说说最常见的一种解释。首先,有必要重申的是,圣保罗拥有全国最繁荣的农业活动。从19世纪30年代起,咖啡已成为巴西经济的主要类目。1900年,在出口方面,咖啡的利润超出蔗糖10倍,超出棉花20倍,并且几乎超过烟草30倍。只有当时处于其黄金时代的橡胶,才有能力与咖啡相提并论。即便如此,这一取自亚马孙橡胶园的硕果对出口量的贡献只占晨间大众饮品原材料的四分之一。

在肥沃的土地与铁路的滋养下,圣保罗的农业得以在远离海岸的地区开疆拓土,1886—1910年,圣保罗的咖啡种植园在全国咖啡产值中的占比从42%增加到70%,把邻居里约州远远甩在后头。这些数字更令人震撼的地方在于,1910年巴西控制着全世界75%的咖啡生产,这意味着在世界上销售的咖啡中,有大约一半产自圣保罗。在 1906 年,这相当于将近 10 亿公斤的出口量!

所以,这种情形使得当地经济收入丰厚,并扩大了消费市场和工业投资的资金来源。圣保罗人不仅拥有大量可以流入工业的资金,还具备其他一些优势,使他们有能力在工业上领先巴西的其他地区。圣保罗接收的数百万欧洲移民就是其中之一,这使得当地的薪水直到大约 20 世纪 20 年代都低于里约或南大河雇主所支付的数额。在某些情况下,例如服装和制鞋产业,工人的薪水甚至低于全国平均水平——连落后的东北部地区也包括在内。

政治改革也推动了圣保罗的经济繁荣。如我们在另一章所提到的,在帝国时期,圣保罗省对赋税的贡献远超其得到的利益与公共财政投入。现在,共和国为了实现财政联邦制,极大地提升了地方及州政府的财政预算,在地方上开启了我们前面所说的"美好年代":一个属于大型公共工程和拓展城市空间的时代。工程与改建催生出数以千计的工作岗位,推动了城市发展,最令人震惊的案例莫属圣保罗州的首府,其人口在 1872—1914 年间从 23,000 增加到 400,000,这也令如鞋、服装、饮料等工业品的消费市场成倍增长。

另一方面,圣保罗能够有创造性地应对经济危机。和殖民时期的情形类似,出口型种植园的扩张最终会导致生产过量的问题。那些被趣称为"怪物收成"的情形会导致咖啡价格剧烈波动。于是,对比 1890 年和 1906 年这两个年份,我们可以发现,如果按照当时的参考货币英镑来计算,巴西经济王牌产品的国际价格经历了一次"腰斩"。在吃了十多年的苦头之后，圣保罗人在应对1906年的经济危机时提出了后来所谓的"陶巴特协议"，在那场会议上，巴西生产商的目标是出台一项给咖啡定价的政策。这项政策包括购买、存储甚至是销毁咖啡产品，目的是保持或是使咖啡的国际价格回升。尽管米纳斯吉拉斯和里约的生产商对这项极端措施持保留意见，但是在联邦政府和国际贷款的支持下，这些政策最终还是得以执行。这次价格把控和当时自由主义者的预期大相径庭，取得了成功。1907—1915年，咖啡的国际价格基本上翻了一番。咖啡定价如同一颗定心丸，以至于1917年和1921年的"怪物收成"最后也是以同样的方式应对——顺便一提，这两次也取得了成功。1925年，对咖啡的保障变为永久性。这项政策即便未能从1929年的危机中拯救圣保罗的经济，至少也极大削弱了危机的影响，并且早在20世纪30年代初，就已经为恢复当地经济发展做好了铺垫。

圣保罗的经济繁荣也为许多移民开辟了阶层跃升的通道。然而，像葡萄牙鞋匠安东尼奥佩雷拉·伊戈纳西奥这样的例子少之又少。作为伊戈纳西奥·沃托拉廷集团的创始人，他从11岁开始工作，创造了一个帝国。但在大部分情况下，这些移民企业家要么在抵达时就有一些资金，要么出身中产阶级并带有一项重要的资本——文化资本，也即是从正规教育角度出发的合格人才。亚历山大·西西利亚诺、安东尼奥·德·卡米利斯和他们之中最有名的弗朗西斯科·马塔拉佐都属于这种情况。此外，这类移民并不总是立刻投身工业领域。许多人首先会在出口型农业或国内食品贸易领域工作,"复刻"工业庄园主的典型社会轨迹。

然而,"美好年代"期间圣保罗的经济发展绝非一场现代化道路上的胜利游行。定价政策中的一些方面存在危害,其中之一在于它刺激了新生产国的出现。供给侧的增长使得国际市场对产品愈发挑剔,逐渐导致拥有老旧咖啡种植园的地区被边缘化。另一方面,由于囤积货物不是一个能够无限制使用的手段,因而在某些时段引发了咖啡的销毁,按布莱兹·桑德拉尔的说法:

> 1929—1934 年,在世界金融危机最严重的几年中,咖啡保障机构(IDC, Instituto de Defesa do Café)销毁了 3600 万袋咖啡。一袋袋咖啡被抛向大海。在引擎的锅炉中燃烧的也是咖啡。在桑托斯市,整袋整袋的咖啡堆成一座小山,在经济危机的几年里没日没夜地烧着,甚至可能持续到了"二战"的开战日。大概有 5000 万袋吧……太荒谬了。

咖啡保障政策除了让可能用于工业的资金"付之一炬",还具有其他负面影响。该政策给当时的货币米雷斯[1]造成了巨大的贬值压力,令进口工业机械更加昂贵。但庄园主却一点儿

---

[1] 米雷斯(mil-réis),即 1000 雷伊斯。1835 年 4 月 24 日,巴西将货币单位从雷伊斯转变为米雷斯。

也不抵触这类压力，因为他们售出咖啡时以英镑收款，本国货币贬值让他们赚得盆满钵盈。

在认识到出口型种植业和工业之间既互补又矛盾的关系后，我们就能明白为什么圣保罗没有发生过快速的工业革命，而是仅有一段缓慢且举步维艰的经济转型过程。当然，这个说法也适用于巴西的其他地区，直到20世纪40年代，巴西的工业才在国家财富总值中超过农林畜牧业。

还有另一个很重要的角度可以解释我们迟到的工业化，这与知识界对工业化的排斥有关。不少人将其视为巴西社会的"人为创造"。这一说法受到保守主义者的赞同，因为他们反对任何形式的工业以及与之相关的都市生活方式，正统的自由主义者也是如此，他们支持将巴西资本投入农业，把工业品的进口或生产留给外国企业。

一旦这种观点在政客和官员中拥有数量庞大的支持者，向国际资本敞开怀抱也就不怎么稀奇了。虽然无法与20世纪50年代的规模相比，但是在旧共和国时期，国际投资依然遍布巴西各类经济部门。其中既包括传统行业，如铁路和电车轨道；也包括能源行业，如莱特电气和通用电气的投资；还包括制药行业，如罗地亚公司和拜耳公司的投资；而在车辆和轮胎制造行业，福特和固特异也都有设厂。这些企业皆于20世纪20年代在巴西落地，这正是圣保罗上升为主要工业中心的时期，而里约热内卢则随之降到了第二位。

·26·
一个陈旧的共和国？

1922年，有一名乞丐生活在联邦首府的灌木丛中，利马·巴雷托[1]对此评论道：

> 报上的新闻并没有说那个男人靠渔猎为生，就此摧毁了在自诩文明的中央大街旁形成的纯野生人类生活图景。

从散文《变化》的这个段落中，我们可以看出前一章中所说的变迁与几近于蛮荒时期的历史共存。类似的情形令许多学者将1889年建立的政权看作一种政治机构的肤浅重组，缺少

---

[1] 阿方索·恩里克斯·德·利马·巴雷托（Afonso Henriques de Lima Barreto，1881—1922），巴西著名文学家、记者，曾创作小说、散文等诸多类型的文学作品，代表作为《波利卡波·夸雷斯马的悲惨下场》(*Triste Fim de Policarpo Quaresma*)。

经济与社会方面的重要意义。更有甚者，将新的政治体制视为一种"飞跃式"的历史倒退，它打破了巴西帝国的集权趋势，为庄园主彻底掌控全国政治腾出了空间。

与之前我们讨论的主题类似，这些对共和国的解读也引起了激烈的争论。其中最受人质疑的方面在于国家是否遭到了所谓的削弱。这一批评自有道理，因为联邦制的分权并未像摄政时期那样引发分裂主义运动。正相反，中央权力在某种意义上得到了增强，因为在第一共和国时期，许多地区的乡下庄园主恰好身处经济下坡，因此愈发依赖联邦公共机构提供的服务、资源和保护。

其他解释强调共和国的新变化在于出现了由寡头团体牢牢掌控的各州政府，而在君主制时期，由于存在最高节制权，这类情形极少出现。如此一来，小城豪绅与共和国总统之间出现了一个中间权力部门，可在人情利益、工作岗位和预算资金方面讨价还价，以换取政治支持。这样的安排构成了"州长政治"的核心，并令其在1898—1930年间掌握了旧共和国。州长政治的创立者坎普斯·萨莱斯因此被认为是一位精明且极具创造力的政治家。然而，一篇分析文章在将之与其他拉美国家的情况相比较后，发现州长政治的提案并不完全是首创。例如阿根廷1880年已经存在州长政治，并被称为"州长联盟"。

除了拥有整套基于经济利益的人情网络，州长为了能够长久掌权，还取得了联邦层面的政治支持。这一策略之所以可行，是因为根据选举法的规定，候选人胜选后还需由议会和共和国总统分别确认授权。于是，那些不受统治团体支持的胜选者——按大众的说法——便会遭到"断头"。在这条协定与交换之链的另一端，州政府授予地方豪绅全权，允许其定夺所有地方市政的相关事务，甚至还能指派亲信在州政府中任职。

显然，以上体制服务于小、中和超级"地方上校"的利益。但这不过是表象，在实践中，共和国的政治常常与之对立。最基本的问题是缺乏权力交接上的清晰规则，致使一些人在位数十年，如南大河的博尔热斯·德·梅代罗斯。缺少了能"拍板"或至少能作为公认调停人的皇帝，便形成了令寡头间武装冲突不断的有利条件。在联邦层面上，这种情形促成了圣保罗人和米纳斯吉拉斯人的彻底统治。到了1889年，除了能够依靠有十余年历史的共和党，以上两州还拥有有利的经济和人口条件。对于圣保罗，咖啡带来了显而易见的经济霸权。至于米纳斯，其优势在于它是联邦中人口最多的州，因此最有可能决定总统选举的胜负。所以，当1894—1930年间当选的12位共和国总统中，圣保罗和米纳斯的寡头选出了9位时，人们也丝毫不觉得惊讶。需要重申的是，这种情况令许多寡头团体边缘化，不断引发冲突，并导致针对选举腐败和侍从主义（当时又名"教子主义"）的长期批评，但其中多为吠形吠声，最终都落回君主制优于共和制的旧谈。

在巴西的许多地方，寡头团体间的暴力冲突加深了社会倒退的印象。1906年，马托格罗索发生的一起冲突导致州长卸任。八年后，卡利里峡谷发生了另一起冲突，几位塞阿拉上校——其中包括西塞罗神父[1]——指挥发动了对州首府的攻击，目的是推翻州长弗朗科·拉贝洛。这些冲突最终都需要联邦部队的介入，戈亚斯州的争端就是如此，卡亚多家族和沃尔内家族间接二连三的战斗动摇了当地政治活动的稳定。而在巴伊亚腹地，为了抗击势力庞大的塞亚布拉家族，同样发生了多次战争。换言之，在许多人眼中，共和国的政治活动在大多数时候已经变成了枪击与暗杀的领域，而非对话和协商的场所。

从某种层面上看，这类明争暗斗正是对一般意义上"上校主义"的最佳诠释。上校主义为地方豪绅的一种形式，以组建私人民匪（*jagunço*）军队为基础，在东北部尤其严重。民匪自殖民时期起就在腹地从事犯罪活动，他们也有可能受雇参与敌对家族间的战争，或是在经济极不景气时受雇保护家畜。旧共和国时期的变化一方面在于这些不法分子具有了政治上的用途，例如，在上文提及的卡利里峡谷塞阿拉人叛乱中，最终聚集了由5000名民匪构成的数个团伙。这多少也是蔗糖和棉花经济衰落所造成的后果，大量岗位因此消失，这些工作曾在每年的某些月份中确保了无数腹地家庭的收入。另一方面，随着20世纪初亚马孙地区橡胶产量下降，移民腹地也渐渐不再是摆脱困境的解决方案。在经济停滞、干旱和移民锐减三者的结合之下，腹地贫困人口剧增，越来越多的小农场主也需经历社会阶级下降的痛苦。因此，这些人很容易成为

---

[1] 西塞罗神父（Padre Cícero，全名 Cícero Romão Batista，1844—1934），巴西著名的天主教神父，在塞阿拉州甚至整个东北部都拥有极强的社会、政治及宗教影响。

寡头团体招募的对象。而在寡头冲突结束后，加入悍匪"自治"队伍的民匪屡见不鲜，如著名的兰皮昂团伙，他们以打家劫舍和敲诈勒索维生。这种情况使得拉美最贫穷共和国的惨状得以在巴西重现。

为此，上校主义和悍匪属于我们"美好年代"中灰暗的一面，并表明了城市变化的特殊性质。直到20世纪20年代，城市中仅仅会聚着20%的巴西人口。这段历史事实上颇具讽刺意味，因为在巴西大部分地区，1889年诞生的政权是逆转而非强化了19世纪后半叶的欧洲化趋势。所以旧共和国——即便在它还算"新"的时候——引起无数批评也不足为奇了，其头号批评者正是创立共和国的机构：陆军。

如我们在前文所见，军人自1898年起退出政治舞台。他们退出一方面是灾难般的卡奴杜斯战役造成的，另一方面也是授予军官公务员岗位导致。后一种做法抚慰了军人，使他们保持沉默。然而，到了1910年，里约热内卢爆发了海员起义，陆军获得了重返政界的机会。在前奴隶的儿子若昂·坎迪多·费利斯贝托领导下，叛乱者于11月23日控制了数艘战舰并轰炸了联邦首府。叛乱的主要目的是揭露共和国暧昧性，或者更准确地说，阐明新政权无力与过去划清界限。叛乱者要求废除使用鞭刑作为惩戒手段，但鞭刑其实在很久之前就已经遭到了法律禁止。叛乱者的怨言绝非夸大其词，就在叛乱爆发当天，一名里约水兵被判250鞭的刑罚，这一惩戒措施属实令人不快。

虽然这场叛乱以一纸谈判协议告终，但陆军依然将自己确立为保障秩序的机构。同年，埃梅斯·德·丰塞卡元帅在竞选活动中于演讲台上重申对"公民士兵"的支持,并称其为祖国的救星。元帅在胜选后不曾对共和国的局面做出改变——更准确地说是完全没改。1915年,里约热内卢的中士叛乱表明不满情绪已蔓延至军队中的下级军官。在之后的十年里,一连串的起义揭露出更多怨言。其中之一是1922年的科帕卡班纳堡十八人事件。叛乱起于一些被认为是出自阿图尔·贝纳德斯[1]的信件(顺便一提,皆为伪造),据说信中对军队提出了尖锐的批评。反叛者的目标可一点也算不上保守:他们要罢免总统。两年后,又有一场起义。这次的起因是对科帕卡班纳起义者量刑过重。这些运动被称为尉官起义,并因普雷斯特斯纵队[2]广为人知,该纵队于1924—1927年横穿巴西,最后在玻利维亚销声匿迹。

或许对于军官改革者来说,开始通过非制度化的途径参政远比战场上的丰功伟绩重要,他们将军事政变重新提上日程,将其作为一种改造社会的手段,这一变化能够帮助我们理解1930年爆发的革命[3]。民间也不乏对旧共和国政治体制的谴责

---

[1] 阿图尔·达·席尔瓦·贝纳德斯(Artur da Silva Bernades,1875—1955),巴西旧共和国时期的重要政治人物,1918—1922年任米纳斯吉拉斯州州长,1922—1926年任巴西第一共和国总统。
[2] 普雷斯特斯纵队(Coluna Prestes),本质上是一场反对阿图尔·贝纳德斯政府以及寡头政治的军事叛乱,其主要诉求为实施匿名投票、保障公共教育以及针对全体国民的中学义务教育。运动开始于南大河,当地的军官在普雷斯特斯中尉的带领下起义叛乱,他们突破了政府军的包围,并开始了一场横穿巴西的军事长征。对普雷斯特斯本人的详细介绍请见本书第27章。
[3] 此处的革命,又被称为1930年政变,最终演变为巴西内战,并宣告旧共和国的终结。

之声。1910年，鲁伊·巴尔博扎的竞选活动虽受圣保罗精英的选举机器支持，但他依然在广场和公众集会上谴责选举机制中的长期欺诈与腐败。丝毫不保守的作家如利马·巴雷托和尤克里德斯·达·库尼亚[1]也在共和国批评者之列，参与1922现代艺术周[2]的知识分子也是如此。甚至统治阶级的寡头间也存在分歧，如1926年圣保罗寡头在创立民主党上的分歧。

换言之，20世纪20年代的政治体制好比一锅即将沸腾的热水。缺少的只是一个契机，而华盛顿·路易斯正是提供之人。1930年的选举与预期相背，时任总统并未指派一名米纳斯人接任，而是选择了同乡儒利奥·普雷斯特斯。圣保罗寡头代言人普雷斯特斯的举措激怒了米纳斯吉拉斯的统治团体。后者成功和南大河州与帕拉伊巴州的重要政治团体达成一致，其目的是在原定于1930年3月1日的总统换届上推出一位自己的候选人。通过当时称为自由联盟的合作，南大河人选择倾力支持一位候选人——热图里奥·瓦加斯。

和预料中的一样，面对选举舞弊，自由联盟败下阵来。此外，反对党联盟中胜选的联邦代表都没有收到议会认可的任命书。自由联盟的一位重要成员帕拉伊巴州州长若昂·佩索阿出

---

〔1〕 尤克里德斯·达·库尼亚（Euclides da Cunha，1866—1909），巴西著名记者、文学家，其代表作品《腹地》背离官方叙事，以旁观者的角度重新呈现卡奴杜斯战役，深刻影响了巴西政治、社会、文学等领域。
〔2〕 现代艺术周（Semana da Arte Moderna，1922年2月13—17日）是巴西现代主义文学史与艺术史上的里程碑，以圣保罗的知识分子如马里奥·德·安德拉德（Mário de Andrade）、奥斯瓦尔德·德·安德拉德（Oswald de Andrade）等人为核心组织筹办，参与者多为文学、艺术、音乐等领域的先锋人物。

于政治原因遇害，令局势再度升级。10月3—24日，1930年革命爆发。随着革命取胜，一个疑问浮现：新政权和旧政权会有何不同？

·27·

1930：革命与政变

1930年政变罢免了华盛顿·路易斯，进而阻止其继任者儒利奥·普雷斯特斯掌权。在当时的报刊读者眼中，这似乎是旧共和国政坛大鳄之间的一次典型交锋。许多人以为新政府难以为继，因为1930年革命的政治基础十分薄弱。众所周知，这场革命挑战了强大的寡头统治，圣保罗的寡头首当其冲，他们由极具影响力的庄园主和工厂主构成，以圣保罗共和党为核心组织起来。

为了抗击这一利益共同体，瓦加斯以自身为中心，团结起多个自20世纪20年代起便不满于寡头统治的群体。于是，1930—1954年巴西政治史便由新总统与社会各团体间的一系列合作、决裂、友善交往及政治迫害构成。为了更好地理解这一连串的"阴谋算计"，让我们先回到政变的浪潮中吧。

上文说到，革命开始于1930年10月3日。第一批起义者以自由联盟根基最稳固的几个州为基础。如此一来，在叛乱最初的 24 小时内，南大河州与帕拉伊巴州已处于他们的控制下。在接下来几天中，同样的情形再度于塞阿拉州、伯南布哥州、米纳斯吉拉斯州和巴拉那州上演。为何起义者能如此迅速地取胜？除了属于反对派的民匪军，他们还从愤懑的军人那里得到了至关重要的支持。自由联盟的政客巧妙地同年轻的陆军军官达成协议。在尉官运动分子看来，这场革命满足了他们的一些期望：它借由一个中央集权的政府与寡头政治作斗争，并向参与 1922—1927 年叛乱的军人承诺了曾被多次否决的大赦。

在革命运动开始两周后，圣保罗部分区域沦陷，之后革命开始向里约热内卢的方向进发。形势对于起义者一片大好。随后在 10 月 24 日，陆军领导层罢免了总统华盛顿·路易斯。几位将军在政变之中又发动了一次政变——或者按当时的术语，在革命中发动了一次反革命——满足了尉官运动分子的改革呼声。在旧共和国被推翻后，开始了有关权力交接的协商。尽管遭到了部分将领抵制，新领导人依然在 1930 年 11 月成功上任。

热图里奥·瓦加斯的总统任期就此开始，当时看来似乎注定朝不保夕。自任期伊始，新总统就要面对圣保罗强大的反对派，后者的怨言也得到了传统的圣保罗共和党（PRP, Partido Republicano Paulista）和民主党（PD, Partido Democrático）支持。民主党曾经是自由联盟中的积极分子。在圣保罗民主党人眼里，临时政府的目的是通过召开立宪大会以确保政治上的改革。

在原有尉官运动分子以及新一批将军的支持下，热图里奥·瓦加斯暗示召开立宪大会将为寡头打开重返权力的大门。瓦加斯还挑选了一名尉官分子作为圣保罗州的督查官,进一步挑动民主党的神经。民主党曾有过其他尝试,却接连受挫,促使那些一度支持革命的圣保罗政治家与圣保罗共和党成员联合,组成了圣保罗统一战线(FUP, Frente Única Paulista)。圣保罗统一战线也和南大河及米纳斯吉拉斯的政治团体关系紧密,二者同样对临时政府的方针感到不满。面对政治上的压力,热图里奥做出让步,召开了一场立宪大会。然而,召开大会的文件含糊不清,因为文件谴责了那些梦想能"自动回归过去"的人,暗示瓦加斯将强加一个中央集权政府。1932年7月,圣保罗人表明他们为了捍卫一个自由主义宪法能做到何种地步:他们拿起武器并对准了政府。多亏了南大河人以及米纳斯人最终倒戈,瓦加斯才没有遭到罢免。

这场名为立宪起义的叛乱尽管落败,却达成了一些重要目的。除了确认召开立宪大会,圣保罗人还干涉了当地的州督查官任命,令阿曼多·德·席尔瓦·奥利维拉上任。热图里奥虽然得以继续掌权,但他却因这一局面受到削弱。由于缺少一个全国范围的政党支持,热图里奥不得不向寡头做出让步,例如在选择圣保罗的督查官时。总统只能接受一套本质上为自由主义的宪法,它极大限制了行政权的行使。在某种层面上,热图里奥正在为发动一场政治革命——而非经济或社会革命——付出代价。

正是在这种情况下,未来的独裁者与陆军愈发亲密。陆军组织不仅覆盖全国,还拥有对抗寡头的武器,一如在1930—

1932年所展现的那般。但是，武装部队依旧处于分裂之中。一部分曾经的尉官加入了临时政府，另一部分则继续作为反对派，并走上极端。路易斯·卡洛斯·普雷斯特斯就是一个例子。在以他命名的尉官叛乱——普雷斯特斯纵队——结束的那一年，巴西共产党开始与他联系。巴西共产党诞生于1922年，很大程度上是十月革命政治影响的结果，共产主义从此不再是遥远的乌托邦，亦非某个孤立的事件如1871年巴黎公社，而是第一次成为一个大陆级国家的政府形态。

现今的读者很难想象，十月革命究竟在多大程度上影响了那些工人权益捍卫者的政治观点。1917—1922年，巴西许多无政府主义者和社会主义者逐渐接受了共产主义理念。这种接受意味着采纳共产国际的指导方针，也就失去了依照当地具体情况制定行动的自主权。1928年，巴西共产主义者为划定清晰的政治立场，放弃了在政治上拉拢中产阶级。他们越来越倾向于走共产主义革命的武装路线，反对参与议会。

在这种情况下，巴西共产党将尉官运动中的极端异见团体视为潜在的盟友，并在1929年建立了军事革命委员会。尽管有以上种种尝试，但普雷斯特斯最初依然拒绝加入巴西共产党。然而在1930年，当他前往莫斯科流亡时，其政治立场发生了转变，到了1934年归国时，他已是巴西共产党员。与他一道加入共产党的还有曾经尉官运动的重要领导人，如阿吉尔多·巴拉塔和格雷戈里奥·贝泽拉，以及一大群留守于军营中的沉默军人，他们将在1935年共产党起义中扮演主角。

由此可见，在1928—1935年间，共产党中出现了一支拥有军队背景的左派。1935年，巴西共产党员顺应国际共产主义运动的潮流，实施了建立群众阵线的方针，在巴西被称为民族解放联盟（ANL，Aliança Nacional Libertadora）。这不仅是为了拉拢社会主义、民族主义和反纳粹法西斯团体，也是为了在1929年的经济危机下捍卫民众阶层的利益。在法国，这一政治运动在1929年掌权，推行了一些影响巨大的措施，如采纳了每周40小时的工作制以及强制带薪休假。然而，和世界其他地方类似，民族解放联盟的阵线政策从最初便展现出对共产主义者的强烈青睐。于是，尽管民族解放联盟还有多股温和派政治势力作为成员，但其荣誉主席依然是路易斯·卡洛斯·普雷斯特斯。巴西共产党也愈发在反对热图里奥·瓦加斯时展现出极端的立场，预告我们的首次 *front populaire*[1]实验将于1935年7月走向终结。民族解放联盟瓦解后，共产主义者再次误判力量上的对比关系，与联邦政府正面交锋。1935年11月，各地的军营依照经典的尉官叛乱风格，起义反抗热图里奥·瓦加斯。在纳塔尔、累西腓和里约热内卢，冲突以军官和士兵的死伤收场。

热图里奥·瓦加斯抓住机会，极尽榨取这场新的政治运动。以军营政变为借口，不仅共产主义者遭到了迫害，民族解放联盟之外的反瓦加斯团体也难逃一劫，包括无政府主义者、独立的工会运动者，甚至自由主义的政客。最重要的是，1935年叛乱夯实了总统与武装部队之间的联盟。从被称为"共产

---

〔1〕 法语，意为人民阵线。

主义暴动"——根据葡语词典,"暴动"亦指疯狂的计划——的叛乱开始,军队对社团主义的热忱愈发增强。共产党人变成了人们眼中的顽敌,而另一边,军中各层进行了一次严密的清洗,大约1100名军官和士兵因政治立场遭到驱逐。在进行政治清洗的同时,实际作战部队在1936年增长到了80,000人,远超1930年服役中的47,000名军官和士兵。

背靠武装部队,瓦加斯为宣布"新国家"[1]成立开辟了道路。1937年,他通过媒体宣传所谓共产党密谋的"库恩计划",将政变合理化。人人皆知这份假计划其实出自极右翼团体之手,上面写着诸如将无视巴西女性的名誉以及内心最深处的情感,也即允许普遍的强奸。

热图里奥宣称一场新的叛乱已筹划妥当,废除了宪法。然而,这场政变与一些重大政治利益相悖,导致新国家在数年后垮台。依照预期,1938年本应举行总统选举。在热图里奥将他的独裁政府强加于人前之时,各派已推出三名候选人。阿尔曼多·德·萨列斯·奥利维拉合并了圣保罗和南大河的众多派阀,此外也拉拢了巴伊亚和伯南布哥的一些寡头团体。若泽·阿梅里科·德·阿尔梅达是米纳斯吉拉斯、帕拉伊巴和伯南布哥政治团体的代表,同时也代表了圣保罗、巴伊亚和南大

---

[1] 新国家(Estado Novo),热图里奥·瓦加斯于1937年11月10日通过政变建立起的政权,在瓦加斯的独裁统治下维持了将近八年,直到1945年10月29日被推翻。其最大的特点是以热图里奥·瓦加斯个人为中心建立的威权主义、集权主义、民族主义及反共思潮。历史学家称这一时期为第三共和国或瓦加斯时期。

河的一些寡头党派。普利尼奥·萨尔加多则是巴西整合主义运动——巴西版的欧洲法西斯主义——的领袖。

前两位候选人在巴伊亚、伯南布哥和南大河表达了自己的抗议,并前往南大河组织武装反抗,不久遇挫,南大河州长流亡他国。而整合主义运动领袖在政治上与独裁者瓦加斯相近,也算是意料之中,因为新国家有诸多方面能让人联想到法西斯的统治形式。反犹主义腔调便是其中之一。例如"库恩计划"就被定性为犹太-共产主义的密谋,所展现出的理念与整合主义者并无二致。比种族主义说辞更为重要的,是政变的实际目的。例如,政变计划关闭国会,消灭各个党派,以及创立一个中央集权的体系。换言之,瓦加斯的独裁反对寡头,反对共产主义,反对自由主义的民主党人。然而,整合主义领袖萨尔加多拉拢热图里奥的尝试不仅没有成功,亦未避免巴西整合运动(Ação Integralista Brasileira)遭到关停。这一决定让整合主义者在1938年实施了另一起反对瓦加斯的政变。这场一败涂地的政变使独裁者瓦加斯有借口在武装部队中进行新一轮清洗,排除了那些步入极端右翼的尉官团体。如此一来,1937—1945年间,热图里奥·瓦加斯披着类似于欧洲法西斯政府的制度外衣,变身为一个国家层面上的军阀。要理解瓦加斯如何走向下坡以及为何于1950年重返权力中心,我们需要研究新出现的两股政治力量:工人和雇主——一个不断城市化的巴西所展露的两副面孔。

·28·

巴西工人

若非在首个任期中取得巨大的经济成就，热图里奥·瓦加斯不可能继续掌权。如果要理解这一论断的深刻意义，只需说明巴西在1945年左右完成了工业化的第一阶段，即巴西的工业生产首次超过农业，成为最重要的经济活动。同一时期，巴西还出现了基础工业，也即专注于化工、钢铁冶炼以及重型机械和工具生产的工业。

出人意料的是，上述变化是在十分不利的国际形势下发生的。在此需要说明，1929年危机以及接踵而至的经济萧条使咖啡的国际价格在1930—1935年间降低了一半。即便如此，巴西的经济依然在1930—1945年展露出5%的年均增长率。但这段发展并不均衡：工业活动的年均增长率比农业高了3—7倍。相比于20年代，巴西农业的增长率不仅降低了一半，还表现出明显的停滞态势。

快速的工业化除了经济影响，也带来了政治和社会影响。

我们都知道，工厂的专属空间位于城市之中，因此瓦加斯时期（包括1950—1954年的第二任期）的特点便是紧锣密鼓的城市化。举个例子，1920年，每10个巴西人中只有2人住在城市中；20年之后，变为10人中有3人；而在40年代，这一比例愈发平衡：每10个巴西人中有4人住在城市地区。新形成的城市和旧城的发展除了使不参与传统农业活动的工人成倍增加，也促使非庄园主的工厂主数量迅速上升，例如圣保罗州工业总部——圣保罗工业联盟的雏形——的创始人罗伯特·西蒙森。这类人尽管在20年代数量稀少，却会在之后的十年中愈发常见。

热图里奥·瓦加斯希望能对抗寡头力量，因而十分重视与城市团体的联盟，同时他也继续同陆军保持着友好的关系。瓦加斯为每个团体都设计了一种政治策略。例如对于城市中的工人，瓦加斯在1930年建立了工商劳动部。两年后，又立法推行了一些有利于工人的改革，如在工商行业确立每日八小时工作制。这些福利的代价高昂，因为当始于19世纪末的工人运动终于有一项诉求得到满足时，联合工会制也已经初露端倪。根据新的法律规定，企业主与工会将按照行业划归联合工会或工会集团，联合工会和工会集团则又隶属于劳动部。瓦加斯在第一任期中不断压缩体制外工会的生存空间。1939年，也即新国家成立的两年后，瓦加斯宣布每个行业只允许存在一家工会。

与改革一并确立的还有工会税，为此，工人每年的工资单上都会减去一天的工资，用于向工会体系提供资金。通过这种方式，独裁者瓦加斯将联合工会模式扩展至所有的工人代表机构。40年代的工会从斗争工具转变为促进社会和谐以及提供协助服务的机构。

当然，在曾经无政府主义传统中成长起来的工会领袖对瓦加斯的改革持批判态度，视其为拉拢、操纵工人阶级利益的一种手段。然而，工人群体似乎抱有另一种立场。在不少熟悉互助组织的人眼中，热图里奥·瓦加斯满足了他们的某些期许，例如扩大社会福利机构以保证工人的退休权利。除此以外，通过立法推动建立联合工会，瓦加斯成功感动了无数参加过社会主义斗争的党派成员。而这正是靠着1943年颁布的《合并劳动法》。该法律规定，从1943年起，被辞退的工人必须得到补偿，女性工人有权享受生育支持服务，此外还限制了对童工的剥削。更不用说瓦加斯还创立了劳动法庭，其目的是调解雇主与员工间的矛盾。于是，热图里奥·瓦加斯成为了许多人眼中的守护神，他通过劳动部在全国范围内创造了某种工会互助主义。

企业主的期望同样部分得到了满足。如前文所述，他们中最具权势的团体位于圣保罗，且未支持自由联盟。在立宪革命期间，圣保罗企业家协会不止一次对临时政府的中央集权倾向表现出不满。1937年的情况则截然不同，此时圣保罗工业的主要领袖并不反对新国家建立。这种态度背后自然有对当时所谓共产党威胁的担忧，但同时也是对新国家所取得经济成就的认可。

热图里奥·瓦加斯和旧共和国的总统有很大区别。其大获成功的计划不胜枚举。在某些情形下，独裁者瓦加斯会利用第二次世界大战前紧张的国际形势取得优势。巴西政府在支持自由主义阵营还是纳粹法西斯轴心国之间摇摆不定，并在1941年从北美获得了成立国家钢铁公司的资金，给工业领域带来了巨大的积极影响。热图里奥也善于发现愤愤不平且富有改革精神的知识分子，并将他们纳入他的经济政治计划中。这些知识分子有的来自理工学院如黑金城学院，有的则是20年代现代主义运动开枝散叶下的硕果。众所周知，现代主义运动开启了重视科学分析的潮流，后者由新兴的社会科学理论提出，视其为一种能够更好认识并解释巴西社会运行的方式。多亏了这一点，我们才能在一个基本上只提供高等课程如医学、法律和工程的社会中，见证了一代社会学家、经济学家和管理学家的诞生。这些知识分子在与热图里奥的官僚机器达成合作后，指导了最早的国家经济计划。在这些计划的帮助下，国营企业逐步在能源和原材料生产领域占据了关键位置。

对于全国经济最为发达的地区，热图里奥的政策十分慷慨。20世纪30年代初，巴西重新采用了华盛顿·路易斯曾经忽然摒弃的咖啡定价政策。由于圣保罗保持了较高的本地收入水平，它得以领导组建以取代外来进口为目标的国内市场。与此同时，瓦加斯政府保证将会通过税收及汇率政策将财政收入转移至工业领域。圣保罗企业家的重要性飞速攀升：到20世纪40年代，他们对应了巴西制造业的一半产量，和1920年的数字相比增长了50%。

热图里奥的国家干预不只在经济方面引人注目，在其他领域也同样出现了一些深刻的改革。教育就是其中之一。1934—1945年，古斯塔沃·卡帕内马在执掌教育与卫生部期间，让马里奥·德·安德拉德、卡洛斯·德鲁蒙德和埃托尔·维拉-洛伯斯这一类型的知识分子齐聚一堂，他规划并实施了多项重要改革，例如在中学和大学中增设教职以及统一学科内容。更不用说他还创立了职业教育，落实设立了全国工业教育服务（Senai）、全国商业教育服务（Senac）和社会商业服务（Sesc）等机构。

热图里奥在当时最富有现代性的一点——也包括威权意义上的现代性——体现在他创立的出版与宣传部（DIP, Departamento de Impresa e Propaganda）上。其目标是通过新的传媒途径如广播和电影进行政治宣传，负责为独裁者筹划极权主义个人崇拜仪式。从遭到窜改的桑巴歌词来看，该部门也将大众文化纳入审查。例如阿陶尔夫·阿尔维斯和威尔逊·巴蒂斯塔于1940年所作乐曲《圣占努阿里奥的电车》应出版与宣传部人员要求而做出的著名歌词改动。该桑巴副歌部分的原词为：

圣占努阿里奥的电车
再多捎上一个
正要去工作的呆鹅

而在出版与宣传部的干涉下，则变为：

圣占努阿里奥的电车

再多捎上一位工人

那正是要去劳动的我。

可想而知，热图里奥绝不可能讨得所有精英统治团体的欢心。当农业团体意识到瓦加斯政府正在资助织造器械进口以及国家正在投资工业基础建设时，他们指责工业分走了对农业的支持。即使是在企业主之间，他们对于新国家奠基人的看法也并不统一。劳工法令加重了工业活动的负担，减缓了该领域的财富积累速度。此外，激进的经济政策还带来了一些地区性的不良效应，意味着那些跟不上快速发展步伐的州将走向衰退。下述事实足以说明这一点：20 世纪 40 年代，当圣保罗控制了近一半的工业生产时，里约热内卢的份额却下降了一半。在东北部地区也有类似情况，40 年代其工业活动减少了 40%。南大河则是减少了 20%。

因此在新国家期间，不满于政府所采取方针的声音急剧增加也就不足为奇了。但是，伴随政变出现的法律条文给予反对派替代性的掌权方案，1937 年确立的独裁统治出人意料地拥有一个明确的终止日期。根据颁布的宪法，巴西预计将于 1943 年举行一次公投，热图里奥政权也将经受选票的考验。到了 1942 年，巴西为准备与法西斯在欧洲的战斗，宣布进入战争状态，将投票改为战争结束后立刻进行。

1941 年，开始了最早一批以保证权力交接为目标的讨论，连独裁者瓦加斯自己都开始构思组建一个全国政党。两年后，被新国家边缘化的精英通过《米纳斯人宣言》向公众宣告了他们的不满。这篇文章传遍大街小巷，一些全国有名的政治家如阿方索·阿利诺斯、比拉克·平托、米尔顿·刚波斯和马加良斯·平托在文中批评了政府的威权特质。同时，《宣言》还表达了对"地方主义"这一旧共和国体系特点的怀念，并指责瓦加斯"剥夺了米纳斯吉拉斯的政治权力"。1944年，指导权力交接的政党体系建立完毕。在这场权力汇流中，若泽·阿梅里科·德·阿尔梅达和阿尔曼多·德·萨雷斯·奥利维拉的合作可谓典型，二人尽管相互竞争，却早在1937年便已成功团结了不满的寡头。二人与1930年革命之后便被边缘化的异见精英聚集在全国民主联盟（UDN，União Democrática Nacional）之下。与这一反对派相对，瓦加斯推动各州督查官组成了社会民主党（PSD，Partido Social Democrático）。与此同时，他创立的工会和社会保障架构将成为组建巴西劳工党（PTB，Partido Trabalhista Brasileiro）的基础。

  这类组织从1944年开始显现，于次年合法化。民主联盟为1946年选举推出了自己的候选人，社会民主党也是如此，但劳工党的立场有所不同。他们没有推举任何候选人，而是呼吁在瓦加斯任期尚未结束前召开一次宪法大会，瓦加斯的任期也会因此稍稍延长。这一呼声受到了民众欢迎，在当时被人们称作"想要主义"，意为"我们想要瓦加斯"，同时它也得到了巴西共产党支持。这份支持显然是意料之外的。上文说过，是瓦加斯对共产党人发动了残酷的镇压。然而我们也需要意识到，巴西是在瓦加斯的任期内加入了反法西斯战争，从而加入了苏联所参与的同盟，并且瓦加斯在任期末还"赦免"了巴西共产党，将其合法化。更重要的是，在共产党人眼里，民主联盟中会聚的瓦加斯政敌代表了巴西社会中最落后的力量。

除了动员城市中的普罗大众，独裁者瓦加斯也开始对联邦特区警察的指挥层进行调整。越来越多人担心选票将受到操纵，以便瓦加斯政府连任。许多反对派以及精英异见分子小心提防着这种可能性。所以民主联盟和社会民主党同时从军营中挑选总统候选人并非是巧合，前者选择了陆军准将爱德华多·戈梅斯，后者选择了艾欧利克·加斯帕尔·杜特拉将军。

1945年，虽然陆军"仅仅"派出了23,344名士兵参与"二战"，却以国际冲突为由组建了一支171,300人的国内军团。要想准确地理解这一数字背后的意义，只消说明这一数字比1930年多了四倍，并且是1937年政变所需军队的两倍。面对自己一手推动发展的机构，热图里奥·瓦加斯算是品尝到了军事干预的苦涩滋味。1945年10月29日，在陆军的压力下，新国家的创始人放下了权力。巴西劳工党没有自己的候选人，于是选择支持杜特拉，令其赢下了总统选举。至于热图里奥则被选为参议员，但他几乎不参与会议。独裁者决定进行一次国内流亡，前往南大河的圣博尔甲，按照他本人的说法，他将"在人民的簇拥下"从那里归来，以便再次担任总统。当时的宣传册表明，各个势力之间正尝试达成一种奇妙的平衡。其中一本册子发表了以下"祷文"：

我们的守护者位于圣博尔甲，愿荣耀归于您的名号。无论南北，我们依着您的意愿得庇护。今天您赐予我们每日的权利。请原谅我们的不慎,也原谅我们中那迫害他人之人。请不要让我们堕入共产主义,但请将我们从资本主义解放。阿门。

一如我们接下来将看到的那样,热图里奥政治计划的暧昧性使我们得以理解他为何能够重新掌权,以及他为何会走向悲剧性的结局。

·29·
军事与其他企图

新国家落幕似乎意味着曾经的寡头获得了重新掌握政坛的机会。但这只是表象,因为20世纪40年代的巴西与第一共和国时期的巴西有本质不同。在诸多变化中,最重要的或许是当时出现了一批新的选民。

随着教育改革的开展与女性投票的加入,从帝国末期——彼时文盲都被剥夺了投票权——开始下降的投票率获得了显著的增长。1945年前后,巴西选民不仅在数量上远超以往,城镇化的比例也不断上升。将亚马孙州和里约热内卢市稍作对比,便能从中看出这种情况的一个极端例证:当前者拥有28,908名选民时,联邦特区则享有一个由483,374名男性与女性组成的选举人团。

不难想到,以上变化意味着选举人和被选举人的特点也发生了深刻改变。前者对地方上校的依附性逐渐减弱,而后者也无须再拥有农业精英阶层的出身,他们如今需要的是自身魅力，是与工人站在一边时的代表性，或是依靠某种提供援助与工作岗位的庇护主义体系。于是我们只得再次承认前独裁者的先见之明，他察觉到了以上变化，并将其巧妙地纳为己用。政治宣传让他变成了"穷人的守护者"，妥善使用工会和福利保障机构为他保证了在城镇选民中的威望，两者结合令他部分独立于旧时代的寡头。更重要的是，通过巴西劳工党，热图里奥将其政治计划提升到了全国的层次。

在新国家终结之后，旧时的圣保罗共和党成员经受了一次苦涩的选举，与重返大权的前独裁者对比鲜明，这足以说明当时的情况。为此，在许多研究者眼里，20世纪50年代是确立一种名为民粹主义政治实践的时期。争取城镇民众青睐的政客越来越多，他们不再认为精英承载着某种值得追寻的范式。

在热图里奥·瓦加斯的归途上，存在一个阻碍：陆军。前文说到，陆军将领在1945年罢免了他。那么他之所以能够在1951年重回总统之位，也必定意味着谈判协商，而且这些协商获得了成功。很多军人认为，热图里奥作为一个深受民众爱戴的政客，能成为解除共产主义威胁的良药。1945年，尽管巴西共产党在选举前夕才合法化，却仍然成功推选了14名众议员外加参议员路易斯·卡洛斯·普雷斯特斯，相当于大约12%的巴西选票，而在里约热内卢等城市，这一数字则达到了20%。

在这一时期，陆军难以就巴西社会的未来方向达成一致意见。直到40年代初，关于国家发展的讨论分为两派：一派捍卫巴西社会的"农业禀赋"，另一派支持高速工业化。到了杜特拉执政期间，前一个派别失去了存在的意义，因为巴西经济的主要部分都开始依赖工业发展。

瓦加斯在首个任期中实施的改革令工业化的模式遇到了重大困难。这不再是简单地用相似的国产消费品代替舶来品，而是要培育一套整体性的工业发展模式。换句话说，这意味着弄明白如何在国内制造汽车、轮船、重型机械以及那些依赖大额投资与先进科技的商品。

面对这些问题，在包括军人在内的巴西精英之间出现了巨大的分歧。总体来说，可以看到一部分人支持经济民族主义，赞成国家大力参与工业发展；而另一部分则认为巴西的第二轮工业化应仅由同外国资本合作的巴西私人企业为主导。

虽然热图里奥并不公开反对国际资本，人们依然认为他属于民族主义这一派。而他也正是依靠陆军中的民族主义派系，才暂时成功地安抚了军营。但休战并未持续太久。在认可第二种工业发展模式的团体中，有大量以民主联盟为核心的非军人精英。从某种意义上看，该团体在重要军人团体中所拥有的威望弥补了他们在选举上的缺陷。

国际政治形势亦对民主联盟极为有利。前文说过，在"二战"反对纳粹法西斯的战斗中，美苏友好交往。资本主义政府的反共立场有所缓和。在巴西，共产党得到合法化，尽管时间不长。然而在"二战"之后，美国的立场发生了转向，共产主义成为其最大的威胁。原因何在？1950年前后，共产主义体制不再只是个别国家的经验，而是被分享到了越来越多的东欧国家，例如南斯拉夫（1945）、保加利亚（1946）、波兰（1947）、捷克（1948）、匈牙利（1949）和民主德国（1949），此外也有亚洲国家如民主越南（1945）、朝鲜（1948）和中国（1949）。

由于核武器的发展，世界图景越发复杂。1945年，美国在对广岛和长崎的攻击中展现了核武器的威能。四年后，轮到苏联在哈萨克斯坦沙漠的试验中向世界展现其核武器军备库。在那样的情况下，美苏间的一场冲突或将威胁整个星球的生死存亡。这一情形导致冲突被转移至隶属于两大势力的国家之间。不难想象，新的国际政治并未给那些大国影响下的地区留下多少自治权：在苏联阵营看来，民族主义政策就是朝资本主义的急转；而对于美国阵营来说，民族主义则是朝共产主义的大步迈进。

在50年代初，民主联盟（它曾有一小部分成员是社会主义者，但这些人后来建立了自己的政党）和部分陆军军人的立场愈发反共。他们指控瓦加斯正在借助民族主义者与工会的支持，策划新的政变。

如此一来，"冷战"最初虽然帮助了前独裁者回归，使他被视为平衡共产主义影响的一种方式，此刻却变成了不利于热图里奥继续掌权的因素。热图里奥对他的弱点心知肚明，并试图拉拢反对者。在陆军中，热图里奥从1952年开始提升反民族主义者的军衔，对民主联盟的成员也是如此，他向后者奉上了部长级别的职缺。共产主义者也被纳入了拉拢的范畴：1952年，工会领袖不再被强制要求出示由警察提供的意识形态证明。

与此同时，通过一系列对舆论影响巨大的法令，民族主义经济政策进一步深化，例如限制外国企业转移利润以及建立巴西石油公司——之后垄断了巴西的原油开采。总统的魄力不止于此，到了1953年，热图里奥试图进一步巩固他的群众基础，他指派了一位广受工会支持的青年政客担任劳工部部长，其名为若昂·古拉特。

新任劳工部部长丝毫不掩饰自己的政治倾向，他满足了重新调整最低薪水的要求，将其提高了100%。危机浮现，而陆军又一次成为精英的传声筒，为其诉说愤怒。1954年2月，《上校宣言》出现在了公众面前。该文是"冷战"时常见的极端倾向典型，文中埋怨提高最低薪水时并不包括军队，军官们趁机谴责"工会共和国"的潜在危险、"有害的反民主意识形态渗透"风险，又或是警告人们"狡诈的共产主义总是虎视眈眈……"，随时准备统治巴西。

热图里奥未能拉拢精英，反而吓到了他们。

面对危机，瓦加斯让若昂·古拉特离开了岗位，却保留了上涨后的最低薪资。民主联盟借由其最激进的领导人卡洛斯·拉塞尔达之口，不断加大对诸如腐败、裙带主义行径以及挪用公款以资助亲政府的报纸等问题的指控。另一方面，那些"凌驾于政党之上"的政治耦合最终赶走了热图里奥的传统盟友。1954年6月，国会投票弹劾热图里奥·瓦加斯。提案遭到否决，然而热图里奥依然面临着巨大的辞职压力。到了8月，一次针对卡洛斯·拉塞尔达的暗杀行动牵扯到一些瓦加斯身边的人，确定了总统最终的命数。新一轮的军事政变开启，但最后却并不成功。让我们来看看是什么原因。

在武装部队中，除民族主义者以及反民族主义者之外，还有一群人随时准备确保宪法得到遵守。有的作者将其定义为"法制派"。法制派怀疑总统正在谋划新一场政变,于是反民族主义者受到了法制派的支持。1954年8月24日热图里奥·瓦加斯的自杀应该放在这种情形中理解,通过这一最后的政治手段,他成功触动了人民群众,同时也清除了军队内部的政变联盟。

这一次,总统猜对了:热图里奥自杀后,群众起义阻止了军队的行动。在1955年以前的这段时期,巴西又筹备了新的总统选举。民主联盟在胡阿雷斯·塔沃拉将军身上找到了一位军人候选人,巴西劳工党则试图与社会民主党合作,后者的候选人是儒塞利诺·库比切克。反对最低薪资、罢工权以及免费教育的民主联盟再次被打败,而胜选的儒塞利诺和副总统若昂·古拉特则要面对一个不怎么有利的政治环境。1955年11月11日,军人宣称总统选举需要达到绝对多数,军营中再度发出了不满的信号。又一次,军队中的反民族主义派寻求法制派的支持,但后者选择保卫新总统掌权。

可以看出,1945年后军队干预政治体系并非偶发事件,而是一种常见做法,它将在1961年再度上演,并在1964年迎来久违的成功。但是,让我们先回到库比切克身上。他是否代表了一种割裂?好吧,按米纳斯社会民主党——他所属的党派——的典型做派看,他既是也不是。换言之,新总统试图调和民族主义者和反民族主义者间的共同立场。他在军队中提拔民族主义者,深化了国家干预主义措施,但同时也让巴西经济向外国资本开放。

与巴西劳工党结盟的新政府保留了一些民粹主义的痕迹。然而，其经济政策代表的却是对先前模式的深刻改变。在瓦加斯的两个任期中，国家优先发展基础工业、钢铁生产以及原油、电力等能源。在这种模式下，国家行为占据主导，推动经济增长的资金源于农业出口。而儒塞利诺·库比切克改变了这一工业发展形式，建立了一种经济史学家称为"三支柱"的模式：巴西私人企业与跨国企业和国营企业协作，国营企业负责生产能源和工业生产资料。

前后两种模式的区别在于工业化的主要部分变成了耐用品领域，例如由跨国公司生产的汽车。多亏了外国企业的投资，巴西的新经济将更独立于农业出口领域的危机。然而，三支柱模式也有一定负面影响。由于跨国企业享有充裕的资金，产能的增长速度可能超过基础工业，这意味着工业生产资料的进口将增加，导致巴西的外债逐步累积。除此以外，为了刺激这类企业入驻，巴西为其向总部汇出利润提供便利，相当于允许他们从巴西经济中转走珍贵的资金。

然而，短期来看，儒塞利诺的工业模式取得了成功。经济年增长率达到7%、8%甚至10%。使库比切克野心勃勃的"目标计划"——人们口中的"5抵50年"——大获成功。铁路增长数倍，水力发电站的增长数量超出预期，重工业也不例外。在食品生产方面，总统激励了自30年代便存在的倾向：向戈亚斯州和马托格罗索州扩张农业边界，但这也导致了原住民的新一轮灭绝。这一雄心满满的政策以迁都为最甚——在巴西中部的密林里，巴西利亚出现了。

面对以上功绩，民主联盟暂时放弃了反共产主义话语，转而批评糟糕的公共管理、腐败以及当时愈发严重的通货膨胀。尽管如此，人们依然感受到了某种政治上的平静，因为经济增长也帮助了薪资的上调，从实际水平上看，1959年薪资所达到的数值直到今天都未能超越，这增强了工人们对巴西劳工党的支持，而后者则是儒塞利诺政府的盟友与基石。

平静的时光未能持续太久。再民主化的过程中出现了数个政治党派，在大部分时候，它们都不对三个主要政治团体的统治构成威胁。这些小党派几乎都不长久，有时会取一些十分荒唐的名字，如人类权益社会联盟、民主农业工业党或是民族进化党。然而，有的时候，政党"割据"也会导致一些不属于传统党派的政治家出现。政治家詹尼奥·夸德罗斯的经历便是一个颇为成功的案例，从1947年起，他在民主基督党推动下接连被选为督查官、众议员、市长以及州长。

詹尼奥的反共产主义立场和他道德化的论调极大取悦了民主联盟成员。詹尼奥将保守主义言论和民粹主义实践相结合，做到了不可能做到的事：他作为右翼却赢得了人民的青睐。于是民主联盟向他伸出橄榄枝也不足为奇，1960年的总统选举联盟就此确立。在政治舞台的另一头，再度出现了社会民主党－巴西劳工党联盟，二者选择了来自陆军民族主义阵线的洛特将军，此外还有第二次成为总统候选人的圣保罗民粹主义领袖阿德马尔·德·巴罗斯，他代表社会进步党参选。

詹尼奥取得了压倒性的胜利，取得了比洛特将军多50%的选票，并几乎是阿德马尔·德·巴罗斯的两倍。民主联盟终于掌握了权力，然而这是一场暧昧不清的胜利。新总统执政时从不向助其当选的政治联盟征求意见，他的政府部门中也包括一些民主联盟的敌人，还有一些人是凭借交情被选中。在陆军中，詹尼奥提拔了一些反民族主义团体，在国会上，他表现出一副十分激进的姿态，公开宣称国会是"懒汉的俱乐部"。

詹尼奥计划为了打击前任政府遗留的高通货膨胀率，实施了一项经济紧缩政策。在国际层面上，詹尼奥令全国民主联盟不悦，因为他选择了不与美国结盟的政策，并且十分看重与社会主义阵营国家的贸易协定。合理的经济政策和创新的外交方针与毫不重要但是在媒体上引起轩然大波的措施并存，例如禁止在选美比赛中穿着比基尼，禁止在公众场合催眠，禁止在工作日赛马，禁止斗鸡……作为同古巴交好的手段，詹尼奥还嘉奖了切·格瓦拉，这或许是在尝试复制热图里奥·瓦加斯模棱两可的国际政策，后者曾与美国签署一些占据优势的协约。

虽然詹尼奥政府的作风是威权主义甚至是狂欢式的，政治不安定的风险似乎依然在减少，除了一个重要的细节：按当时的法律，副总统的选举与总统胜选人分开。而在詹尼奥的选举中，若昂·古拉特又一次选上了副总统之位。在掌权六个多月后，总统试图通过辞职来利用这一微妙的局面。

在《巴西人民史》中，总统表示他的目的是逼迫军队干预：

> 首先是辞职；接着，继任者的位置将会留空——既然军队不可能让……若昂·古拉特就职，国家将因

此陷入没有首脑的境地；最后，要么经过一番操作，继续让他担任最高领导人，但已经是在一套新体制之下，要么就在没有他的情况下，由军队负责建立这套新体制……

由于军队领袖摇摆不定，这位独裁者的学徒遭遇惨败。随后发生了一场严重的政治危机，其结局是一个既定的日期：1964年3月31日。

·30·

军人当政

1961年8月25日,巴西深陷政治危机。詹尼奥辞职意味着将由副总统若昂·古拉特掌权。在古拉特前往中国外事访问期间,受到众多军界和商界人士的敌视。何至于此?别忘了,正是他将最低工资提高了100%,这已足以将其和所谓工会共和国的模糊政治理念挂钩。此外古拉特还属于民族主义派,其支持的巴西社会基础改革与权势团体的利益相悖。

军队高官公开反对古拉特掌权。然而他们在抵制时远未得到武装部队的一致支持。古拉特是通过直接投票当选的,这使得军队中的法制派站在了他这一边。60年代初成为巴西劳工党新一届全国领袖的莱昂内尔·布利佐拉巧妙地利用了军队的分歧,得到了第三军团[1]的支持。这位当时的南大河州长还创

---

[1] 第三军团(III Exército,1985年更名为南方军区指挥部 Comando Militar de Sul)是巴西陆军的构成部分,总部位于南大河首府愉港。

立了"法治传媒",通过大众媒体发动了一场保卫新总统上任的全国运动。

于是,巴西避免了1961年的政变。但若昂·古拉特这一边也必须做出一些政治上的让步。其中最重要的是采纳议会制,通过这种方式,行政部门的大部分特权都被转移到了国民议会和议会选出的总理手中。

詹尼奥·夸德罗斯辞职后大约两周,新总统就职,新的阴谋也就此开始。采纳议会制的关键之一是预设在总统任期结束前九个月举行一次全民公投,以确定是否继续维持这一政府形式。

这场匆忙实施的议会制试验以失败告终。经济危机与几近瘫痪的政治体系相伴而生。这一情况加上若昂·古拉特的宣传动员,不仅帮助新总统成功提前了全民公投,还让他取得了胜利。1963年1月,巴西重回总统制。从那一天起至1964年3月,我们会发现民族主义和反民族主义团体逐步走向极端对立。要理解双方冲突为何会走到这一步,我们需要向前追溯,分析两个团体的政治经济提案及它们所催生的联盟。

如上一章所述,1945年前后巴西经济开始以工业为主。从这一时期开始,人们将讨论的重点放在了加速经济发展上。为此提出的一种解决方案是联合国际资本,而另一种是保护巴西经济不受国际资本干预并则重视国家行为,将国家行为视作工业化的促进者。在第二种方案的大量支持者中,也有一部分人建议重组巴西乡村。他们认为巴西乡村保持了前工业的经济结构,妨碍了现有的乡村人口融入消费市场。更重要的是,我们的农业以大型农庄和出口型种植园为基础，对城市的食物供给极不稳定，在抬高生活成本的同时夺走了工人可用于购买工业产品的剩余资金。这些低效的大庄园形成之后，还带来了另一个负面效应：它从更具活力的经济活动中分走了资本。换句话说，如果没有农业改革，巴西经济定将步入停滞或是愈发依赖外国投资。

对我国农业结构的讨论绝不仅仅是技术性的。围绕这一话题，经济利益和政治激情相互碰撞。连那些变革性的政府如热图里奥·瓦加斯和儒塞利诺·库比切克政府都不曾实施农业改革性质的计划，这并非偶然。事实上，我们可以反过来说，从30年代起，强调工业化在多数时候都导致了对农村信贷的限制和对农业生产者不利的汇率政策。如此一来，为了维持利润率，对劳工的剥削程度便必须得到提高，这反倒激起了移民者的反抗情绪及政治运动。

前文提到，即便在废奴之后，巴西乡村也不总是采取有偿劳动。在许多地方，殖民移民、佃户、半自耕农和契约劳工本质上是奴隶劳动力的替代品。在这种情况下，他们向庄园主提供服务以换取住房，而后者可以随意更改收获时的分成协议或者是在没有任何补偿的情况下解雇劳工。1955年，对上述情况的反抗以农民联盟的形式开展，组织者弗朗西斯科·儒里昂是一名律师，拥有为劳工辩护的长期经历，同时他也是一位乡下小农场主。农民联盟最初建立于伯南布哥州和帕拉伊巴州，后来扩张到巴西的其他地区如里约热内卢州和戈亚斯州。其口号是通过农业改革带来"田间的正义"，"诉诸法律，抑或武力"，意味着他们将侵占乡下的地产，为巴西精英制造了恐怖的氛围。

这一新组织的另一个特别之处在于它不受任何传统的民粹主义机构控制，与那些隶属于巴西劳工党的工会有所区分。事实上，可以说农民联盟及其领袖敌视若昂·古拉特。1962年，农民联盟的立场受到了全国性的支持。巴西社会主义党推选的联邦众议员弗朗西斯科·儒利昂在州长竞选中支持累西腓市长米盖尔·阿赖斯并助其当选。如今，若昂·古拉特要面对来自左右两翼的反对声。也许正因为如此，总统选择通过拉拢巴西共产党以加强民众基础。要理解民粹主义者和共产主义者之间的联盟，我们需要回到更早的时候。

双方在1945年首次尝试合作，那时正值热图里奥·瓦加斯执政末期。然而，由于1947年共产党的合法注册遭到撤销，共产主义者步入了一个激进化的时期。从1952年起，这一尚处非法的"大党"（当时对巴西共产党的普遍称呼）开始修改其政策路线，并再次与民粹主义政治派系合作，尤其是那些属于民族主义或者是工会运动的团体。

这一立场部分源自巴西共产党内的理论分析。共产党的知识分子自20年代起试图以马克思主义和列宁主义思想解读巴西社会。对马克思原文的浅薄理解以及苏联的国际政治路线影响了这种解读。于是，在共产主义者的圈子中，认为拉丁美洲的社会皆处于前资本主义阶段的解释成为主流。但这种定义的背后是对现实的严重简化。其中一方面是他们没能看到经济发展水平不同的国家间有何区别，例如巴西、阿根廷、危地马拉和巴拉圭被毫无区分地归为一类。更糟糕的是，这种分析将欧洲的进步路线看作是普适的，导致整个拉丁美洲都被归为封建社会。从实际上看，这种解释意味着承认资本主义阶段的必要性，以使得社会有可能在未来某个时刻进入社会主义。和百年前的实证主义者一样，共产主义者也受到了进化论观点的强烈影响。

所以，简单来说，我们可以认为，在巴西共产党眼里，全国民主联盟和社会民主党成员代表的是封建阶级利益，而巴西劳工党将联合新生的民族资产阶级团体。所以，共产主义者赞许若昂·古拉特上任也就合情合理了，因为他是农业改革的捍卫者、国际资本的敌人。此外，巴西共产党和巴西劳工党的联盟也满足了前者的实际需求，例如将共产党合法化。

古拉特试图利用他与共产党的联盟。举一个和上文农民联盟有关的例子。60年代初，巴西共产党和巴西劳工党实施的一项计划大获成功，他们将农庄中的工人纳入工会。到议会制时期结束时，农民联盟拥有8万成员，而工会中的农业工人已达到25万，削弱了儒里昂－阿赖斯反对派团体的选民基础。

巴西劳工党和巴西共产党的联盟宣告了总统推行温和派政策的失败。古拉特折戟于与民族议会阵线党的合作，后者的成员甚至包括支持巴西社会结构性改革的全国民主联盟党人。他建立"工会联盟"的尝试亦未奏效，该联盟的目的是削弱由共产党人控制的"工人总指挥部"。在经济政策方面，成果同样平平无奇。古拉特的首届部长队伍由圣地亚哥·丹塔斯和塞尔索·富尔塔多领导，他们试图实施一项三年计划，计划筹措国际资金，并在公共开支、信贷和工资政策方面实行紧缩，但并未成功。这次失败后果极为严重，在当时引发了经济衰退和惊人的通货膨胀率。

在精英间愈发孤立无援的古拉特试图在莱昂内尔·布利佐拉领导的工人运动极端左翼阵营寻求支持，后者呼吁动员群众以迫使巴西社会彻底改革。1963年10月，针对古拉特政府的密谋剧增。总统受到军队法制派的压力，本想宣布紧急状态，却在国会中受到了自身政党的阻挠，于是古拉特失去了他在军队面前仅剩的一点权威。

尽管形势危如累卵，古拉特并不准备重新考虑他的改革计划。就职后，总统一直保持暧昧的立场，一会儿试图推进温和派政策，一会儿又呼吁人民群众动员起来迫使国会通过改革。在通货膨胀和他模棱两可的民粹主义共同作用下，罢工次数增长了数倍。举例来说，1961—1963年发生的罢工运动比1950—1960年间加起来的都要多。从总罢工（即涉及多个社会行业的罢工）的数量来看，增长率达到了350%！不难想象罢工给医疗和公共交通这类基础服务制造了多少混乱，令总统同时受到了中产阶级和工人代表阶层的厌恶。我们还可以发现，在古拉特执政期，对罢工的镇压明显减少，这给某些人提供了话柄，供他们在精英间营造恐怖氛围，宣称巴西将建立一个工会共和国。

1964年初，总统向国会递交了一份农业改革计划，但遭到否决。他通过动员群众向立法机关施压。3月13日，他在15万人参与的集会上宣布多项法令，要将私人炼油厂国有化，并将征用联邦公路和铁路两侧超过 100 公顷的土地。随之而来的还有一些布利佐风格的爆炸性宣言，总统支持组建一个由农民、工人、士官以及军官组成的国会。右翼对以上宣言做出了回应，他们在天主教会和企业家协会的支持下，组织了"敬神家庭自由游行"，借此谴责共产主义在巴西的抬头。

古拉特还将工会动员工作拓展至军营，这是一个非常糟糕的决定。3 月末，他对一场海员叛乱表示支持，并让反叛的海员进入了新一任海军部长候选名单，此外古拉特还动员了里约热内卢的士官。军队阶级体系的崩溃是密谋分子获取军队法制派支持的最后一块"拼图"。总统于 3 月 31 日遭到罢免。依靠米纳斯吉拉斯州州长马加良斯·平托和瓜纳巴拉州州长卡洛斯·拉塞尔达，全国民主联盟积极参与政变，到 4 月 15 日，身处法制派阵营的卡斯特罗·布朗科将军担任共和国总统。他被授予的权力包括有权终止他人的政治权利，以及将支持前政府的军人除名。这场清洗波及数千军官、士兵和议员，其实质性的结果是在国会和军队中创造出了向老牌反民族主义团体倾斜的不平衡局面。

军队内部势力失衡令形势愈发复杂。最初，核心密谋团体仅将军事干预作为防御手段，以应对古拉特近在咫尺的政变，他们甚至设想过要在 1965 年进行总统选举。然而，反民族主义团体（如今名为强硬派）酝酿的是一套长期的政治纲领。在政变后紧接着颁布的文件中，该想法的支持者们主动承担了领导巴西社会的职责。"这场革命"，其中一篇文章写道：

和其他武装运动不同,因为它表达的不是某个团体而是民族的利益与意愿。

事实上,尽管1964年军事政变可以归咎于许多因素,却绝非单纯的军营叛乱。在1948年创立的高等战争学院(ESG, Escola Superior de Guerra)和1962年由企业家领袖建立的社会调查研究所(Ipes, Instituto de Pesquisa e Estudos Sociais)等机构中,早已有关于军事干预的讨论。1964年政变密谋已久的另一个证据记载于"山姆兄弟"(Brother Sam)行动的相关文件中,文件预告美国政府将在出现抵抗的情况下,通过该行动向巴西军队"捐赠"110吨的武器与弹药。作为提前计划的成果,军队机关能独自拿出一份国家发展计划也不足为奇了,但这同时也得到了全国大部分企业家的认可。这份计划以私人民族企业、跨国企业和国营企业的联合为基础,在很大程度上相当于重新采纳50年代末实施的所谓"三支柱"计划。

为了让这一模式更加有效,政府细致地组织了对工会运动和政治反对派的镇压。然而,这套独裁政治并未在总统被罢免后立刻实施。谋反者还需依赖于法制派团体,而不少法制派都主张在下一次总统选举中恢复文官政府的权力。此外,由于若昂·古拉特于1964年4月3日流亡乌拉圭,反抗并未出现,强硬派因此解除了武装。但这只持续了很短时间。1965年,在武装部队的内部清洗下,支持科斯塔-席尔瓦将军的军人拥有了足以改变革命方向的力量。选票上的颓势进一步加剧了他们的反叛倾向。在这一年,反对派候选人在一些重要的州和城市取得了胜利，如瓜纳巴拉州、米纳斯吉拉斯州和圣保罗州首府。许多巴西人表现出对3月31日组建政府的不满。作为回应，政府实施了第二号和第三号制度法案，废除了所有现存的政党以及总统、州长和各州首府市长的直接选举。不用说，那些军人在来的时候就没想过要走……

·31·

从游击斗争到政治开放

　　于1964年政变中诞生的政府有时会被定义为"全国民主联盟的新国家",并非没有道理。在之前的二十年里,全国民主联盟的政治家作为庄园主和企业精英的代表,几乎从未获得超过30%的巴西选民支持。然而,通过军政独裁,他们得以实施多项经济政策提案,例如降低工资的实际价值以及让巴西经济向外国投资大范围开放。

　　全国民主联盟与军队的联合还造成了其他影响。尽管前者的成员是投机取巧的政变分子,但他们也拥护自由民主制度。这一立场阻止了巴西采用法西斯模式。即使是在一些最不宽容的时刻,独裁军政府也会通过轮换总统来避免考迪罗主义,同时也不忘承认反对党在议会中的合法权。随着传统政党消亡,两个新政党联盟于1965年创立:民族革新联盟(Arena, Aliança Renovadora Nacional)和巴西民主运动(MDB, Movimento Democrático Brasileiro)。后者代表了大多数为恢复民主常态而斗争的团体。

在军事政变后,"巴西的共产党"[1]中央开始了针对"左倾"的自我批评,同时也谴责武装反抗。但共产党内的立场并不统一,导致一些领袖退党,例如卡洛斯·马里盖拉(加入民族解放联盟)和阿波罗尼奥·德·卡瓦略(加入巴西革命共产党,CBR, Partido Comunista Brasileiro Revolucionário)。当时被称作"阶段主义"的战略深受批评,这一策略宣扬分阶段革命,因此在反封反帝与建立自由主义社会的过程中,"巴西的共产党"需要支持资产阶级,将建设社会主义的斗争留给遥远的未来。在反对者看来,该战略为独裁统治的实施提供了便利,因为它使工人运动受制于"巴西的共产党"与民粹主义的高层协议。他们认为,资产阶级依赖与出口型农业和国际资本主义的合作,企业家没有任何与统治阶层决裂的意愿。古拉特的激进民粹主义充其量只是代表了少数落伍民族资本家的意愿。

军事政变未受抵抗,使以上阐释获得了不少支持者。1965—1967年间,异见派别数量倍增,甚至能与前些年成立的组织数量比肩。它们中有许多都有国际背景,这也并不新

---

[1] 1958年,前几章中的Partido Comunista do Brasil(中文译名巴西共产党,成立于1922年)内部由于斯大林主义出现分歧;1962年分裂出同名为Partido Comunista do Brasil(中文译名巴西共产党,成立于1962年)的政党,一般缩写为PCdoB,而原来的党派改名为Partido Comunista Brasileiro(中文译名巴西的共产党,文中为避免混淆加上了双引号),一般缩写为PCB。其中,PCdoB不认同赫鲁晓夫对斯大林展开全面否定,并且赞同中国的毛泽东思想以及阿尔巴尼亚的游击斗争。

鲜。自20世纪30年代起，从巴西的托洛茨基主义[1]运动中催生出一批与巴西共产党[2]对立的党派，例如共产国际联盟和列宁工人党。有些时候，当新生共产主义国家拒绝苏联对政策路线的改革时，分歧便会进一步加剧。到60年代初，除了"巴西的共产党"和托洛茨基工人革命党（PORT，Partido Operário Revolucionário Trotskista），还有巴西共产党（最初是受中国启发，之后受阿尔巴尼亚影响）、马克思政治工人组织（Polop，Organização Revolucionária Marxista – Política Operária）以及人民行动（AP，Ação Popular），人民行动至少在初期保持了中间立场，其所属派别后来被称为进步主义天主教。

这些团体中产生了武装斗争的呼声。毫无疑问，各种政治倾向之间存在无数细微的差别，但在"革命迫在眉睫"这一点上，各党却似乎能达成一致。然而矛盾的是，这一激进联盟的部分理念却源于受鄙夷的"巴西的共产党"以及发展民族主义，例如一概而论地认为巴西资本主义已进入停滞阶段，其背后的原因正是未能实现彻底革命。他们还相信统治阶层要依赖独裁政府才能延续下去，因此争取政治民主也只是徒劳。

这一时期的变化在于新组建的革命团体招募了一批活跃的成员，他们主要来自于中产阶级。除此之外，在支持武装斗

---

[1] 托洛茨基主义延续了列宁主义与马克思主义的革命传统，得名于该理论的建立者列夫·达维多维奇·托洛茨基。托洛茨基主义以"不断革命论"为基础，与斯大林的"阶段革命论"对立，本质上是一种极端左翼的机会主义理论，歪曲、代替了马克思主义不断革命的理论。
[2] 这里指成立于1922年的Partido Comunista do Brasil。

争的党派中，大学生与教授占据多数。举例来说，根据军事法庭的调查，这类成员占人民解放运动（Molipo, Movimento de Libertação Popular）的 80%、10 月 8 日革命运动（MR-8, Movimento Revolucionário 8 de Outubro）的 55% 以及民族解放指挥部（Colina, Comando de Libertação Nacional）的 53%。

另一个重要的数据是各革命组织中的大部分成员都在 25 岁以下。那些大量出现的年轻人并不一定都是穷困潦倒或是走投无路，他们时刻准备着与掌权的机关战斗，而这一现象也并非巴西特有。从某个角度上看，这说明全世界的青年人都发生了一些变化。20 世纪的大部分时候，大学教育只对极少数人开放。但到了 60 年代，这一情况有所改观。巴西是典型案例，1948—1968 年，大学生数量从 3.4 万增加到了 25.8 万。当巴西人口增长了一倍时，同一时期于大学就读的年轻人数量增加了八倍。大学生群体的增长令他们愈发能够从政治上影响社会。

和这一变化同样重要的还有世界政治格局的变迁。从 20 世纪 40 年代起，亚洲和非洲的民族主义革命撼动了整个世界。不可能的事情似乎正在发生，来自第三世界的贫穷国家战胜了曾经的欧洲殖民者。更有甚者，1959 年一小支游击队在古巴实现革命，挑战了当地传统共产党和美国构成的反对派，而美国在那一时期被誉为世界最强大的经济与军事势力。

此外，革命也是一种高层次文化现象。其参与者往往少不了高雅的小说家、哲学家以及欧洲和美国的艺术家。在巴西，一些成功的文化作品——如格劳贝尔·罗沙的电影、若昂·吉尔伯特的音乐和奥古斯都·博阿尔的戏剧——阐明与过去彻底决裂的积极面。他们即便身处民族主义环境也能嗅到乌托邦的气息，一如隶属于 1955 年创立的巴西高等研究院（ISEB，Instituto Superior de Estudos Brasileiros）的知识分子们。民族身份被看作是与过去决裂，而不是如 19 世纪小说家梦想中的那样重现过往。

在整个 60 年代，以上观点通过电影、戏剧和报纸传播，同时也在全国学生联会的大众文化中心（CPC-UNE，Centros Populares de Cultura da União Nacional dos Estudantes）主办的讲座和辩论中得到了宣扬。此类新民族主义的崛起代表着对美国强大文化影响的回应，后者被认为是对民族身份的威胁。与前一个世纪的欧洲化完全相反，美国的文化影响不限于精英群体，而是面向全体民众。

以如今的眼光来看，武装斗争在政治上似乎是天真甚至令人难以理解，但在那个看似不可能的革命不断爆发的时代，却带有强烈的民族情感和社会正义情怀。然而，应该如何组织这场战斗呢？首先需要说明，赞成立即革命并不总是意味着拿起武器。而那些拿上武器的左翼联盟大都采取了"焦点主义"的原则，这是从古巴革命中提炼出来的理论，彼时正是一小群游击队在田野中开启了古巴革命的进程。

为此，首先需要的是资金。1967 年开始，游击队策划了一系列银行劫案，这一过程持续至 70 年代初，大约共 300 次抢劫（按当时的说法是"革命征用"），收取了超过 200 万美元。在实践中，除了在阿拉瓜亚河，游击战术从未拓展至农村地区。随着镇压机器开始实施抓捕监禁，系统性的酷刑令越来越多的革命党遭到逮捕。到了 1969 年，游击运动的目标变为从军事监狱中营救同伴。绑架取代了银行抢劫，其对象包括美国、德国和瑞士驻巴西大使，而"赎金"便是释放政治犯。

通过宣称存在共产党威胁并不断强化从上一年（1966 年 5 月 22 日科斯塔 - 席尔瓦当选后）开始的强硬态势，军政府变得愈发独裁。国家安全原则在这一情况下得到加强，将武装部队的首要职责改为与国内威胁斗争，而非保护国家对抗外敌。窃听和镇压的网络也在扩大。除 1964 年建立的国家信息服务处（SNI，Social Nacional de Informações）以外，此时也有其他组织正在活动，如海军情报中心（Cenimar，Centro de Informações de Marinha）、旗队行动（Oban，Operação Bandeirantes）和情报行动分队 - 国内防御行动中心（DOI - Codi，Destacamento de Operações de Informações - Centro de Operações de Defesa Interna）。

连合法的反对党都不再被接纳。由卡洛斯·拉塞尔达和若昂·古拉特组成的"广大阵线"于 1968 年遭到禁止，该党高举民主大旗，例如支持直接选举、大赦以及撰写新宪法。经济衰退和工资购买力下降令工会运动复苏。在米纳斯吉拉斯和圣保罗爆发的罢工运动有数千工人参与。同一时间，学生游行遍布全国，并于 1968 年 8 月 26 日在帕塞阿塔达到高峰，共有 10 万人参与。军人以更严格的体制作为回应。他们于 12 月 13 日签署了第五号制度法案，有了它，共和国总统能够恣意关闭市级议会甚至国会，能为任意行政岗位任命督查官，取消任何公民的政治权利，以及终止人身保护权。

1968 年不仅是独裁高压统治的顶点，也是经济重新增长的起点。巴西采取的经济模式终于开花结果，直到1973年巴西经济都展现出了较高的工业增长率，甚至超过每年10%。人们称之为经济奇迹——一个数年后人们将付出代价的奇迹。

与50年代的预测一致，增长的跨国投资并没有带来工业生产资料和能源领域的增长，结果反倒令巴西不得不进口工业必需品与石油。巴西经济从此陷入了债务的迷宫。

相对于当时巴西的经济水准，经济奇迹还扩大了汽车等高端工业品市场。这一决策催生出一种异常的情形，财富集中成为保证经济体系运行的必要条件。然而，无论好坏，独裁统治得到了人民一定程度的认可。70年代初，支持军政府的民族革新联盟胜选，在这场胜利的包装下，军方投身于新政权的合法化运动。1969年10月上任的埃米利奥·加拉斯塔苏·梅迪西将军发起了"巴西强国"的运动，并且试图通过开通跨亚马孙公路，再现当时巴西利亚的建设狂欢。

1974年，油价上升带来的国际影响加上不负责任的外债政策再度将巴西拖入经济危机。在这一时期，军队中的法制派老牌团体夺回了他们丢掉的阵地，他们在当时被称作"卡家军"，源于卡斯特罗·布朗科元帅的名字。同年埃内斯托·盖泽尔将军当选被视为政治过渡的一个标志。新总统从上任第一天便支持"缓慢、安全、渐进"的开放政策。总统为此与强硬派团体正面对抗，他要求军队指挥官保持警惕，并试图让司法部逐步掌握那些脱离控制的军队镇压机器。

从1972年起，城市中的武装运动销声匿迹。仅在阿拉瓜亚河幸存的游击队也在1974年遭到摧毁。众多镇压的触角转而开始压迫没有参与正面交锋的团体，例如巴西共产党党员和教会成员。通过巴西律师协会（OAB，Ordem dos Advogados do Brasil）、巴西出版协会（ABI，Associação Brasileira de Imprensa）、巴西全国主教大会（CNBB，Conferência Nacional dos Bispos do Brasil）和巴西科学进步协会（SBPC，Sociedade Brasileira para o Progresso da Ciência）的介入，对镇压机器的限制得到了社会的支持。

与盖泽尔的预测相同，政治开放并非一帆风顺。一群举足轻重的军人以席尔瓦·弗洛塔将军为核心，组成了针对总统的反对派团体，他们还得到了同样具有话语权的部分民族革新联盟成员的支持。盖泽尔最终向他们屈服，选择了更强硬的体制，尤其是在巴西民主运动完成1974年的竞选之后。1976年，人们口中的《法尔康法》通过，这一称呼源于当时司法部长的名字。该法律禁止在电视竞选节目中辩论与说明政治提案，亦禁止批评当局。此外，1977年的法律改革为民主革新联盟提供了条件，使其尽管在选举中失利却依然能在国会中保持多数。北部和东北部的代表数有所增加，同时还建立了政府为自身指派参议员的制度，人们一般称他们为"钦定参议员"。

通过这一系列精妙的政治设计，盖泽尔为自己确保了继任者。被选中的新总统是若昂·巴蒂斯塔·德·奥利维拉·菲格雷多将军，于1979年上任。尤勒·本特斯·蒙蒂罗将军也是那场选举中的竞争者，受到巴西民主运动和一些显赫的企业家支持。当最大的受益者都不再支持独裁统治时，它的结局也就不远了。

· 32 ·

大众民主

1978—1979年,政治开放的程序得到巩固。两年间,第五号制度法案被废除,政治审查中止,政治犯也被赦免。在总统换届方面,盖泽尔成功指定若昂·巴蒂斯塔·德·奥利维拉·菲格雷多将军为继任者,在"缓慢、渐进"的政治开放过程中,又确立了一个新的阶段。下一步是保持议会基础,确保军方选出下一任总统。为了达成这一目标,民主革新联盟——如今已更名为社会民主党(PDS,Partido Democrático Social)——通过一连串巧妙的政治合作,基本分毫未损,而反对派则分裂为多个党派:巴西民主运动党(PMDB,Partido do Movimento Democrático Brasileiro)、进步党(PP,Partido Progressista)、巴西劳工党、民主劳工党(PDT,Partido Democrático Trabalhista)和劳工党(PT,Partido dos Trabalhadores)。

军政府中最专制的一派在被政治开放的战略击败后,继续通过暗杀表达抗议,例如1980年巴西律师协会和里约热内卢市政厅的两起事件。这类行径在次年达到高峰。5月1日前夜，在里约会展中心的一场流行音乐演唱会上，一辆汽车内的两枚炸弹发生爆炸。车中坐着一名陆军士官和一名陆军上校。相关调查有意引导，试图将这一恐怖主义行动归到左翼团体名下。

连军方都不相信这套说辞。当时政治过渡的设计者戈尔贝里·杜·科托·席尔瓦将军不满于调查的执行方式，辞去了职务。此刻的气氛十分紧张。席尔瓦退出是否代表了政治开放进程的倒退？这一疑虑悬而未消。菲格雷多总统则以其特有的方式，粗暴地驳斥了任何倒退的可能，他宣称：

> 我发誓会将这个国家变得民主……必须开放，谁敢不让，我就把他抓起来，消灭掉。

也正是在这种情况下，不断发展的民众运动开始主导体制过渡的步伐。如果说过渡的第一阶段几乎仅有军营内的发号施令，那么此刻则有街道上的力量作为制衡。民众有很多理由不满。1981年起，巴西经济出现了长达三年的严重衰退。通货膨胀率达到了极高的水平，此刻还引发了经济停滞和经济下滑，例如1981年的-4.2%和1983年的-2.9%。在几十年的高速与适度增长后，工业化陷入了一场前所未有的危机。

结果是穷人数量增加。1977—1983年，每日收入不足一美元的人数从1700万增加到了3000万。过去，贫困在乡下更为常见，悍匪等乡间团伙横行，而如今城市则成为穷困侵袭的主要目标。随着人口贫困化，城市犯罪迅速扩张，并与毒品贸易相结合。

在某种意义上,群众参与政治开放过程反映出对巴西社会趋势的集体性不满。1982年大选是对这一情绪的首次大型检验。社会民主党成功保持大部分州政府与参议员席位,却没能保住众议院的席位。由于党间联盟遭到禁止,进步党并入巴西民主运动党,加强了反对派的力量,并为下次总统换届时的胜利铺平了道路。1982年选举也是一场关于新型群众政治的实验。在那一年,劳工党——它诞生于"新工会主义"与部分左翼团体的结合,前者此时已摆脱民粹主义的主导,而后者则由从"巴西的共产党"和托洛茨基主义运动分裂出的异见者组成——几乎在每个州都组织了政治活动,并有八名众议员当选。

反对派已强大到足以发动一场恢复总统直接选举的运动。众所周知,总统选举从1964起通过国会受到军方操控。争取"立刻直选"的运动受到广大群众支持,一些集会甚至有100万人参与。1984年,丹特·德·奥利维拉修正案被提交至国会,旨在恢复总统直接选举。然而,由于未达到法定人数,修正案没有被投票表决。尽管人民运动没能达成其首要目标,群众动员依然影响了大众传媒,导致精英阶层分裂,并使陆军激进团体的行为有所收敛。

军人二十年来首次失去了对总统换届的掌控。当时三位候选人分裂了社会民主党,他们分别是奥雷里亚诺·沙维斯、马里奥·安德烈亚扎和保罗·马卢夫。第一位在认识到自己机会渺茫后放弃了候选资格。保罗·马卢夫轻易在党内大会中取胜,赢得了接任总统一职的资格。但这场胜利分裂了社会民主党，在党内大会中败给马卢夫的团体组成自由阵线党（PFL, Partido da Frente Liberal），并与巴西民主运动党的反对派候选人坦克雷多·内维斯结盟。这一联盟意味着巴西民主运动党须将副总统一职让给自由阵线党的成员，而他正是若泽·萨尔内。作为前民族革新党和社会民主党成员，他曾追随奥雷里亚诺·沙维斯领导的异见团体，而沙维斯在菲格雷多将军执政期间也曾担任副总统。

1985年1月15日，反对派上台。但竞选活动令胜出的候选人疲惫不堪。坦克雷多·内维斯年逾七旬且身体欠佳，还未上任便离开了人世。一个难以抉择的时刻出现了——应该由谁来担任总统呢？巴西民主运动党曾经的领袖、众议院议长、人称"直选先生"的乌利塞斯·吉马良斯，还是被视为军政独裁政治体系继任者的副总统若泽·萨尔内？尽管在政治上不尽如人意，但依然是确保副总统就职的法律裁决占了上风。

新总统启动了一项控制或者说至少是尝试控制通货膨胀的政策，1989年，年通货膨胀率已经超过了1000%。一系列经济计划先后出台。其中一些纯粹是为选举服务，反而在投票期过后进一步加剧了通货膨胀。萨尔内总统的挫败还涉及国会。在其任期内，国会中组建起了一个自称为"中央"的议会团体，官员可通过该团体用政治支持——譬如将总统任期延长一年——换取政府官职或电视台和广播电台的执照。

在若泽·萨尔内的任期中，媒体报道了无数腐败和任人唯亲的事件。尽管如此，这一新时期依然标志着民主重大的进步。其中最重要的是1988年召开的立宪大会，目的是推翻当时所谓军政府的威权"废墟",也即反民主的法律。同样是在这一时期,文盲首次被赋予投票权,选举年龄也被降低至16岁以上。选举参与度由此扩大。要理解其分量,只需要说明在第一共和国时期(1889—1930)平均只有2.5%的巴西人口拥有投票权;在1945年,这一比例提高到了16%;到1986年,这一数字急剧增长,总共有51%的人口能够在选票上表达自己的意见。巴西终于认识了大众民主。

预计到1989年,多数民众将选出他们的最高领袖,这在巴西历史上尚属首次。攀升的群众政治参与以及劳工党1988年在圣保罗市长选举中的胜利,令反共产主义话语重获新生,这并非巧合。圣保罗州工业联盟(Fiesp, Federação das Indústrias do Estado de São Paulo)的领袖威胁称,如果劳工党候选人路易斯·伊纳西奥·卢拉·达·席尔瓦当选总统,就要组织一场企业家离开巴西的运动。这场决定萨尔内继任者的大选是四分之一个世纪以来的首次直接选举,由于左右翼政治势力而分化为两个极端。

农村也出现了反共产主义话语,例如作为对无地运动(MST, Movimento dos Sem-Terra)的回应,诞生了乡村民主联盟(UDR, União Democrática Ruralista)。在军政府期间,镇压行动残暴地打击了土地斗争的参与者。与此同时,军人也采取了一些措施以缓和农村地区的紧张态势。一些学者将跨亚马孙公路解读为一种反农业改革,认为公路为乡村的贫困人口——农民联盟的聚焦点之一——开辟了新的扩张方向。然而实际上,亚马孙的殖民计划要么失败,要么半途而废。1985年,无地者运动恢复了过去的巴西土地改革斗争。如我们所见，土地改革斗争并不新鲜，19世纪的废奴主义者以及50—60年代的农民联盟都曾支持这项事业。

在农业与商业精英的不安中，出现了一位重新组织起政治力量的候选人。他就是费尔南多·科洛尔·德·梅罗，原本是社会民主党的政客，也是1985年总统选举时保罗·马卢夫的选民。在一系列小型政党——民族重建党、基督社会党、社会劳工党、革新劳工党——的联合支持下，科洛尔成为了总统候选人。和他一同竞争的是大型联盟和举国闻名的政治家，包括乌利塞斯·吉马良斯（巴西民主运动党）、奥雷里亚诺·沙维斯（自由阵线党）、马里奥·科瓦斯（巴西社会民主党）、路易斯·伊纳西奥·卢拉·达·席尔瓦（劳工党）、保罗·马卢夫（社会民主党）以及莱昂内尔·布里佐拉（民主劳工党）。直到1989年3月，费尔南多·科洛尔在民调中的位置都不太起眼。但是从这一个月开始，情况发生了改变。科洛尔开始在总统选举中领先，并且由于担忧左翼候选人卢拉或布里佐拉可能赢得选举，自由阵线党、社会民主党以及一大半巴西民主运动党成员都支持科洛尔。

一个几乎没有政党体系的候选人如何能如此成功？并非出于巧合，在前文提到的3月，科洛尔所属的政党联盟开始了选举程序。1989年大选展现了一个民主的新面向，即大众传媒——尤其是电视——的重要性。科洛尔巧妙利用了电视传媒，从最贫穷且缺乏教育的阶层获得了支持。第一轮选举中，主要政党暗中给予支持；第二轮则变为公开支持。然而，科洛尔政府只持续了两年，以1992年的弹劾告终，其原因是经济危机、对国会的敌对行为以及腐败，其规模在当时可谓闻所未闻。

又一次，总统一职轮到副总统担任，其名为伊塔马尔·弗朗科。科洛尔留下的政治遗产千疮百孔。他没收金融资产（包括储蓄账户中的资金）的经济计划遇挫，引发了对反通货膨胀政策的不信任氛围。新的经济计划不仅没能成功，还将国家深深拖入了经济衰退之中。早在1993年，人们已经开始公开讨论总统换届程序。卢拉在民调中保持领先。最初人们认为他最大的竞争者将是刚刚当选圣保罗市长的保罗·马卢夫。然而，1993年8月巴西启动了一份新的经济计划。按当时的说法，上一份计划试图只用一枪便打死通货膨胀这头猛虎，而这份"雷亚尔计划"与之相反，其设想的是一套稳定经济的过程，并将一点一点地实施。

得益于和美元挂钩的汇率政策和下降的货币发行量，通货膨胀率终于开始持续降低。当时的财政部长费尔南多·恩里克·卡多佐试图把这场胜利带来的利益化作自己的资本。1994年3月，卡多佐作为巴西社会民主党的候选人，和自由阵线党结成联盟，并为接受曾经社会民主党——此刻已改名为巴西进步党——的暗中支持做足了准备。90年代发生的各种变化基本上淘汰了反共产主义话语。柏林墙的倒塌和苏联垮台是这一过程的标志性例证。在巴西，"巴西的共产党"的轨迹足以说明这一点：在终于合法化后，"巴西的共产党"也参与了1989年大选，该党不仅放弃了共产主义的旗帜，还于1992年批准了自我解体，形成了一个社会民主主义政党——社会主义人民党（PPS，Partido Popular Socialista）。

  费尔南多·恩里克扛着延续雷亚尔计划、行政效率和国家改革三面大旗，赢得了1994年大选。四年后，国会批准了连任制度。现任总统再次胜选。他在八年的任期中颁布了一系列措施，旨在推动经济国际化、国营企业私有化，放松市场管制以及控制公共开支。为了吸引长期和短期的外国资本投资，政府实施了各种性质的刺激政策，与此同时，为了维持经济稳定，国家陷入了新一轮外债与长期失业的循环。这些总体上被定义为新自由主义的政策引发了争议和严厉的批评。但和过去相反的是，大众化民主的政治制度使巴西的发展模式每四年便需接受一次多数公民的评估。

·33·

回顾 21 世纪

2003年1月1日，路易斯·伊纳西奥·卢拉·达·席尔瓦就任巴西总统。被定义为新自由主义的社会经济政策主导了巴西十几年，横跨费尔南多·科洛尔（1989—1992）和费尔南多·恩里克·卡多佐（1994—2002）两届政府，因此卢拉上任是一次惊人的转折。新政府基本上由前游击队的活跃分子组成，例如：民族解放联盟、人民解放运动、民族解放指挥部和帕尔马雷斯武装革命先锋队（VAR-Palmares，Vanguarda Armada Revolucionária Palmares）。

卢拉当选并非独立个体的崛起，而是20世纪60年代革命一代的崛起。掌权后，他们曾经的政治计划也有所改变。事实上，左翼政党的观点随着整个世界的变化而迁移。80年代末浮现出一个新词：世界化或者说全球化。这种说法于90年代初确立，用于指代许多相互嵌套的现象。而全球地缘金融制度的构成或许是其中最令人叹为观止的部分。

跨国企业是全球化体系的另一个侧面。这种现象并不新鲜，但在通信、银行、汽车和电子行业中，集中经营与并购等各类操作依然经历了不同寻常的发展。全球化还在另一些方面改变了全球经济，加速了世界贸易增长，并催生了一些"新兴市场"。

社会革命从左翼政党的视野中消失，改良主义立场取而代之。他们试图降低全球化的负面影响，并为此创设了一些保护国内经济体系的方式。此外，他们还通过收入再分配和其他一系列社会保障项目与社会不平等斗争。可以说，以上便是卢拉政府（2003—2010）的核心观点。2004年更新的劳工党党章试图将其融入党内传统。党章再次强调了建设社会主义社会的承诺，不允许任何人对他人的剥削。"劳动工人党"，上述文件在第一条中写道：

> 由男女公民自愿组成，为民主、多元、团结而斗争，旨在消灭剥削、统治、压迫、不平等、不公和苦难，争取政治、社会、体制、经济、司法与文化改革，并以建设社会主义民主为目标。

面对新政府，左翼团体眼前一片光明。不仅仅是劳工党的内部势力，其他党派或独立人士亦是如此。一些自由主义知识分子则想到了开民粹主义倒车的风险。卢拉会不会是另一个热图里奥·瓦加斯？是不是新的若昂·古拉特？这些忧虑皆有其合理之处。依我们在前几章所见，以上两位领导人毫无疑问都致力于促进社会权益，但后来都因为威权主义立场或者是导演了无法挽回的政治危机而声名狼藉。

现实很快否定了这类政治附会。前一任政府遗留下来的大部分经济计划都得到了保留。劳工党在上台之初面临较高的失业率。每年必须支付的公债利息达到了1450亿雷亚尔。2003年的一些措施证明劳工党当时是以温和派立场为主，例如认可向国际资本出售国有企业的合约，以及同意略微提高最低薪资，其中甚至不涵盖在过去几年中降低的部分。

劳工党的经济政策在某些方面受到了强烈的批评。出口政策位列其中。在数十年中，左翼政党严厉地批判了被定义为农业出口型经济的模式。根据这一观点，当国内的贫穷人口在"挨饿"时，国家却在向外出口食品，这是不合理的。除人道主义层面之外，过分依赖农业出口也受到来自专业角度的批评。该观点认为农业出口的经济结构无法避免内部市场萎缩，并且也无益于创造就业或是增加工业活动。处理初级产品的出口型农业还面临着生产过剩的长期危机，以及随之暴跌的国际农产品交易价格。只需回想一下旧共和国时期的咖啡问题便能理解这点。

事实上，2002—2005年，巴西出口清单中的制成品有所回落，矿物和农产品占据优势。于是，支持这类经济发展模式的人反驳表示，如今农业综合产业的扩张是基于科技发展的生产力增长。增加种植面积曾经是扩大生产的"引擎"，如今则和过去截然不同，运用的是基因改良以及先进的农业商业管理。此外，人们还意识到，新型农业综合产业为农产品的逐步工业化开辟了道路，为其附加了更多价值，也即在乡村和城市中创造了新的工作岗位，同时也规避了生产过剩带来的负面影响。

对新经济政策的批评还出现在了其他方面。其中之一是政府恢复了一些源自50—60年代的发展主义项目。加速增长计划（PAC，Plano de Aceleração do Crescimento）受到的批评声最响，该项目第一阶段预计于2007—2010年实施，目的是在基础建设，尤其是公路、铁路和水电站上投入大量公共资金。批评者反驳道，考虑到投资的去向——例如用于支持综合农企——该项目可能会加剧巴西农业出口型经济的趋势，并以损害工业结构为代价。

如果说在经济政策方面，自封的"工人政府"至少是有争议的，那么在社会政策方面又是如何呢？劳工党政府在这个领域同样引发了争论。粗略地讲，关于社会政策的讨论围绕两个立场展开。有的人看重公共政策的"针对性"，有的人则注重"普及性"。换句话说，在前一种情况下，政府将设置一系列通常为短期或中期的政策，旨在重新安置弱势的社会群体或是种族群体。在后一种情况下，措施持续时间将会更长，并且将针对全体民众。

需要点明的是，尽管劳工党并不反对针对性政策，但在历史上一贯支持普及性措施。然而，当劳工党管理起国家机构时，优先顺序便颠倒了过来。黑人和印第安人在公立大学中的配额便是一例，政府试图通过这一方式弥补中小学落后公共教育导致的缺陷与差异。另一个例子是"家庭补助金"项目，它足以令"零饥饿运动"暗淡无光。"家庭补助金"建立在巴西有 4000 万—5000 万人生活困窘的现实之上。但尽管目标人口数量庞大，项目却实施了针对性的措施，例如要求受益人必须注册为"穷人"，也即长期保持"二等公民"的身份。

在巴西分析规划中心（Cebrap, Centro Brasileiro de Análise e Planejamento）成立四十周年之际进行的采访中，前总统费尔南多·恩里克·卡多佐也批评了该项目的开展方式：

> 我说过我不太看好将所有的项目单独整合进一份补助金——家庭补助金——之中，因为我担心这般集中化将妨碍我们确认促进公民的标准是否达成。如果把"教育补助金"留在教育部，那么他们便会关注教育问题，并确认儿童是否真的在学校中。如果把"饮食补助金"留在公共卫生部，那么他们便会关注女性健康问题。以此类推。

普及性观点所提出的替代方案在于落实充分就业并普及优质公共教育，这将会让救助计划和大学招生中的种族配额政策变得可有可无。现存计划的支持者表示反对，从短期上看，难道经济发展预期和公共资源足以实现普及性提案吗？普及性提案又需要几十年才能生效？虽然在推行家庭补助金时存在一定问题，但是取缔它难道不会让数百万巴西人有重回苦难的风险吗？选民的政治表现说明，这一风险在他们眼中并不小。

另一方面，劳工党也为未能始终履行 2002 年大选前的承诺付出了政治代价。在 2009 年末，无地农民运动的一位全国协调员在线上杂志《阿迪塔尔》中如此评价政府：

> 没有多少实质性的进步。建立居民区的步伐几近停止，在农业改革领域，食品工业和增加收入的新政策也没有得到落实。

在土地牧区委员会的网站上，类似批评主要在印第安人问题上展开。记者华盛顿·诺瓦伊斯写道：

> 根据上索利蒙斯印第安人健康部的数据，如今印第安人麻烦缠身，其自杀率超过全国平均水平8倍（被谋杀者不算在内，而上一年中有70名印第安人遇害）。原因是脱离自身文化而导致的身份危机。印第安人不再依照传统方式生活，却又缺少融入外部世界的能力。这一情况还有进一步恶化的趋势。印第安传教村委员会的埃尔温·克劳乌特主教表示，"加速增长计划"在亚马孙的48个工程威胁到了印第安人的土地，这些项目以水电站为主，在托坎廷斯也有一些，其他的则是圣弗朗西斯科河的河水改道工程……

劳工党领导层认为社会进步缓慢的部分原因在于前任政府所留下的政治遗产——被夸张地形容为"诅咒"。在费尔南多·恩里克·卡多佐总统的两个任期中，国有企业的私有化以及引进国际资本并没有带来经济增长,与预期大相径庭。更糟糕的是,提高巴西货币价值的政策采用了人为手段,而非良好经济表现的结果,这导致了严重问题,迫使巴西向国际货币基金组织求助,在国际角度上也就意味着承认国家经济濒临破产。不仅如此,在2002年也即卡多佐政府的最后一年,通货膨胀再度出现,并伴随大量的投机行为,主要是因为左翼政党有掌权的可能。

我们如今已经能够衡量这场危机的范围。但对于当时的政治领导者而言则风险巨大,一如前文所述,在2003年初,就连理智的分析者都认为卢拉总统有可能重现民粹主义领导者的理念与行为,而委内瑞拉在当时已经出现了这种情况。因此,经济政策上的保守行为意味着化解政治不安定的风险,同时也能防止国际金融资本的投机行为进一步扩大危机。

从另一个角度上看,这种新政治格局的温和性还有更深层的缘由。90年代初,费尔南多·科洛尔短暂的任期暴露出在国会中缺少政治联盟可能存在风险。尽管"高官克星"[1]支持的经济计划备受传统精英青睐,他在面对其他政党时却高傲且丑态百出,更不用说还有腐败方面的指控,这为弹劾他创造了条件。

因此在2002年大选期间,劳工党出于战略考虑同自由党(PL, Partido Liberal)建立了联盟,接受企业家若泽·阿伦卡尔作为卢拉领导竞选团的副总统。自由党在那次大选前仅有12

---

[1] 科洛尔选举时所用外号。

名众议员，相当于国会席位的 2%，因此并非一个拥有选举影响力的团体。然而，两党联合象征着对联合政府的支持，这种做法不仅意味着认可立即组成政治联盟的必要性，也是由于意识到政治联盟构成了民主政治体系的基石。

事实上，新一轮选举表明政府能否成立取决于党派间的众多协议。要理解这一点，只需要说明统称为左翼的反对派（劳工党、劳工民主党、巴西社会主义党、社会主义人民党和巴西共产党）在 1998 年共拥有 22% 的众议员和 17% 的参议员。在 2002 年大选选出的新国会中，左翼团体在以上两项总共才增加了 10%。换言之，尽管数百万张选票投给了劳工党的总统候选人，费尔南多·恩里克·卡多佐任期内掌权的政党——巴西社会民主党、自由阵线党、巴西民主运动党和巴西进步党——依然继续控制着参众两院超过半数的席位。

增加包括巴西劳工党和巴西民主运动党在内的盟友对于成立劳工党新政府至关重要。然而，这也昭示着会有猛烈的政治斗争，更有甚者，还可能激发犯罪行为。"月俸案"丑闻——也即购买众议院的选票——将诉求不被满足的挫败与腐败相结合，成为卢拉总统首个任期（2003—2006）末政治争论的焦点。

尽管在政治上遭遇不利，卢拉总统依然在 2006 年成功连任。其成功归根结底源于他实施的各种政策控制住了通货膨胀，清空了对国际货币基金组织的债务，还让贸易顺差在 2003—2005 年间翻了一番。一片向好的形势之外还裹着一层引人注目的"包装纸"：连任的那年巴西正在庆祝实现石油生产自给自足。2006年10月，媒体又放出一则消息，引起了更为深远的反响：在地下五千米处发现了巨量的石油储备。巴西石油公司宣布发现前盐层。并且依前文所述，社会保障政策进入了全新阶段，该政策对收入分配的改善也有目共睹。与此同时，面向C级与D级家庭[1]的教育政策进一步扩大了劳工党总统卢拉的支持基础。全民大学教育项目（ProUni, Programa Universidade Para Todos）便是该政策的一个例证。这一项目于2004年创立，目的是在私立的高等教育机构中发放全额以及部分奖学金，以确保受排斥的社会群体能够逐渐进入大学。

21世纪最初十年的变化不仅限于政治和经济，文化方面也发生了剧烈的转变。避孕药的普及和就业市场中不断增加的女性身影使家庭相册和肖像照上出现了越来越多的角色：单身母亲、继父、继兄弟姐妹和单亲家庭。根据巴西地理统计局的数据，在这十年里由母亲主导的家庭中，超过半数的儿女都没有父亲。许多家庭本质上是临时同居关系。也正是在此时，离婚数翻了三倍且结婚数有所减少。还有一个对于少数边缘群体十分重要的变化：男同性恋的游行示威成为了此刻大多数群众运动的主角，其中会聚了数百万活跃分子与支持者，规模远远

---

[1] 源自巴西经济水平分级标准（CCEB, Critério de Classificação Econômica Brasil）。这是一套针对巴西家庭社会经济状况的分级标准，从高到低分别为A、B1、B2、C1、C2、D—E。该标准是基于巴西广告联盟（ABA, Associação Brasileira de Anunciantes）在20世纪60年代末创立的"经济区间指标"，由巴西企业咨询联盟（ABEP, Associação Brasileira de Empresas da Pesquisa）设立。其中C级的家庭月收入对应4—10倍最低工资，D级对应2—4倍。以2016年的数据为例，C级大致为3748—9370雷亚尔，D级为1874—3748雷亚尔。

超过五一劳动节的传统纪念活动。

宗教方面也有所改变。新形式的信仰层出不穷。在第三个千年伊始，集体信仰实践与宗教想象步入了闻所未闻的方向，将现代性与世俗理性相联系的简化解释遭到质疑。福音教会不断增加。天主教会中也生长出了福音派的分支，即灵恩运动，目的是为天主教赋予新生。受美国电视上的"电视福音派"启发，灵恩运动来到巴西，在马塞洛·罗西神父的巨型弥撒和激情澎湃的表演中蓬勃发展。2001 年，其成员总数达到 1000 万。通过歌舞和圣灵崇拜，福音派占据了媒体与天主教堂。

总的来说，21 世纪的最初几年给巴西和世界带来了众多变化。我们需要认识它们并加以思考。而众多变化所造成的后果则只能留给明天的历史学家探讨。

结　　语

　　巴西的历史是五个世纪的结晶。读者一定已经意识到，勾勒出这段历史的轮廓就意味着拣选数字、史实与日期，别无他法。因为过去无边无际，即便花费数百页也不足以穷尽对单单一日的叙述。留存的证词是妨碍我们认识过去的又一个因素，因为它们几乎都是依赖读写能力的书面材料，而巴西不同阶层的识字率极不均衡。旧时如此，如今也一样。所以，我们对富有地区的认知要多于贫困地区、对自由人多于奴隶、对企业主多于工人、对男人多于女人、对成年人多于儿童……

　　笔者选取了现实的各个角度，并留意所分析的文件是否可靠，是否有失偏颇。在我们简短的叙述中，我们试图勾勒出巴西历史的轮廓，其目的并非还原出一个完整的历史——这也是不可能的——而是寻求最关键的几个时刻，以帮助我们连贯地理解我国历史。

　　第一个关键时刻在于殖民时期，那时出现了专为葡萄牙及其国际贸易提供原材料的经济形式。尽管葡属美洲尚处于奴隶社会并且以单一作物种植与大庄园为基础，但是不少地区依然存在自由劳动，其中农民、赶畜人与大商人构成了极其复杂的社会阶层，并开启了我国最早的内部贸易流通。他们逐渐在一定程度上保证了殖民地的自给自足，令其不再单纯反映对宗主国的意志。

另一个重要的时刻从殖民地体系危机持续至独立。不可否认，在我国与葡萄牙决裂的过程中，皇室迁移扮演了关键的角色。从 1822 年起，以里约热内卢的皇宫为中心，许多替代性独立方案遭到挫败，而君主制作为秩序的保证，则成功在地方精英面前取得了合法性。在各地区松散的集合中，形成了我们的民族身份，正如解放主义政策与鼓励欧洲移民结合起来，使奴隶制度得以废除。

到了第三阶段，共和国成立，导致了权力结构的去中心化，助长了地方上校的统治。在共和国初期，我们看到了迅速发展的工业，它促进了城市的发展，并催生了工人运动。20 世纪 20 年代末爆发的共和国危机带来了中央集权的政府形式，其目的是将民众团体在政治上框定起来，并增加国家对经济体系的干预。到了 20 世纪中期，工业化构成我国的主要发展因素。从此开始了一段持续至今的发展过程，其中也少不了在民族主义经济和国际化经济之间的抉择。在军政府独裁时期与再民主化时期，后一种选择占据主流。

以上便是巴西小史的概况。

参考书目

ABREU, Marcelo de Paiva (Org.) *A ordem do progresso: cen anos de política econônica republicana, 1889-1989*. Rio de Janeiro: Campus,1990.

ALENCASTRO, Luis Felipe. *O trato dos viventes: formação do Brasil no Atlântico Sul, séculos XVI e XVII*. São Paulo: Companhia das Letras, 2000.

———. Proletários e escravos: imigrantes portugueses e cativos africanos no Rio de Janeiro, 1850-1872. *Novos Estudos Cebrap*, n.21, -p.30-56, 1988.

ALEXANDRE, Valentim. *O presso de independência do Brasil*.

ALGRANTI, Leila Mezan. *Honradas e devotas: condição feminina nos conventos e recolhimentos do Sudeste do Brasil: 1750-1822*. Rio de Janeiro/Brasília: José Olympio/Edunb, 1993.

———. *Livros de devoção, atos de censura: ensaios de história do livro e da leitura na América portuguesa (1750-1821)*. São Paulo: Hucitec/Fapesp, 2004.

ALMADA, Vilma Paraiso Ferreira de. *Escravismo e transição: o Espírito Santo (1850/1888)*. Rio de Janeiro: Graal, 1984.

ALMEIDA, Aluísio de. *Vida e morte do tropeiro*. São Paulo: Martins Fontes/Edusp, 1981.

ANASTASIA, Carla Maria Junho. *Vassalos rebeldes: violência coletiva em Minas na primeira metade do século XVIII*. Belo Horizonte: C/Arte, 1998.

ARANTES, Paulo Eduardo. O positivismo no Brasil: breve apresentação para um leitor europeu. *Novos Estudos Cebrap*, n.21, -p.185-94, 1986.

ARAÚJO, Emanuel. *O teatro dos vícios: transgressão e transigência na sociedade urbana colonial*. Rio de Janeiro: José Olympio, 1993.

ARAUJO, Valdei Lopes. *A experiência do tempo: conceitos e narrativas na formação brasileira (1813-1845)*. São Paulo: Hucitec, 2008.

ARRUDA, José Joboson de A. *O Brasil no comércio colonial*. São Paulo: Ática, 1980.

AURELIANO, Liana Maria. *No limiar da industrialização*. São Paulo: Brasiliense, 1981.

AZEVEDO, João Lúcio. *Épocas de Portugal econônico*. Lisboa: Livraria Clássica Editora, 1928.

AZEVEDO, Luis Vitor Tavares. Cultura popular e imaginário popular no segundo governo

Vargas (1951-1954). *LPH: Revista de História*, n.5, -p.170-83, 1995.

AZZI, Riolando (Org.). *A vida religiosa no Brasil*. São Paulo: Paulinas, 1983.

―― e BEOZZO, José Oscar (Orgs.). *Os religiosos no Brasil: enfoques históricos*. São Paulo: Paulinas, 1986.

BAKOS, Margaret Marciori. *RS: escravidão e abolição*. Porto Alegre: Mercado Aberto, 1982.

BACELLAR, Carlos de Almeida Prado. *A escravidão muúda em São Paulo colonial*.

――. *Viver e sobreviver en uma vila colonial: Sorocaba, séculos XVIII e XIX*. São Paulo: Annablume, 2001.

BARDI, Pietro Maria. *Arte no Brasil*. São Paulo: Abril Cultural, 1980.

BARRETO, Luís Felipe Barreto. *Descobrimento e Renascimento: formas de ser e pensar nos séculos XV e XVI*. Lisboa: Imprensa Nacional/Casa da Moeda, 1983.

BELOCH, Israel e ABRAEU, Alzira Alves de (Orgs.). *Dicionário histórico-biográfico brasileiro: 1930-1983*. Rio de Janeiro: Ed. Forense-Universitária/FEU/CPDOC/FINEP, 1984, 4 vols.

BENEVIDES, Maria Victoria de Mesquita. *O governo Jânio Quadros*. 3. ed. São Paulo: Brasiliense, 1985.

BETHELL, Leslie. O imperialismo britânico e a Guerra do Paraguai. MARQUES, Maria Eduarda Castro Magalhães (Org.). *A Guerra do Paraguai: 130 anos depois*. Rio de Janeiro: Relume-Dumará, p. 133-50, 1995.

BETHENCOURT, Francisco e CHAUDURI, Kirti (Orgs.). *História da expansão portuguesa*, 4 vols. Navarra: Círculo de leitores, -p. 10-45, 1998.

BOSCHI, Caio César. *Ols leigos e o poder: irmandades leigas e política colonizadora em Minas Gerais*. São Paulo: Ática, 1986.

BOSI, Alfredo. *Dialética da colonização*. São Paulo: Companhia das Letras, 1992.

BOXER, Charles. *O império colonial protuguês*. Lisboa: Edições 70, 1969.

BUENO, Eduardo. *A viagem do descobrimento: a verdadeira história da expedição de Cabral*. Rio de Janeiro: Objetiva, 1998.

BUESCU, Mircea. A economia do Brasilrepublicano. LAPA, José Roberto do (Org.). *História política da República*. Campinas: Papirus, -p. 41-9, 1990.

CALDEIRA, Jorge. *Históriado Brasil como empreendedores*. São Paulo: Mameluco, 2009.

CANDIDO, Antonio. *Formação da literatura brasileira*. Rio de Janeiro, Belo Horizonte: Itatiaia, 1993, 2 vols.

CANO, Wilson. *Raízes da concentração industrial em São Paulo*. 3. ed. São Paulo: T. A. Queiroz, 1981.

CARDOSO, Ciro Flamarion (Org.). *Escravidão e abolição no Brasil: novas perspectivas*. Rio de Janeiro: Zahar, 1988.

CARNEIRO, Henrique. *Filtros, mezinhas e triacas, as drogas no mundo moderno*. São Paulo: Xamã, 1994.

CARONE, Edgar. *A evolução industrial de São Paulo: 1889-1930*. São Paulo: Editora Senac, 2001.
CARRARA, Sérgio. *Crime e loucura: o aparecimento do manicômio judiciário na passagem do século*. Rio de Janeiro/ São Paulo: Eduerj/Edusp, 1998.
CARVALHO, Gilberto Vilar de. *A liderança do clero nas revoluções republicanas, 1817-1824*. Petrópolis: Vozes, 1980.
CARVALHO, José Murilo. *Os bestializados: o Rio de Janeiro e a República que não foi*. 3. ed. São Paulo: Companhia das Letras, 1987.
———. *Teatro das sombras: a política imperial*. Rio de Janeiro: Vértice, 1988.
———. *Pontos e bordados: escritos de história e política*. Belo Horizonte: Ed. UFMG, 1999.
———. *Dom Pedro II*. São Paulo: Companhia das Letras, 2007.
CARVALHO, Marcus J. M. Cavalcantis e Cavalgados: a formação das alianças políticas em Pernambuco: 1817-1824. *Revista Brasileira de História*, vol. 18(36), p.331-65, 1998.
CASCUDO, Luís da Câmara. *Cinco livros do povo*. Rio de Janeiro: José Olympio, 1953.
———. *Antología do folclore brasileiro*. São Paulo: Martins, 1956.
CASTRO, Celos. *Os militares e a República: um estudo sobre cultura e ação política*. Rio de Janeiro: Jorge Zahar, 1995.
CENDRARS, Blaise. *Etc..., etc... (Um livro 100% brasileiro)*. São Paulo: Perspectiva, 1976.
CHALHOUB, Sidney. *Cidade febril: cortiços e epidemias na corte imperial*. São Paulo: Companhia das Letras, 1996.
COELHO, Edmundo Campos. *Em busca de identidade: o Exército e a política na sociedade brasileira*. Rio de Janeiro: Forense-Universitária, 1976.
CONRAD, Robert. *Os últimos anos da escravatura no Brasil*. 2. ed. Rio de Janeiro: Civilização Brasileira, 1978.
CORTESÃO, Jaime. *Os descobrimentos portugueses*. Lisboa: Imprensa Nacional/Casa da Moeda, s/d.
COSTA, Angela Marques da e SCHWARCZ, Lilia Moritz. *1890-1914: no tempo das certezas*. São Paulo: Companhia das Letras, 2000.
COSTA, Emília Viotti da. *Da senzala à solônia*. 2. ed. São Paulo: Ciências Humanas, 1982.
COSTA, Iraci Del Nero da. *Vila Rica: população (1719-1826)*. São Paulo: IPE/USP, 1979.
COSTA, Maria de Fátima. *História de um país inexistente: o Pantanal entre os séculos XVI e XVIII*. São Paulo: Kosmos, 1999.
COSTA, Wilma Peres. *A espada de Dâmocles: o Exército, a Guerra do Paraguai e a crise de Império*. São Paulo: Hucitec/Unicamp, 1996.
COSTA E SILVA, Alberto. *A enxada e a lança: a África antes dos portugueses*. Rio de Janeiro/ São Paulo: Nova Fronteira/ Edusp, 1992.

COUTO, Ronaldo Costa. *História indiscreta da ditadura e da abertura: Brasil, 1964-1985*. 3. ed. Rio de Janeiro: Record, 1999.

CUNHA, Maria Clementina Pereira. "Você me conhece" : significados do carnaval na *belle époque* carioca. *Projeto História*, n. 13, p. 93-108, 1996.

D'ARAUJO, Maria Celina. *O Estado Novo*. Rio de Janeiro: Zahar, 2000.

—— (Org.). *As instituições brasileiras da Era Vargas*. Rio de Janeiro: Eduerj/Ed. FGV, 1999.

DEAN, Warren. *A industralização de São Paulo: 1880-1945*. 3. ed. São Paulo: Difel, s/d.

DEL PRIORE, Mary. *Festas e utopias no Brasil colonial*. São Paulo: Brasiliense, 1994.

——. *Religião e religiosidade no Brasil conolial*. São Paulo: Ática, 1995.

—— (Org.). *História das mulheres no Brasil*. São Paulo: Contexto/Editora Unesp, 1997.

—— (Org.). *História das crianças no Brasil*. São Paulo: Contexto, 1999.

DEL PRIORE (Org.), Mary. *Revisão do paraíso*. Rio de Janeiro: Campus, 2000.

——. *A família no Brasil colonial*. São Paulo: Moderna, 2000.

——. *Esquecidos por Deus: monstros no mundo europeu e ibero-americano*. São Paulo: Companhia das Letras, 2000.

—— e GOMES, Flávio dos Santos (Orgs.). *Os senhores dos rios: Amazônia, margens e histórias*. Rio de Janeiro: Campus/Elsevier, 2003.

——. *O príncipe maldito*. Rio de Janeiro: Objetiva, 2008.

——. *Condessa de Barral: a paixão do imperador*. Rio de Janeiro: Objetiva, 2008.

——. *Matar para não morrer: a morte de Euclides da Cunha e a noite sem fim de Dilermando de Asis*. Rio de Janeiro: Objetiva, 2009.

DIAS, Maria Odila da Silva. A interiorização da metrópole (1808-1835). MOTA, Carlos G. (Org.). *1822: dimensões*. São Paulo: Perspectiva, -p. 160-84, 1972.

DINIZ, Clélio Campolina. Lucas Lopes, o visionário do desenvolvimentismo. *Revista do Arquivo Público Mineiro*, n. XLIV (2), -p.80-95, 2008.

DINIZ, Eli e BOSCHI, Renato Raul. *Empresariado nacional e Estado no Brasil*. Rio de Janeiro: Forense-Universitária, 1978.

DOLHNIKOFF, Miriam (Org.). *Projetos para o Brasil: José Bonifácio de Andrada e Silva*. São Paulo: Companhia das Letras, 1999.

DORATIOTO, Francisco. *Maldita guerra guerra: nova história da Guerra do Paraguai*. São Paulo: Companhia das Letras, 2002.

EDELWEISS, Frederico G. *A antroponímia patriótica da independência*. Salvador: Centro de Estudos Baianos, 1981.

FALCI, Miridan Britto Knox. *Escravos dos sertão: demografia, trabalho e relações sociais. Piauí, 1826-1888*. Teresina: Fundação Cultural Monsenhor Chaves, 1995.

FALEIROS, Vicente de Paula *et al*. *A era FHC e o governo Lula: transição?* Brasília: Instituto de Estudos Socioeconômicos, 2004.

FAORO, Raymundo. *Os dnos do poder: formação do patronato político brasileiro*, 2 vols. Rio de Janeiros: Globo, 1957.

FAUSTO, Boris. *Trabalho urbano e conflito social*. São Paulo: Difel, 1977.

——. *Crime e cotidiano: a criminalidade em São Paulo (1880-1924)*. São Paulo: Brasiliense, 1984.

FERNANDES, Neusa. *A Inquisição em Minas Gerais no século XVIII*. Rio de Janeiro: EDUERJ, 2000.

FERREIRA, Jorge. *Trabalhadores do Brasil: o imaginário popular, 1930-1945*. Rio de Janeiro: Ed. FGV, 1997.

—— e DELGADO, Lucilia de Almeida Neves (Orgs.). *O Brasil republicano: o tempo da ditadura*. 2. ed. Rio de Janeiro: Civilização Brasileira, 2007.

—— e DELGADO, Lucilia de Almeida Neves (Orgs.). *O Brasil republicano: o tempo do liberalismo excludente*. 3. ed. Rio de Janeiro: Civilizaçaõ Brasileira, 2008.

FERREIRA, Lúcio M. Vestígio de civilização: o Instituto Histórico e Geográfico Brasileiro e a construçaõ da arqueologia imperial (1838-1870). *Revista de História Regional*, n.4 (1), -p. 9-36, 1999.

FEITLER, Bruno. *Nas malhas da consciência. Igreja e Inquisição no Brasil: Nordeste 1640-1750*. São Paulo: Alameda, 2007.

FICO, Carlos. *Como eles agiam, os subterrâneos da ditadura: espionagem e polícia política*. Rio de Janeiro: Record, 2001.

FIGUEIREDO, Eurico de Lima (Org.). *Os militares e a Revolução de 30*. Rio de Janeiro: Paz e Terra, 1979.

FIGUEIREDO, Luciano. *O avesso da memória: cotidiano e trabalho da mulher em Minas Gerais no século XVIII*. Brasília: J. Olympio /Edunb, 1993.

——. *Barrocas famílias: vida familiar em Minas Gerais no século XVIII*. São Paulo: Hucitec, 1997.

——. *Rebeliões no Brasil Colônia*. Rio de Janeiro: Jorge Zahar Editor, 2005.

—— (Org.). *Cachça: uma alquimia brasileira*. Rio de Janeiro: 19 Design, 2005.

—— (Org.). *Guerras e batalhas brasileiras*. Rio de Janeiro: SABIN, 2009.

—— (Org.). *Festas e bauques do Brasil*. Rio de Janeiro: SABIN, 2009.

—— (Org.). *A era da escravidão*. Rio de Janeiro: SABIN, 2009.

—— (Org.). *Imagens de uma nação*. Rio de Janeiro: SABIN, 2009.

—— (Org.). *A França nos trópicos*. Rio de Janeiro: SABIN, 2009.

FILGUEIRAS, Luiz e GONÇALVES, Reinaldo. *A economia política do governo Lula*. São Paulo: Contraponto, 2007.

FLORENTINO, Manolo. *Em costas negras: uma história do tráfico de escravos entre África e o Rio de

Janeiro. São Paulo: Companhia das Letras, 1997.

——— e GÓES, José R. *A paz das senzalas*. Rio de Janeiro: Civilização Brasileira, 1997.

——— (Org.). *Tráfico, cativeiro e liberdade: Rio de Janeiro, séculos XVII-XIX*. Rio de Janeiro: Civilização Brasileira, 2005.

FONSECA, Cláudia Damasceno. Agentes e contextos das intervenções urbanísticas nas Minas Gerais do século XVIII. *Revista Oceanos*, vol.41, -p.79-92, 2000.

FRAGOSO, João Luís Ribeiro. *Homens de grossa aventura: acumulação e hierarquia na praça mercantil do Rio de Janeiro (1790-1830)*. Rio de Janeiro: Arquivo Nacional, 1992.

———; BICALHO, Maria Fernada e GOUVÊA, Maria de Fátima (Orgs.). *O antigo regime nos trópicos: a dinâmica imperial portuguesa (séculos XVI-XVIII)*. Rio de Janeiro: Civilização Brasileira, 2001.

———; FLORENTINO, Manolo; JUCÁ, Antonio Carlos S. e CAMPOS, Adriana, P. (Orgs.). *Nas rotas do império (eixos mercantis, tráfico e relações sociais no mundo português)*. Vitória/Lisboa: Edufes Instituto de Investigações Científicas e Tropicais, 2006.

FRANÇA, Eduardo D Oliveira. *Portugal na época da Restauração*. São Paulo: Hucitec, 1997.

FRANCO, Maria Sylvia de Carvalho. *Homens livres na ordem escravocrata*. São Paulo: Instituto de Estudos Brasileiros, 1969.

FREYRE, Gilberto. *Casa grande & senzala: formalão da família brasileira sob o regime da economia patriarcal*. Rio de Janeiro/Brasília: INL-MEC, 1980.

———. *Sobrados e mucambos*. 7. ed., 2 vols. Rio de Janeiro: José Oympio/INL, 1985.

———. *Nordeste: aspectos da influência da cana sobre a vida e a paisagem do Nordeste do Brasil*. Rio de Janeiro/Recife: José Olympio/Fundarpe, 1985.

———. *Ordem e progresso*. 4. ed. Rio de Janeiro: Record, 1990.

FURTADO, João Pinto. *O manto de Penélope: história, mito e memória da Inconfidência Mineira de 1788-9*. São Paulo: Companhia das Letras, 2002.

FURTADO, Júnia Ferreira. *Homens de negócio: a interiorizaçaõ da metrópole e do comércio nas Mians Gerais setecentistas*. São Paulo: Hucitec, 1999.

———. *Chica da Silva e o contratador dos diamantes: o outro lado do mito*. São Paulo: Companhia das Letras, 2003.

GAGLIARDI, José Mauro. *O indígena e a República*. São Paulo: Hucitec/Edusp, 1989.

GASPARI, Elio. *A ditadura envergonhada: as ilusões armadas*. São Paulo: Companhia da Letras, 2002.

GIFFONI, José Marcello. *Sal: um outro tempero ao Império, 1801-1850*. Rio de Janeiro: Arquivo Público do Estado do Rio de Janeiro, 2000.

GODINHO, Vitorino Magalhães. *Mito e mercadoria, utopia e prática de navegar: séculos XIII-XVIII*. Lisboa: Difel, 1990.

GOMES, Angela de Castro. *A invenção do trabalhismo*. Rio de Janeiro/São Paulo: IUPERJ/Vértice, 1988.

──── (Org.). *Vargas e a crise dos anos 50*. Rio de Janeiro: Relume-Dumará, 1994.

──── e MATTOS, Hebe Maria. Sobre apropriações e circularidades: memória do cativeiro e política cultural na Era Varagas. *História Oral*, n.1, p.130-41, 1998.

GOMES, Flávio dos Santos. No meio das águas turvas (racismo e cidadania no alvorecer da República: a Guarda Negra na Corte − 1888-1889). *Estudos Afro-Asiáticos*, n.21, p.75-96, 1991.

────. *Histórias de quilombolas: mocambos e comunidades de Senzalas no Rio de Janeiro, séc. XIX*. São Paulo: Companhia das Letras, 2006.

GONÇALVES, Andréa Lisly. *Estratificação social e mobilizações políticas no processo de formação do estado nacional brasileiro: Minas Gerais, 1831-1835*. São Paulo: Hucitec, 2008.

GONÇALVES, Rosana Andréa *et al*. *Luzes e sombras sobre a Colônia: educação e casamento na São Paulo do século XVIII*. São Paulo: Humanitas, 1998.

GOULART, José Alípio. *Tropas e tropeiros na formação do Brasil*. Rio de Janeiro: Conquista, 1961.

GUIMARÃES, Luiz Hugo (Org.). *A Paraíba nos 500 anos do Brasil*. João Pessoa: Instituto Histórico e Geográfico Paraibano, 2000.

HAHNER, June E. *Relações entre civis e militares no Brasil: 1889-1898*. São Paulo: Pioneira, 1975.

HAYES, Robert. *Nação armada: a mística militar brasileira*. Rio de Janeiro: Bibliex, 1991.

HESPANHA, António Manuel. *História de Portugal: no antigo regime*. Lisboa: Estampa, 1992.

HOLANDA, Sérgio Buarque de e FAUSTO, Boris (Coords.). *História geral da civilização brasileira*. 10 tomos, São Paulo: Difel, 1977.

────. *O Extremo Oeste*. São Paulo: Brasiliense, 1986.

────. *Monções*. 2. ed. São Paulo: Brasiliense, 1989.

────. *Visão do paraíso: os motivos edênicos no descobrimento e colonização do Brasil*. 6. ed. São Paulo: Brasiliense, 1994.

HOLLOWAY, Thomas H. *Vida e morte do Convênio de Taubaté: a primeira valorização do café*. Rio de Janeiro: Paz e Terra, 1978.

HOORNAERT, Eduardo *et al*. *História da Igreja no Brasil*. 2 vols. Petrópolis/ São Paulo: Vozes/ Paulinas, 1983.

IANNI, Octávio. *Colonização e contra-reforma agrária na Amazônia*. Petópolis: Vozes, 1979.

IGLÉSIAS, Francisco. *Trajetória política do Brasil: 1500-1964*. São Paulo: Companhia das Letras, 1993.

JANCSÓ, István. *Na Bahia contra o Império: história do ensaio de sedição de 1798*. São Paulo/Salvador: Hucitec/EDUFBA, 1995.

—— (Dir.). *Cronologia de história do Brasil colonial.* São Paulo: Humanitas, 1994.

—— e KANTOR, Iris (Orgs.). *Festa: cultura & sociabilidade na América portuguesa.* São Paulo: Hucitec, 2001.

JANOTTi, Maria de Lourdes Mônaco. *Os subversivos da República.* São Paulo: Brasiliense, 1986.

KANTOR, Iris. *Esquecidos e renascidos: historiografia acadêmica luso-americana, 1724-1759.* São Paulo: Hucitec, 2004.

KARASH, Mary C. *A vida dos escravos no Rio de Janeiro.* São Paulo: Companhia das Letras, 2000.

KLEIN, Herbert S. A integração social e econômica dos imigrantes portugueses no Brasil no fim do século XIX e no século XX. *Revista Brasileira de Estudos de População*, vol.6 (2), -p. 17-37, 1989.

——. A participação política no Brasil do século XIX: os votantes de São Paulo em 1880. *Dados: Revista de Ciências Sociais*, vol. 38 (3), -p. 527-44, 1995.

KOCHER, Bernardo e LOBO, Eulália Maria Lahmeyer. *Ouve meu grito: antologia de poesia operária (1894-1923).* Rio de Janeiro: Marco Zero/ Proed, 1987.

LANGER, Johnni. *Enigmas aruqueológicos e civilizações perdidas no Brasil novecentista.* Anos 90, n.9, -p.165-85, 1998.

LARA, Sílvia Hunold. *Campos da violência.* Rio de Janeiro: Paz e Terra, 1988.

——––. *Fragmentos setecentistas: escravidãoo, cultura e poder na América portuguesa.* São Paulo: Companhia das Letras, 2007.

LEAL, Victor Nunes. *Coronelismo, enxada e voto (o município e o regime representativo no Brasil).* 2. ed. São Paulo: Alfa-Omega, 1975.

LESSA, Barbosa. *Nativismo: um fenômeno social gaúcho.* Porto Alegre: L&PM, 1985.

LESSA, Carlos. *O Rio de todos Brasis.* Rio de Janeiro: Record, 2001.

LESSA, Renato. *A invenção republicana: Campos Sales, as bases e a decadência da Primeira República brasileira.* 2. ed. Rio de Janeiro: Topbooks, 1999.

LEONARDI, Victor. *Entre árvores e esquecimentos: história social nos sertões do Brasil.* Brasília: Edunb/ Paralelo 15, 1996.

LEWIN, Linda. *Política e parentela na Paraíba: um estudo de caso da oligarquia de base familiar.* Rio de Janeiro: Record, 1993.

LIBBY, Douglas C. *Transformação e trabalho em uma economia escravista: Minas Gerais no século XIX.* São Paulo: Brasiliense, 1988.

LIMA, João Heraldo. *Café e indústria em Minas Gerais, 1870-1920.* Petrópolis: Vozes, 1981.

LIMA, Lana Lage. *Rebeldia negra e abolicionismo.* Rio de Janeiro: Achiamé, 1981.

LIMA, Oliveira. *D. João VI no Brasil.* 3. ed. Rio de Janeiro: Topbooks, 1996.

LIMA, Oliveira e MAGALHÃES, Brasílio. *Expansão geográfica do Brasil colonial.* 3. ed. São Paulo:

Editora Nacional, 1978.

―――. *Aspectos da literatura colonial brasileira*. 4. ed. Rio de Janeiro: Francisco Alves, 1984.

LINHARES, Maria Yedda (Org.). *História geral do Brasil*. 2. ed. Rio de janeiro: Campus, 2000.

――― e SILVA, Francisco Carlos Teixeira. *Terra prometida: uma história da questão agrávia no Brasil*. Rio de Janeiro: Campus, 1999.

LINO, Sônia Cristina. Cinematographo: doença da moda. *Revista do Arquivo Público Mineiro*, n. XLV (1), -p.90-103, 2009.

LOBO, Eulália Maria Lahmeyer. *Rio de Janeiro operário: natureza do Estado, conjuntura econômica, condições de vida e consciência de classe, 1930-1970*. Rio de Janeiro: Access, 1992.

LOPES, José Sérgio Leite. A vitória do futebol que incorporou a pelada: a invenção do jornalismo esportivo e a entrada dos negros no futebol. *Revista USP*, n. 22, p. 64-83, 1994.

LUCA, Tânia R. de. *O sonho do futuro assegurado: o mutualismo em São Paulo*. São Paulo: Contexto, 1990.

MACHADO, Maria Helena. *O plano e o pânico: os movimentos sociais na década da abolição*. Rio de Janeiro/São Paulo: Ed. Da UFRJ/Edusp, 1994.

MACIEL, Cleber da Silva. *Discriminações raciais: negros em Campinas (1888-1921)*. Campinas: Editora da Unicamp, 1987.

MAGGIE, Yvonne. *Medo do feitiço: relações entre magia e poder no Brasil*. Rio de Janeiro: Arquivo Nacional, 1992.

MAIOR, Armando Souto. *Quebra-Quilos: lutas sociais no outono do Império*. São Paulo: Companhia Editora Nacional, 1978.

MALERBA, Jurandir. *A corte no exílio*. São Paulo: Companhia das Letras, 2000.

MARAM, Sheldon Leslie. *Anarquistas, imigrantes e o movimento operário brasileiro: 1890-1920*. Rio de Janeiro: Paz e Terra, 1979.

MARCÍLIO, Maria Luíza. *A cidade de São Paulo: povoamento e população*. São Paulo: Pioneira, 1974.

―――. *Caiçara, terra e população*. Petrópolis: Paulinas/Cedhal, 1986.

MARIN, Rosa Azevedo (Org.). *A escrita da história paraense*. Belém: Naea/UFPA, 1998.

MARQUES, Maria Eduarda Castro Magalhães (Org.). *A Guerra do Paraguai: 130 anos depois*. Rio de Janeiro: Relume-Dumará, 1995.

MARQUESE, Rafael de Bivar. *Administração & escravidão*. São Paulo: Hucitec, 1999.

―――. *Feitores do corpo, missionários da mente: senhores, letrados e o controle dos escravos nas Américas, 1660-1860*. São Paulo: Companhia das Letras, 2004.

MARSON, Izabel Andrade. *O império do progresso: a revolução praieira*. São Paulo: Brasiliense, 1987.

MARTINS, José Souza. *Conde Matarazzo: o empresário e a empresa*. 2. ed. São Paulo: Hucitec, 1976.

MARTINS, Wilson. *História da inteligência brasileira*. 7 vols., São Paulo: T. A. Queiróz, 1992.

MATTOS, Hebe Maria. *Das cores do silêncio: os significados da liberdade no Sudeste escravista – Brasil, séc. XIX*. Rio de Janeiro: Nova Fronteira, 1998.

MATTOS, Ilmar Rohloff de. *O lavrador e o construtor: o visconde do Uruguai e a construção do Estado Imperial*. PRADO, Maria Emíila (Org.). *O Estado como vocação: ideias e práticas política no Brasil oitocentista*. Rio de Janeiro: Access, p. 191-217, 1999.

———. *O Tempo Saquarema*. 5 ed. São Paulo: Hucitec, 2004.

MELLO, Evaldo Cabral de. *A fronda dos mazombos: nobres contra mascates, Pernambuco, 1666-1715*. São Paulo: Companhia das Letras, 1995.

———.*Olinda restaurada: guerra e açúcar no Nordeste, 1630-1654*. Rio de Janeiro: Topbooks, 1998.

———. *O negócio do Brasil: Portugal, os Países Baixos e o Nordeste*. Rio de Janeiro: Topbooks, 1998.

———. *O nome e o sangue: uma parábola familiar no Pernambuco colonial*. Rio de Janeiro: Topbooks, 2000.

———. *Nassau*. São Paulo: Companhia das Letras, 2006.

MELLO, João Manuel Gardoso. *Capitalismo tardio: contribuição à revisão crítica da formação e do desenvolvimento da economia brasileira*. 9. ed. São Paulo: Brasiliense, 1998.

MENDONÇA, Sônia Regina de. *Estado e economia no Brasil: opções de desenvolvimento*. 2. ed. Rio de Janeiro: Graal, 1985.

MENEZES, Lená Medeiros de. *Os indesejáveis: desclassificados da modernidade. Protesto, crime e expulsão na capital federal (1890-1930)*. Rio de Janeiro: Edueri, 1996.

MILLET, Sérgio. *Roteiro do café e outros ensaios*. 4. ed. São Paulo: Hucitec/Pró-Memória, 1982.

MONTEIRO, Duglas Teixeira. *Os errantes do novo séculos: um estudo sobre o surto milenarista do Contestado*. São Paulo: Duas Cidades, 1974.

MONTEIRO, John Manuel. *Negros da terra: índios e bandeirantes nas origens da São Paulo*. São Paulo: Companhia das Letras, 1994.

MONTERO, Paula e MOURA, Flávio (Orgs.). *Retrato de grupo: 40 anos do Cebrap*. São Paulo: Cosac Naify, 2009.

MORAES, João Quartim de. *A esquerda militar no Brasil: da coluna à comuna*. São Paulo: Siciliano, 1994.

———. *O colapso da resistência ao golpe de 1964*. História, vol.14, -p.49-54, 1995.

MOREL, Marco. *As transformações dos espaços públicos: imprensa, atores políticos e sociabilidades na cidade imperial (1820-1840)*. São Paulo: Hucitec, 2005.

MOTA, Carlos Guilherme. *Idéia de revolução no Brasil (1789-1801)*. Petrópolis: Vozes, 1971.

MOURA, Carlos Eugênio Marcondes. *Vida cotidiana em São Paulo no século XIX*. São Paulo: Ateliê Editorial/Unesp/Imprensa Oficial, 2000.

MOURA, Esmeralda Blanco Bolsonaro de. Crianças operárias na recém-industrializada São

Paulo. PRIORE, Mary Del (Org.). *História das crianças no Brasil*. São Paulo: Contexto, p.259-88, 1999.

NEVES, Lúcia Maria Bastos P. O império luso-brasileiro redefinido: o debate político da Independência (1820-1822). *Revista do Instituto Histórico e Geográfico Brasileiro*, 156 (387), p.297-307, 1995.

———. *Corcundas e constitucionais: a cultura política da Independência, 1820-1822*. Rio de Janeiro: Revan, 2002.

NOVAIS, Fernando A. *Portugal e Brasil na crise do antigo sistema colonial*. São Paulo: Hucitec, 1981.

——— (Org.). *História da vida privada no Brasil*. 5 vols. São Paulo: Companhia das Letras, 1997-1999.

———. *Aproximações: estudos de história e historiografia*. São Paulo: Cosac Naify, 2005.

OLIVEIRA, Eliézer Rizzo. *As forças armadas: política e ideologia no Brasil (1964-1969)*. Petrópolis: Vozes, 1978.

OLIVEIRA, Mônica Ribeiro de. *Negócios de famílias: mercado, terra e poder na formação da cafeicultura mineira 1780-1870*. Bauru: Edusc, 2005.

ORTIZ, Renato. *Cultura brasileira & identidade nacional*. 2. ed. São Paulo: Brasiliense, 1986.

———. *A moderna tradição brasileira: cultura e indústria cultural*. São Paulo: Brasiliense, 1988.

PAIM, Antonio. *O estudo do pensamento filosófico brasileiro*. Rio de Janeiro: Tempo Brasileiro, 1979.

PAIVA, Eduardo França. *Escravos e libertos nas Minas Gerais do século XVIII*. São Paulo: Annablume, 1995.

PANDOLFI, Dulce. *Camaradas e companheiros: história e memória do PCB*. Rio de Janeiro: Relume-Dumará, 1995.

PANG, Eul-Soo. *Coronelismo e oligarquias: 1889-1934: a Bahia na Primeira República brasileira*. Rio de Janeiro: Civilização Brasileira, 1979.

PANTOJA, Selma e SARAIVA, José Flávio Sombra (Orgs.). *Angola e Brasil nas rotas do Atlântico Sul*. Rio de Janeiro: Bertrand Brasil, 1999.

PAULA, João Antonio de (Org.). *A economia política da mudança: os desafios e os equívocos do início do governo Lula*. Belo Horizonte: Autêntica, 2003.

PENNA, Lincon de Abreu. *República brasileira*. 2. ed. Rio de Janeiro: Nova Fronteira, 1999.

PEREIRA, Ronaldo. Associações de classe, profissionais e beneficentes do Rio de Janeiro (1860-1889). *Diálogos*, 3 (3), -p.206-7, 1999.

PIERONI, Geraldo. *Os excluídos do Reino: a Inquisição portuguesa e o degredo para a Brasil Colônia*. Brasília: Edunb, 2000.

PINHO, Wanderley. *História de um engenho do Recôncavo*. São Paulo: Edusp, 1994.

PINTO, Maria Inez Machado Borges. *Cotidiano e sobrevivência: a vida do trabalhador pobre na cidade de

São Paulo (1890-1914). São Paulo: Edusp, 1994.
PRADO JR, Caio. *Formaão do Brasil contemporâneo*. 11. ed. São Paulo: Brasiliense, 1977.
PRESTES, Anita Leocálida. *Tenentismo pós-30: continuidade ou ruptura?* Rio de Janeiro: Paz e Terra, 1999.
PRESTES, Maria Alice B. *A investigação da natureza no Brasil colonial*. São Paulo: Annablume, 2000.
QUEIROZ, Maria Isaura Pereira. *Os cangaceiros*. São Paulo: Duas Cidades, 1977.
———. *Carnaval brasileiro: o vivido e o mito*. São Paulo: Brasiliense, 1992.
QUEIROZ, Suely Robles Reis. *Os radicais da República*. São Paulo: Brasiliense, 1986.
RAGO, Margareth. Nos batidores da imigração: o tráfico das escravas brancas. *Revistas Brasileira de História*. v. 9 (18), p.145-80, 1989.
RAMINELLI, Ronald. *Imagens da colonização: a representação do índio de Caminha a Vieira*. Rio de Janeiro: Zahar, 1996.
———. *Viagens ultramarinas: monarcas, vassalos e governo a distância*. São Paulo: Alameda, 2008.
RAMOS, Fábio Pestana. *Naufrágios e obstáculos enfrentados pelas armadas da Índia portuguesa (1497-1635)*. São Paulo: Humanitas, 2001.
REIS, Arthur César Ferreira Reis. *Limites e demarcações na Amazônia brasileira*. 2 vols., Belém: Secult, 1993.
———. *A política de Portugal no vale amazônico*. Belém: Sucult, 1993.
REIS, Eustáquio José e REIS, Elisa P. As elites agrárias e a abolição da escravatura no Brasil. *Dados: Revista de Ciências Sociais*, vol. 31 (3), -p. 309-41, 1988.
REIS, João José. *Rebelião escrava no Brasil: a história do Levante dos Malês (1835)*. São Paulo: Brasiliense, 1986.
———. e GOMES, Flávio dos Santos (Orgs.). *Liberdade por um fio: história dos quilombos no Brasil*. São Paulo: Companhia das Letras, 1996.
REIS FILHO, Daniel Aarão *et al*. *História do marxismo no Brasil*. Rio de Janeiro: Paz e Terra, 1991.
———. *A revolução faltou ao encontro: os comunistas no Brasil*. São Paulo: Brasiliense, 1990.
RESENDE, Maria Efigência Iage de e VILLALTA, Luis Carlos (Coords.). *As minas setecentistas*. 2 vols., Belo Horizonte: Autência, 2007.
RIBEMBOIM, José Alexandre. *Senhores de engenho: judeus em Pernambuco colonial*. Recife: Comunicação, 1995.
RIO-BRANCO, Miguel P. do. *Centenário da Lei do Ventre Livre*. Brasília: Conselho Federal de Cultura, 1976.
SALGADO, Graça (Org.). *Ficais e meirinhos: a administração do Brasil colonial*. Rio de Janeiro: Nova Fronteira, 1985.
SALLES, Ricardo. *Guerra do Paraguai: escravidão e cidadania na formação do Exército*. Rio de Janeiro: Paz

e Terra, 1990.

SANDOVAL, Salvador M. Greves e flutuações econòmicas no Brasil: 1945-1968. *Estudos Econômicos*, vol. 20 (3), p.479-98, 1990.

SANTOS, Wanderley Guilherme dos. *Sessenta e quatro: anatomia da crise*. São Paulo: Vértice, 1996.

——. *Décadas de espanto e uma apologia democrática*. Rio de Janeiro: Rocco, 1998.

SCARANO, Julita. *Devoção e escravidão: a Irmandade de Nossa Senhora do Rosário dos Pretos no Distrito Diamantino no século XVI*. São Paulo: Companhia Editora Nacional, 1975.

SCHMITT, Rogério. *Partidos políticos no Brasil (1945-2000)*. Rio de Janeiro: Zahar, 2000.

SCHULZ, John. *Exército na política: origens da intervenção militar, 1850-1894*. São Paulo: Edusp, 1994.

——. *A longa viagem da biblioteca dos reis*. 2. ed. São Paulo: Companhia das Letras, 2008.

——. *D. Pedro II e seu reino tropical*. São Paulo: Companhia das Letras, 2009.

SCHWARTZ, Stuart B. *Segredos internos: engenhos e escravos na sociedade colonial*. São Paulo: Companhia das Letras, 1985.

—— *Cada uma na sua lei: tolerância religiosa e salvação no mundo atlântico ibérico*. São Paulo: Companhia das Letras, 2009.

SEIXAS, Jacy Alves. Anarquistas e socialistas no Brasil: as fontes positivistas e darwinistas sociais. *História e Perspectivas*, n.12/13, p.133-48, 1995.

SIMÃO, Azis. *Sindicato e Estado: suas relações na formação do proletariado de São Paulo*. 2. ed. São Paulo: Ática, 1981.

SILVA, Eduardo. O Príncipe Obá, um voluntário da pátria. MARQUES, Maria Eduarda Castro Magalhães (Org.). *A Guerra do Paraguai: 130 anos depois*. Rio de Janeiro: Relume-Dumará, p.69-78, 1995.

——. *As camélias do Leblon e a abolição da escravatura: uma investigação de história cultural*. São Paulo: Companhia das Letras, 2003.

SILVA, Maria Beatriz Nizza da. *Cultura e sociedade no Rio de Janeiro: 1808-1822*. São Paulo: Companhia Editora Nacional, 1978.

—— (Org.). *Brasil: colonização e escravidão*. Rio de Janeiro: Nova Fronteira, p. 239-45, 2000.

——. *Cultura no Brasil Colônia*. Petrópolis: Vozes, 1981.

——. *Vida privada e quotidiano no Brasil na época de d. Maria e d. João VI*. Lisboa: Estampa, 1993.

——. *História da colonização portuguesa no Brasil*. Lisboa: Colibri, 1999.

SILVA, Sérgio. *Expansão cafeeira e origens da indústria no Brasil*. 5. ed. São Paulo: Alfa-Omega, 1981.

SILVA JR., Adhemar Lourenço da. Condicionantes locais no estudo do socorro mútuo (Rio Grande so Sul: 1854-1889). *Locus*, v. 5(2), -p.73-88, 1999.

SILVEIRA, Marco Antonio. *O universo do indistinto: Estado e sociedade nas Minas setecentistas (1735-1808)*. São Paulo: Hucitec, 1997.

SINGER, André. Esquerda e direita no eleitorado brasileiro. São Paulo: Edusp/Fapesp, 2000.

SIQUEIRA, Sônia. *A Inquisição portuguesa e a sociedade brasileira*. São Paulo: Ática, 1978.

SKIDMORE, Thomas. *Brasil: de Castelo a Tancredo*. 6. ed. Rio de Janeiro: Paz e Terra, 1988.

SOARES, Carlos Eugênio Líbano. *A negregada instituição: os capoeiras no Rio de Janeiro, 1850-1890*. Rio de Janeiro: Secretaria Municipal de Cultura, 1994.

SOARES, Laura Tavares et al. *Governo Lula: decifrando o enigma*. São Paulo: Viramundo, 2004.

——, Gláucio Ary Dillon e D' ARAUJO, Maria Celina (Orgs.). *21 anos de regime militar: balanços e perspectiva*. Rio de Janeiro: Editora FGV, 1994.

——, Amaury de. O cangaço e a política da violência no Nordeste brasileiro. *Dados*, no. 10, p. 97-125, 1973.

SOUZA, Iara Lis Carvalho. A adesão das câmaras e a figura do imperador. *Revista Brasileira de História*, vol. 18 (36), p. 367-94, 1998.

SOUZA, Jorge Prata de. *Escravidão ou morte: os escravos brasileiros na Guerra do Paraguai*. Rio de Janeiro: Manuad/Adesa, 1996.

SOUZA, Laura de Mello e. *Desclassificados do outro: a pobreza mineira no século XVIII*. São Paulo: Graal, 1982.

——. *O diabo e a Terra de Santa Cruz: feitiçaria e religiosidade popular no Brasil colonial*. São Paulo: Companhia das Letras, 1986.

——. *O sol e a sombra: política e administração na América portuguesa do século XVIII*. São Paulo: Companhia das Letras, 2006.

SOUZA, Luiz de Castro. Meios de transporte de doentes e feridos utilizado na força expedicionária de Mato Grosso e Retirada da Laguna (Guerra do Paraguai). *Revista do Instituto Histórico e Geográfico Brasileiro*, n. 263, p. 90-101, 1964.

——. *A medicina na Guerra do Paraguai*. Rio de Janeiro: s/ed., 1971.

SOUZA, Paulo César. *A Sabinada: a revolta separatista da Bahia (1837)*. São Paulo: Brasiliense, 1987.

STEPAN, Alfred. *Os militares na política: as mudanças de padrões na vida brasileira*. Rio de Janeiro: Artenova, 1975.

STOLCKE, Verena. *Cafeicultura: homens, mulheres e capital (1850-1980)*. São Paulo: Brasiliense, 1986.

SUZIGAN, Wilson. *Indústria brasileira: origem e desenvolvimento*. São Paulo: Brasiliense, 1986.

—— e SZMERCSÁNYI, Tamás. Os investimentos estrangeiros no início da industrialização do Brasil. SILVA, Sérgio S. e SZMRECSÁNYI, Tamás (Orgs.). *História econômica da Primeira República*. São Paulo: Hucitec/Fapesp, -p.261-83, 1996.

SZMERECSÁNYI, Tamás (Org.). *História econômica do período colonial*. São Paulo: Hucitec, 1996

TENÓRIO, Maria Cristina (Org.). *Pré-história da terra brasilis*. Rio de Janeiro: Editora UFRJ, 1999.

TINHORÃO, José Ramos. *As festas no Brasil colonial*. São Paulo: Editora 34, 2000.

TOTA, Antônio Pedro. *O imperialismo sedutor: a americanização do Brasil na época da Segunda Guerra*. São Paulo: Companhia das Letras, 2000.

VAINFAS, Ronaldo. *Trópico dos pecados: moral, sexualidade e Inquisição no Brasil*. Rio de Janeiro: Campus, 1989.

──. *A heresia dos índios: catolicismo e rebeldia no Brasil colonial*. São Paulo: Companhia das letras, 1995.

── (Dir.) *Dicionário do Brasil colonial*. Rio de Janeiro: Objetiva, 2001.

── (Dir.) *Dicionário do Brasil império*. Rio de Janeiro: Objetiva, 2008.

── e BENTES, Rodrigo (Orgs.). *Império de várias faces*. São Paulo: Alameda, 2009.

VALADARES, Virgínia Maria Trindade. *Elites setecentistas mineiras: conjugação de dois mundos*. Lisboa: Colibri/Instituto de Cultura Ibero-Atlântica, 2004.

VENANCIO, Renato Pinto. *Famílias abandonadas: assistência à criança de camadas populares no Rio de Janeiro e em Salvador, séculos XVIII e XIX*. São Paulo: Papirus, 1999.

── e CARNEIRO, Henrique (Orgs.). ÁLCOOL E DROGAS NA HISTÓRIA DO BRASIL. São Paulo/Belo Horizonte: Alameda Editora PUCMinas, 2005.

── e ARAÚJO, Maria Marta (Orgs.). *São João del-Rey, uma cidade no Império*. Belo Horizonte: Secretaria de Estado de Cultura de Minas Gerais/Arquivo Público Mineiro, 2007.

── (Org.). *Panfletos abolicionistas: o 13 de Maio em versos*. Belo Horizontes: Secretaria de Estado de Cultura de Minas Gerais/Arquivo Público Mineiro, 2007.

VENTURA, Roberto. A nossa Vendéia: Canudos, o mito da Revolução Francesa e a formação da identidade cultural no Brasil (1897-1902). *Revista de IEB*, n. 31, p. 129-45, 1990.

VERÍSSIMO, José. *História da literatura brasileira*. Rio de Janeiro: Topbooks, 1998.

VIEIRA, David Gueiros. *O protestantismo, a maçonaria e a questão religiosa no Brasil*. Brasília: Editora da UNB, 1980.

VIERA FILHO, Raphael Rodrigues Diversidade no carnaval de Salvador: as manifestações afro-brasileiras (1876-1930). *Projeto História*, n. 14, p.217-30, 1997.

VILAÇA, Marcos Vinícios e ALBUQUEROQUE, Roberto Cavalcanti de. *Coronel, coronéis*. 2. ed. Rio de Janeiro/Brasília: Tempo Brasileiro/Edunb, 1978.

VILLA, Marco Antonio. *Vida e morte no sertão: história das secas no Nordeste nos séculos XIX e XX*. 4. ed. São Paulo: Ática, 2000.

──. *Jango, uma perfil (1945-1964)*. São Paulo: Globo, 2004.

VILLALTA, Luiz Carlos. *1789-1808: o Império Luso-Brasileiro e os brasis*. São Paulo: Companhia das Letras, 2000.

VISCARDI, Cláudia M. R. *O teatro das oligarquias: uma revisão da política do café com leite*. Belo

Horizonte: C/Arte, 2001.

WEHLING, Arno. *Administração portuguesa no Brasil de Pombal a d. João (1777-1808)*. Brasília: Funcep, 1986.

——. e WEHLING, Maria José C. de. *Formação do Brasil colonial*. Rio de Janeiro: Nova Fronteira, 1999.

——. *Estado, história, memória: Varnhagen e a construção da identidade nacional*. Rio de Janeiro: Nova Fronteira, 1999.

WERNET, Augustin. *A igreja paulista no século XIX: a reforma de d. Antonio Joquim de Melo (1851-1861)*. São Paulo: Ática, 1987.

ZANINI, Walter (Coord.) *História geral da arte no Brasil*, 2 vols. São Paulo: Instituto Moreira Salles/Fundação Djalma Guimarães, 1983.

ZEMELIA, Mafalda P. *O abastecimento da capitania das Minas Gerais no século XVIII*. São Paulo: Hucitec, 1990.

图书在版编目（CIP）数据

巴西小史 /（巴西）玛丽·德尔·普里奥里，（巴西）雷纳托·韦南西奥著；褚孝睿译． — 北京：商务印书馆，2022
ISBN 978−7−100−21814−6

Ⅰ．①巴… Ⅱ．①玛… ②雷… ③褚… Ⅲ．①巴西—历史 Ⅳ．①K777

中国版本图书馆 CIP 数据核字（2022）第 212654 号

权利保留，侵权必究。

巴西小史

〔巴西〕 玛丽·德尔·普里奥里
　　　　雷纳托·韦南西奥 著
　　　褚孝睿 译
　　　樊星 审校

商 务 印 书 馆 出 版
（北京王府井大街36号 邮政编码 100710）
商 务 印 书 馆 发 行
北京通州皇家印刷厂印刷
ISBN 978−7−100−21814−6

2022 年 11 月第 1 版　　开本 880×1230　1/32
2022 年 11 月北京第 1 次印刷　印张 11 5/8
定价：65.00 元